当代世界研究丛书编委会

主　任　郭业洲　丁孝文
委　员　杨　亮　周余云　袁智兵　赵世通
　　　　　巢卫东　钟伟云　魏　强　赵　磊
　　　　　马　辉　张建国　尤建华　倪　健
　　　　　朱　锐　尤宁戈　胡　昊　安月军
　　　　　王金根　徐镇绥

Overview of Contemporary World Events

顾问 王家瑞

当代世界

大事概览 (2014)

主　　编　郭业洲　丁孝文
执行主编　尤宁戈　黄国栋

党建读物出版社

本书编写人员

朱彩云　李　晓　孙杰夫　毕　嘉
陈怀京　李伟民　曹伟美　赵　睿
陈　宁　尤宁戈　黄国栋　郑　军

目　　录

1月 1
2月 21
3月 39
4月 59
5月 77
6月 97
7月 119
8月 139
9月 157
10月 177
11月 197
12月 217
索　引 239

1月

日本政坛右倾化凸显

叙利亚问题第二次日内瓦会议如期举行

奥巴马宣布改革美国情报系统

伊朗核问题第一阶段协议生效

乌克兰危机持续发酵

拉美及加勒比国家共同体第二届峰会举行

国际社会寄语 2014。中国国家主席习近平发表新年贺词称，2014 年中国将在改革的道路上迈出新步伐，推进改革的根本目的，是要让国家变得更加富强、让社会变得更加公平正义、让人民生活得更加美好。同时希望世界各国人民守望相助、同舟共济、共同发展，实现各自的梦想。俄罗斯总统普京在新年贺词中称，俄罗斯将继续严厉打击恐怖主义直至彻底根除。2014 年俄罗斯将需要做很多工作，包括举办高水平的索契冬奥会。"我们带着乐观主义精神展望未来，真诚相信一切越来越好，相信迎来幸运和成功。"法国总统奥朗德在总统官邸发表新年致辞说，经济危机给法国带来的冲击比之前预想的要严重得多，影响持久而且难以控制。他呼吁法国企业担负起责任，以较低工资和减少对工人要求为原则，解决失业问题。德国总理默克尔表示，德国取得的成就同整个欧洲的进步息息相关。德国政府未来仍有很多工作要做，以保持国家强盛。她还呼吁德国民众未来保持勇气，并承担更多的社会责任。韩国总统朴槿惠称，韩国政府新的一年将推进改革，保护好经济复苏势头。发展国家经济的最重要前提条件是国家安全，韩国政府将保持万无一失的安全态势，加强危机管理，积极维护半岛和平，构建和平统一的基础。朝鲜最高领导人金正恩发表新年讲话，回顾一年来的成就及 2014 年重大任务，强调要营造改善北南关系的氛围，呼吁北南停止互相诽谤和反目仇视，"为了改善北南关系，（朝鲜）今后也将作出积极的努力"。泰国看守总理英拉希望泰国能重归和谐与平静，并承诺在当前局势下她将继续认真工作，绝不气馁，保持忍耐，同时也将为国家恢复和谐尽力。南非总统祖马发表贺词称，要为实现南非繁荣之梦而继续共同努力，呼吁民众继承前总统曼德拉的遗志，继续执行民族和解政策，加强民族团结，他还希望在新的一年里南非能与世界各国建立更为牢固的关系。澳大利亚总理阿博特在贺词中承诺将给予民众更多选择、更多自由和更少的政府限制。阿博特称，在新的一年里，希望更多的人能够努力，因为这是构建繁荣强大国家的途径。芬兰总理卡泰宁表示，要为构建更好的芬兰而努力，通过不断接受更多的教育和培训，芬兰人拥有努力改进自己的决心，能使"他们自己及家庭的生活更加美好，并将国家以更好的状态留给子孙后代"。英国首相卡梅伦盼望苏格兰留在英国，"我们希望你们可以留下来，为了我们的孩子和子孙后代，一起建立一个更加富强的英国"。

日本政坛右倾化凸显。1日，日本内阁总务大臣新藤义孝参拜靖国神社。这是自日本首相安倍晋三2013年12月26日参拜以来，首位日本内阁大臣参拜靖国神社。2日，针对中韩两国对安倍参拜靖国神社一事所持的批评态度，日本政府决定继续"耐心解释"，表明安倍首相参拜是"为了发誓不再战争，不断努力寻求中韩两国理解"。7日，日本海洋政策与领土问题担当相山本一太在记者会上透露，拟把作为日本领海范围设定基点的约400个离岛中的约280个无主的无人岛"国有化"。8日，安倍参加富士电视台节目时，就2013年12月参拜靖国神社一事表示，如果因为有谁批评而不去参拜靖国神社那才是错误的。安倍称，即使被批评，作为首相也应该履行相应的职责。9日，安倍在羽田机场接受记者采访时，就参拜靖国神社一事表示，"参拜与否，今后不打算表态"，意图以此来反驳中韩两国的批评。10日，日本政府初步决定，在面向中学的教科书编辑方针中明确写入钓鱼岛及日韩争议岛为日本"固有领土"。日本文部科学省近期将修改解说书，以修订于2016年度起所用的教科书。22日，日本政府计划开设宣传钓鱼岛和竹岛（韩国称独岛）"领有权"及"基于国际法领有根据"的网页。日本政府还计划将于2月中旬开设英文版，加强海外宣传。24日，日本第186届国会召开，安倍发表执政演说，首次明确表示将修改集体自卫权解释。并将开始研究修改宪法中对于集体自卫权的解释，意图在本次国会结束前得出结论。29日，日本航空自卫队首次制定针对中国战斗机和情报收集机的预案。预案显示，当有中国飞机飞临钓鱼岛上空时，自卫队战机将迫使其着陆至冲绳县石垣市机场或宫古岛机场。

泰国政局动荡。1日，泰国反政府群体"君主立宪制下完整民主制度人民委员会"领导人素贴，在曼谷民主纪念碑的集会上鼓动其支持者为清除"他信体制"及迫使英拉看守政府辞职，于1月13日再度走上街头。2日，泰国支持政府的反独裁民主联盟"红衫军"宣布，将于本月13日在曼谷举行大规模集会，以挫败反对派的"封城"行动，保证首都正常运行。5日，泰国看守政府总理英拉通过"脸谱"网呼吁泰国选民支持2月2日的选举,她指出,如果不要这个政府再执政,就通过选举去对抗。9日,英拉呼吁反政府抗议示威者保持和平抗议,她还承诺看守当局将全面履行其职责,以维护曼谷的和平与秩序。英拉对反政府群体即将实施的"封锁曼谷"行动,可能被第三方势力利用感到担忧。15日,英拉在出席有37个政党代表参加的是否推迟大选日程的协调会后称,鉴于与会大多数代表都赞成下届国会下议院选举如期举行,看守政府考虑不推迟大选日程,继续在2月2日举行下届国会下议院选举。19日,泰国反政府示威者在首都曼谷发动的"封城"行动进入第七天,当天集会现场接连发生两起爆炸,导致至少28人受伤。23日,走强硬派路线的泰国反政府组织,公开表示悬赏捉拿看守总理英拉、主管安全事务的副总理差林和内政部长阿杜那·谢恩西戈科。26日,泰国举行国会下议院选举提前投票,首都曼谷及泰南地区的数十个投票站被反政府抗议示威者围困,致投票工作无法正常举行。当天,曼谷邦娜区投票站附近发生一起枪击事件,反政府抗议群体"推翻他信体制人民军"领导人素廷被枪击中头部,在送院后宣告不治身亡,枪击事件还造成9人受伤。28日,泰国政府维持安全秩序中心秘书长塔里要求反对派最迟31日前撤走,否则军方和警方将于2月3日联手展开"夺回行动"。此外,英拉与选举委员会开会后,决定2月2日如期举行大选。

阿富汗未来局势不容乐观。1日,阿富汗政府计划释放88名塔利班囚犯,此举激怒美国和英国。美英要求阿富汗停止该计划,美英与阿富汗关系再度紧张。2日,阿富汗总统卡尔扎伊在阿首都喀布尔会见3名美国参议员,双方就《双边安全协议》和巴格拉姆监狱释囚等问题交换了意见。17日,喀布尔警方人士证实,当日晚间发生的黎巴嫩餐厅爆炸袭击事件中已有21人死亡,其中13人为外国人,包括国际货币基金组织驻阿富汗代表瓦布尔·阿卜杜拉。25日,卡尔扎伊重申,除非美国满足阿富汗政府提出的相关条件,否则阿方将不会签署阿美《双边安全协议》。卡尔扎伊在新闻发布会上说,阿方希望签署这一协议,但前提是美方必须保证在军事行动中停止搜查阿平民家庭、必须实质性支持阿国内和平和解进程、必须保证即将举行的阿总统大选公平与透明。28日,阿富汗总统府官员透露,卡尔扎伊怀疑美国卷入了数十起袭击事件,美国政府可能提供了帮助或者直接发动,这些袭击包括最近的喀布尔黎巴嫩餐厅事件。卡尔扎伊认为,这只不过是美国策划发动的诸多事件之一,目的是削弱政府,并造成阿富汗国内局势不稳定。

南苏丹政府与反对派举行谈判。1日,南苏丹政府与反政府武装之间的谈判未如期举行。此前,肯尼亚外交部发表声明说南苏丹总统基尔和反政府武装领导人、前副总统马沙尔已同意停战,并指定谈判人员监督实施停战计划。双方和谈重点为监督停战,并就解决导致出现对峙局面的政治问题进行对话。2日,南苏丹政府与反政府武装共5名谈判代表抵达埃塞俄比亚首都亚的斯亚贝巴,准备举行和平谈判。5日,南苏丹交战双方举行了面对面的和谈,这是自2013年12月冲突开始后双方首次直接进行谈判,主要聚焦于停火协议和释放政治犯的议题。23日,经过近20天的艰苦谈判,南苏丹政府首席谈判代表登革·尼亚尔和反政府武装首席代表塔班·登格·加伊代表双方在停火协议上签字。

美国国务卿克里访问巴以。2日,以色列总理办公室发表声明说,美国国务卿克里当天再次访问以色列并与以色列总理内塔尼亚胡举行会谈。克里在会谈前发表声明说,只要巴以双方共同努力,实现和平并非没有可能。4日,巴勒斯坦官员称克里向巴勒斯坦总统阿巴斯施压,要求其接受签署过渡性的和平框架协议。阿巴斯表示签署的前提是以色列必须同意在框架协议生效期间停止一切定居点的建设。5日,克里称在巴以和谈中发挥重要作用的沙特阿拉伯对美国提出的巴以和平框架协议表示支持。他表示任何中东和平计划都应是"公正与平衡的",但他提出的有关约旦河谷的建议,遭到巴以双方的一致反对。在过去几天中,克里与以色列总理内塔尼亚胡及巴勒斯坦总统阿巴斯进行了密集的穿梭外交。6日,克里结束对中东的访问,启程返美。虽然没有促成巴以签署过渡性框架协议,但克里自称此行有所进展。

缅甸执政党提议修宪。2日,缅甸执政党联邦巩固与发展党举行中央委员会会议,重点讨论了修宪问题,并通过了一项修宪建议。巩发党决定提议对2008年宪法作出73项修正,其中包括修改阻碍反对党全国民主联盟主席昂山素季参选总统的第59条款。民盟共向联邦议会"宪法评估联合委员会"提出了168条修改意见。缅甸政府在2013年7月成立了联邦议会组成的宪法联合评估委员会,并要求立法、司法、行政、政党、社会组织以及个人在2013年12月31日前向委员会提交修宪意见。

埃及举行全民公投通过新宪法草案。3日,埃及多地爆发以穆斯林兄弟会和前总统穆尔西支持者为主的示威游行,并引发冲突,导致11人死亡、52人受伤。14日—15日，埃及新宪法草案公投开始在全国27个省份3万余个投票站举行。期间，穆尔西支持者与安保人员的冲突导致11人死亡，28人受伤。18日，埃及最高选举委员会在首都开罗宣布，新宪法草案在全民公投中以98.1%的支持率获得通过，投票率为38.6%。埃及最高选举委员会主席纳比勒·萨利卜当天在新闻发布会上说，在此次公投中共有约2061万人参与投票。有效选票约为2036万，其中约1998万人投赞成票，38万人投反对票。25日，埃及推翻穆巴拉克三周年纪念日，开罗示威游行活动出现流血事件，反政府活动人士与保安部队和政府支持者之间爆发冲突，造成至少49人死亡，警方逮捕了1079人。26日，埃及临时总统曼苏尔在电视讲话中称，临时政府此前计划先举行议会选举，但经过全国范围内广泛讨论，多数政治团体及社会力量赞成并呼吁首先进行总统选举。因此他已决定修改埃及未来的路线图，让总统选举先于议会选举进行。曼苏尔呼吁埃及最高选举委员会为总统候选人登记及参选提供保障，但并未提及选举时间及相关安排。27日，在获得埃及武装部队最高委员会授权后，埃及军方领导人塞西将军得以自由参加总统竞选。

俄罗斯积极开展索契冬奥会筹备工作。3日，俄罗斯总统普京对索契冬奥会的筹备工作以及当地基础设施建设情况进行考察。9日，俄罗斯紧急状态部部长普奇科夫说，即将举行的索契冬奥会的安全问题已在最高层次上解决，布置了紧急状态下的监测系统，包括太空监测在内。同时，驻扎在索契的俄罗斯军队进入战斗警戒状态，并加大了对索契出入通道的限制，这些措施意在确保索契冬奥会的安全举行。28日，俄罗斯外交部长拉夫罗夫表示，索契冬奥会安全保障"不需要与北约合作"，各参赛国家及地区代表组成的工作组已对安保作了充分的准备。

孟加拉国执政党赢得议会选举。5日，孟加拉国举行第十届议会选举，反对派继续发起示威，造成至少127个投票站遭纵火焚毁、390个投票站一度关闭和18人死亡。反对党宣布发动新一轮罢工，要求废除选举结果。7日，根据孟加拉国选举委员会公布的议会选举最新计票结果，在总计300个直选议席中，执政党人民联盟获得232席，超过单独组建政府所需席位数。与此同时，孟反对党则要求撤销大选结果。9日，美国和英国分别对孟加拉国大选发表批评声明，指责选举缺乏竞争，合法性存在疑问。美国敦促孟加拉国政府与反对派"找到一种方式，尽快举行自由、公正、和平、可信、能反映孟加拉国人民意愿的选举"。

叙利亚问题第二次日内瓦会议如期举行。6日，叙利亚问题第二次日内瓦会议的会期基本确定，联合国秘书长潘基文通过其发言人发表声明说，会议将分两个阶段进行，第一阶段将于1月22日开始，国际社会有关各方将参与这一阶段的"高级别磋商"，会议地点改在瑞士蒙特勒。第二阶段将于1月24日开始，地点设在日内瓦万国宫。联合国—阿盟叙利亚问题特别代表卜拉希米负责协调这一阶段会议的进展。这也将是叙利亚政府和反对派首次分别派代表正式共同出席和谈。7日，叙利亚境外主要反对派"叙利亚反对派和革命力量全国联盟"（简称"全国联盟"）称，由于内部存在尖锐的意见分歧，他们推迟了原定于当日进行的、就是否参加于1月22日举行的叙利亚问题第二次日内瓦会议的投票。该官员表示，"全国联盟"的许多成员都对叙利亚总统巴沙尔·阿萨德未同意此前一次和平谈判号召组建过渡政府的原则感到愤怒。另外，作为巴沙尔政府后盾的伊朗可能参与和谈，也使"全国联盟"内部产生分歧。15日，叙利亚境内主要反对派"叙利亚全国民主变革力量民族协调机构"（简称"全国协调机构"）称，由于其提出的要求未被重视，因此不会参加叙利亚问题第二次日内瓦会议。18日，"全国联盟"在土耳其伊斯坦布尔召开大会，75名主要成员参加，就是否参加本月22日召开的叙利亚问题第二次日内瓦会议进行表决。结果为，58名成员赞成，14票反对。22日，叙利亚问题第二次日内瓦会议首日议程在瑞士蒙特勒结束。与会各方同意叙利亚政府和反对派自24日起在日内瓦举行直接谈判。当日，叙利亚新闻部长祖阿比表示，叙利亚政府正为目前发生的一切寻求解决办法，反对派参与会谈意义积极，但各方提出的"政治进程""反恐"等议题显然不是一回事。祖阿比表示，叙利亚政府愿与反对派达成协议，但磋商解决方案与实现政治过程需要时间。24日，叙利亚政府和反对派代表在卜拉希米的主持下在日内瓦万国宫进行直接谈判，但双方立场相距甚远。25日，叙利亚政府和反对派当天进行"同屋"会谈，主要围绕人道主义救援问题展开，双方谈判团分别由叙利亚常驻联合国代表贾法里和"全国联盟"高级官员哈迪·阿哈巴率领。26日，谈判达成首个切实的协议，叙利亚政府同意让受困在霍姆斯市的妇女和儿童通过安全通道离开。卜拉希米表示，撤离行动有望从第二天开始。29日，叙利亚政府和叙利亚境外主要反对派"全国联盟"在日内瓦表示，双方愿在日内瓦公报框架下继续进行谈判，但双方在谈判议题顺序理解上仍有分歧。

苏丹总统巴希尔访问南苏丹。6日,苏丹总统巴希尔抵达南苏丹首都朱巴,在总统府与南苏丹总统基尔举行会晤。巴希尔表示,苏丹不会成为向南苏丹发起敌对行动的基地,同时希望南苏丹国内危机早日结束,基尔对苏丹给予南苏丹的支持表示赞赏。苏丹外长卡尔提当日在记者招待会上说,苏丹支持南苏丹的稳定,支持南苏丹有关各方通过对话和谈判结束武装冲突,这有利于改善两国关系,推动解决边境问题。

奥巴马宣布改革美国情报系统。7日,美国国家情报总监詹姆斯·克拉珀与美国总统奥巴马组建的顾问小组会面,就顾问小组向美国国家安全局提出的建议进行讨论,研究可能作出的改变。17日,奥巴马宣布改革情报系统,开列五大具体措施。包括:一、发布新的总统指令,对收集通话记录等情报活动加强监管。二、改革现行工作流程,提高情报监视活动的透明度。三、对情报部门拦截国际通讯加强管理。四、提高美国联邦调查局使用"国家安全密函"的透明度。五、建立新机制,不再由政府保存通话记录。奥巴马承认,收集通话记录是目前最被诟病的情报行动,如果监管不力,通话记录或被滥用,危及公民隐私。18日,奥巴马说他不会让监听影响他同德国总理默克尔之间的友好关系,但美国情报机构不会停止监听活动。30日,奥巴马决定提名海军中将迈克·罗杰斯出任下一任国家安全局局长,并兼任美国网络司令部司令和五角大楼中央安全局局长。

美国在韩国实施新的军事部署。7日,美国国防部决定2月再向韩国增派一支由800人组成的美国陆军骑兵营,以更好地满足朝鲜半岛战区的作战要求。12日,韩美两国就驻韩美军的防卫费分担问题达成一致。本次签订的第9次《防卫费分担特别协定》截至2018年到期,有效期为5年。根据协定,韩国每年应分担的防卫费总额约为9300亿韩元(约合人民币53亿元),较2013年增加约600亿韩元。

拉脱维亚选定新总理。7日,拉脱维亚总统贝尔津什签署命令,任命莱姆多特·斯特拉乌尤玛为拉脱维亚总理。自此,斯特拉乌尤玛成为拉脱维亚历史上首位女总理,她出生于1951年,长期从事农业经济等领域的研究,曾在地区发展部、农业部等部门工作。斯特拉乌尤玛为"团结党"支持的总理候选人,该党领袖瓦尔迪斯·东布罗夫斯基斯是拉脱维亚前任总理,因该国首都超市坍塌造成人员伤亡而引咎辞职。

伊拉克安全形势动荡不安。7日,伊拉克政府官员称,政府对安巴尔省两座城市拉马迪和费卢杰进行空袭,击毙25名武装分子,政府同时还发布了空袭的录像。14日,伊拉克发生多起暴力袭击事件,造成至少24人死亡、55人受伤,其中大部分袭击发生在首都巴格达。15日,伊拉克再次发生多起暴力袭击事件,造成至少70人死亡、147人受伤,其中大部分袭击发生在首都巴格达。16日,伊拉克发生多起暴力袭击事件,造成至少30人死亡、25人受伤。

荷兰外交大臣访问古巴。8日,荷兰外交大臣蒂默曼斯开始对古巴为期两天的访问,在与古巴外交部长罗德里格斯举行的会晤中,他敦促古巴调整其与欧盟的关系,同时也称赞古巴促成了哥伦比亚政府与反政府武装之间的和平谈判,"为结束最后的地区暴力冲突"作出了努力。蒂默曼斯在访问期间强调,古巴政府的改革为双方寻找对话建立了基础,双方在贸易、农业、医疗卫生、投资、体育和文化领域有许多合作机遇。这是自1959年古巴革命以来,荷兰外交大臣第一次对古巴的正式访问。

卡斯特罗9个月来首次公开出席活动。8日,古巴革命领导人菲德尔·卡斯特罗公开出席了一个位于首都哈瓦那的非营利性艺术中心落成典礼。这是卡斯特罗9个月来首次公开出席活动。卡斯特罗的这次公开露面正值他率领起义军推翻巴蒂斯塔独裁政权、成立古巴革命政府55周年。26日,菲德尔·卡斯特罗与阿根廷总统克里斯蒂娜·费尔南德斯在拉美地区峰会开幕前夕举行会面并共进午餐。阿根廷官员表示,此次会见由卡斯特罗提出,午餐时间用时2小时,双方的会见在友好气氛中进行,交换了对地区争端的意见,以及世界范围内的粮食和安全等问题。28日,菲德尔·卡斯特罗在哈瓦那与联合国秘书长潘基文举行会晤,讨论了国际社会关注的重大问题,其中包括叙利亚问题、中非共和国局势、南苏丹问题以及刚果(金)局势。除以上议题外,两人还讨论了粮食安全与核不扩散问题、千年发展目标、可持续发展问题以及气候变化议题。

美国与古巴开展移民问题对话。9日,由美国国务院负责西半球事务的副国务卿亚历克斯·李率领的美国代表团与由古巴外交部美国司司长何塞菲娜·维达尔率领的古巴代表团,在哈瓦那恢复关于移民问题的对话。此次会谈,除了聚焦移民问题外,还集中讨论了相互关心的问题,包括民航安全、禁毒合作、清理油污合作、搜救和邮政合作等。美国和古巴两国关于移民问题的对话于 2011 年中断，2013 年 7 月两国恢复了对话。11 日，亚历克斯·李表示，美国在与古巴建立新型关系的问题上持"开放"立场，美国和古巴恢复关于移民问题及其他问题的对话，双方进行了"很有建设性的"会谈。尽管两国历史上存在困难的关系，双方能够在会谈中以尊重和体贴的方式相互对话。

日本对外交往活跃。9 日，日本外相岸田文雄、防卫相小野寺五典和法国外长法比尤斯、国防部长勒德里昂出席两国外长防长磋商，即"2+2"磋商。会后发表联合公报称，双方就阿富汗、叙利亚以及南苏丹的局势、朝鲜半岛和伊朗核问题等重大国际问题交换了意见，并就强化日本自卫队与法军的防卫合作达成了共识。此外，日法双方还提出了未来具体的行动方案，其中包括在"2+2"的对话机制中设立两个委员会，一个是负责通过共享两国国防科技信息、共同研发或生产防卫设备的工业合作，来推动日法在防卫设备和技术方面的合作；另一个委员会涉及军事设备的出口监控机制，通过共享两国对安全环境、军事设备出口监控的程序和机制进行资源交流，寻找多边合作的可能。当日，日本首相安倍晋三启程访问中东国家阿曼、非洲国家科特迪瓦、莫桑比克和埃塞俄比亚。当日晚，安倍抵达阿曼首都马斯喀特并与阿曼苏丹卡布斯举行了会谈。安倍希望中东各国能够继续稳定地向日本供应石油及天然气，并表示能以自己倡导的"积极和平主义"为中东的和平与安定作出贡献。两国首脑发表共同声明表示将加强安全保障及经济领域的合作。10 日，安倍抵达科特迪瓦，并与该国总统阿拉萨纳·瓦塔拉举行会谈。安倍表示日本愿为科特迪瓦所在的撒哈拉沙漠南部萨赫勒地区提供人道主义资金援助，并希望日本企业可以进驻科特迪瓦，支持其经济重建。这是日本首相首次访问西非的法语圈国家。12 日，安倍晋三与莫桑比克总统格布扎举行会谈，会后双方发表共同声明。日本承诺将在 2017 年前向莫桑比克提供 700 亿日元（约合 42 亿元人民币）的政府开发援助，用于该国北部纳卡拉走廊的开发。日本政府提供的政府开发援助还将用于建设纳卡拉港口周边道路、支援其教育及医疗等领域。14 日，安倍在埃塞俄比亚发表演讲，宣布从 2012 年起五年内向非洲开发银行及有关国家提供的日元贷款将翻番，从 10 亿美元增至 20 亿美元。此外，安倍还表示有意提供约 3.2 亿美元资金援助用于应对非洲的纠纷和灾害，其中约 2500 万美元将用于平息南苏丹局势。25 日，在印度访问的日本首相安倍晋三与印度总理辛格举行首脑会谈，双方就开展联合演习等安保合作达成一致,并在共同声明中触及中国东海防空识别区,强调基于国际法确保飞行及航行自由的重要性,安倍在与辛格会谈时谈及日中关系,称"为避免偶发冲突,日中应构建相应的沟通渠道"。

非洲多国政局出现变动。10日,中非共和国临时总统米歇尔·多托贾发表声明,宣布辞去总统一职。同时,鉴于中非共和国爆发的宗教血腥冲突,法国在其首都班吉部署多辆坦克。21日,几内亚总统孔戴签署总统令,重新任命34名部长,完成政府改组。此次改组中,涉及经济社会发展的关键部门有较大人事变动。新任政府成员大部分原为孔戴顾问或执政党彩虹联盟的成员,没有一人来自反对派。23日,联合国安理会通过主席声明,欢迎马里成功举行立法选举,并呼吁在马里北部进行谈判,找到持久解决危机的政治方法。24日,中非共和国一位前任部长被激进分子砍死,此外还造成至少9人死亡。25日,马达加斯加新总统埃里·拉乔纳里马曼皮亚尼纳宣誓就职。在他宣誓后不久,在宣誓地点附近发生一起手榴弹爆炸袭击,造成1人死亡、30多人受伤,伤亡者均为当地人。当日,中非共和国过渡政府任命原中非国家开发银行官员安德烈·恩扎帕耶凯为临时总理。在此之前,中非国家过渡委员会还选出原班吉市长凯瑟琳·桑巴潘沙担任中非共和国临时总统。26日,中非共和国红十字会称,在首都班吉爆发的暴力冲突中,造成至少8人死亡。

美日"跨太平洋经济伙伴关系协定"谈判陷僵局。11日,美国通商代表部代表弗洛玛拒绝日本"跨太平洋经济伙伴关系协定"(TPP)担当大臣甘利明期望举行会谈的要求。日本政府没有透露美方拒绝的原因,仅表示将会寻求电话会谈。日本正在努力加入美国主导的TPP,但是在农业和医药等领域的关税问题上,无法完全符合美国的要求。25日,日美两国政府在瑞士达沃斯召开部长级会谈,商讨如何打破TPP谈判的僵局。日本经济产业相茂木敏充和农业相林方正与美国贸易代表办公室代表迈克尔·弗罗曼举行了个别会谈。以日本废除农产品关税、美国公布汽车关税撤销日期为焦点,双方摸索在政治层面寻找妥协点,但未能取得重大进展。28日,日本农林相林芳正在内阁会议后的记者会上透露,为使TPP谈判达成协议,日本和美国正在进行工作层面的磋商。

以色列前总理沙龙逝世。11日,以色列前总理沙龙去世,享年85岁。以色列总理内塔尼亚胡当天表示,以色列人民会永远铭记沙龙。12日,世界一些国家领导人向已故的以色列前总理沙龙致哀。美国总统奥巴马称赞沙龙

"身为领导人,将自己的一生献给了以色列"。联合国秘书长潘基文表示,"沙龙在作出从加沙地带撤出以色列定居者和部队的痛苦的历史性决定时,所显示的政治勇气和决心将被人们记住"。他呼吁以色列遵循沙龙的遗愿,努力使一个独立的巴勒斯坦国与一个安全的以色列相邻。德国总理默克尔称赞沙龙在加沙撤军上的决定是"勇敢的","他在通往与巴勒斯坦人和解、最终承认两个国家的道路上迈出了历史性的重要一步"。英国首相卡梅伦赞扬沙龙"在追求和平方面作出了勇敢的有争议的决定"。俄罗斯总统普京在唁电中,称赞沙龙是一位"伟大的政治和军事家","高度评价沙龙的人格及其为保卫以色列的利益作出的努力"。法国总统奥朗德称沙龙是以色列历史上"一位重要人物"。新加坡总理李显龙致唁函表示哀悼,称沙龙的离去"对以色列是极大的损失"。巴勒斯坦人则对沙龙的去世表示高兴,指责他对前巴勒斯坦领导人阿拉法特的神秘死亡负全部责任。

伊朗核问题第一阶段协议生效。12日,代表美国、俄罗斯、中国、法国、英国及德国即伊朗核问题六国与伊朗进行谈判的欧盟外交和安全政策高级代表阿什顿发表声明,称六国与伊朗在瑞士日内瓦达成的解决方案已得到各国"首肯",解决方案预计于20日正式启动。20日,伊朗核问题谈判首席代表萨利希表示,伊朗在当地时间正午12时,暂停20%浓度的铀浓缩活动。第一阶段协议主要内容包括:伊朗同意暂停生产浓度为5%以上的浓缩铀,同时稀释或转化库存的浓度为20%的浓缩铀;接下来6个月时间里,伊朗不再增加浓度为3.5%的浓缩铀库存,不再兴建额外的铀浓缩设施,不新增离心机。23日,伊朗外长扎里夫称,伊朗会履行日内瓦会谈所达成的所有协议,但不会全面缩减核计划。扎里夫强调,伊朗承担了一定的义务并会去执行,其中包括在协议规定时间内停止浓度超过5%的浓缩铀计划,半年之后销毁所有浓度达20%的核材料库存。

美国2014财年政府开支达成共识。14日,美国国会领导人表示,他们已经就美国政府2014财年的开支法案达成共识,计划将提供1.1万亿美元的资金。法案中的具体措施是根据2013年美国国会通过的财政预算案的指导方针而制定的,该法案保留了共和党对于政府支出减少的要求,但同时又未满足共和党限制奥巴马医疗改革方案的期望和加强金融市场监管的要求。这将使得美国政府免于停摆,也使得美国国会有机会结束4年以来常常导致政府关门危机的预算争议。

韩国总统朴槿惠访问印度。15 日，韩国总统朴槿惠抵达印度首都新德里，开始对印度进行为期 4 天的国事访问。16 日，朴槿惠出席在印度总统府举行的欢迎仪式，随后同印度总理辛格举行首脑会谈，就两国政治、经济、科技、信息通信技术等诸多领域的合作方案以及地区和国际问题深入交换意见。当日下午，朴槿惠分别会见印度副总统安萨里和众议院在野党党首，探讨加强两国合作之策。17 日，朴槿惠出席韩国大韩商会和印度工商业联合会举行的"韩国—印度经济合作论坛"午餐会，并发表了主旨演讲，提出促进韩国和印度经济合作的三大方案，包括在"创造经济"方面的合作、扩大合作范围、改善《韩印全面经济伙伴关系协定》。朴槿惠还就创造经济合作方案表示，如果印度软件实力与韩国硬件和商业化实力相结合，可在新的领域实现双赢，给两国都带来不少帮助。

韩国政府公布经济改革三年计划。15 日，韩国经济副总理兼企划财政部长官玄旿锡在政府首尔办公大楼召开经济部门长官会议，公布了经济改革三年计划的推行方向，韩国未来创造科学部、产业通商资源部、国土交通部等部门长官出席会议。会议确定了三年计划的三大推行战略：第一，通过"非正常旧习的正常化"，巩固经济基础；第二，通过创造经济，给经济注入活力；第三，通过提振内需，实现内需和出口的平衡。会议同时将改善韩国经济体质、提高增长潜力定为中长期目标，并决定新设总统主持的规章制度改革长官会议，重新研究各种规章制度。力争用未来三年的时间，使韩国经济潜在增长率提升至4%，就业率达到70%，国民收入增加至4万美元，不断促进经济结构优化，为开辟"国民幸福经济时代"奠定基础。

欧洲地区经济有喜有忧。15 日，葡萄牙政府成功发行总额为12.5亿欧元（约合17亿美元）的短期债券，此次国债收益率比2013年11月发行的同类债券有所下降。20 日，欧盟委员会提出一项促进海洋可再生能源开发利用的新行动计划。该计划的核心是建立一个海洋能源论坛，让利益相关方加强合作，就当前问题探讨出可行的解决法案。同时，具有协同效应的其他海洋产业问题也在论坛讨论范围之内，尤其是海洋风电以及与供应链有关的问题，如能源入网、设施运行与维护、物流等。21 日，由于欧盟与美国谈判中的跨大西洋贸易与投资伙伴协定（TTIP）内容引起不少争议，欧盟贸易执委戴胡克决定诉诸民意，将花三个月时间征询欧盟各国民众意见。27 日，欧洲央行行长马里奥·德拉吉表示，他将准备让欧洲央行通过打包购买银行向家庭和企业发放的贷款，来抗击通货紧缩。

朝鲜提出和平统一等"重大提案"。16日，朝鲜国防委员会受朝鲜政府、政党、团体委托，向韩国提议涉及一系列原则问题的"重大提案"，内容包括采取实际措施全面停止相互刺激、诽谤中伤的一切行动以及全面停止对另一方的一切军事敌对行为，同时敦促韩国无条件停止与外来势力相勾结，针对同族进行的一切军事敌对行为。17日，韩国政府拒绝朝鲜停止互批提议，表示对方歪曲事实。韩国政府还敦促朝鲜勿就韩美军演问题找麻烦。23日，应朝鲜最高领导人金正恩的特命，朝鲜国防委员会向韩国政府和各政党、社会团体、各界民众发去公开信。公开信对韩国政府的不当态度和拒绝立场表示遗憾，称韩国政府不应对朝鲜"重大提案"轻率怀疑和拒绝；呼吁韩国社会各界积极响应朝鲜提出的"重大提案"，团结起来为改善北南关系打开活路。24日，就朝鲜国防委员会向韩方发出公开信，呼吁改善两国关系一事，韩国国防部副发言人魏龙燮表示，朝鲜半岛之所以面临严重安全威胁，主要是因为朝鲜发起"军事挑衅"。因此，朝鲜应停止"军事挑衅"和"威胁性言辞"。朝鲜不应只作口头承诺，必须用行动展现诚意。当日，朝鲜常驻联合国代表申善昊发表讲话，就朝鲜国防委员会向韩方发出的"重大提案"进行阐述，并提出为北南关系创造更积极的氛围、结束北南军事敌对状态和采取措施防范核灾难的三点建议。申善昊称，朝鲜已经作好准备重新开始关于朝核问题的六方会谈，但六方会谈的举行取决于美国和韩国的立场。申善昊还敦促韩国听取朝鲜的呼吁，严肃考虑朝鲜对离散家属团聚和停止诽谤中伤的提议，并以真诚的态度推动改善朝韩关系。

委内瑞拉总统马杜罗宣布将开启与美国谈话。16日，在委内瑞拉举行的国民会议上，总统马杜罗宣称委内瑞拉政府正在寻求机会，开启与美国的官方会谈，并称美国在国际社会屡次针对委内瑞拉的行为很"幼稚"。马杜罗表示，委内瑞拉与美国的关系一直处于紧张状态，为进一步改善双边关系，委内瑞拉愿意开启与美国的官方谈话，并表示委内瑞拉已经作好准备，"使双方能够坐在一起，共同讨论两国双边关系问题，但我希望谈话是在双方互相尊重的基础上"。

巴基斯坦发生多起爆炸袭击。16日，巴基斯坦西北部城市白沙瓦一清真寺发生爆炸，造成至少5人死亡、45人受伤。19日，巴基斯坦一支安全部队车队在西北部遭到自杀式炸弹袭击，造成20名士兵死亡，超过30人受伤。

巴基斯坦塔利班宣称对这起袭击事件负责。21日，一辆客车在巴基斯坦西南部遭自杀式炸弹袭击，造成至少18人死亡、22人受伤。

美国国务院设办公室推动与阿富汗及巴基斯坦关系。17日，美国总统奥巴马下令在国务院内设立"与阿富汗和巴基斯坦战略伙伴关系办公室"，以推动美国与两国的关系。奥巴马在总统令中说，设立这一机构的目的在于支持联邦政府机构加快建立与阿、巴两国的战略伙伴关系，进一步增进两国的安全与稳定，实现美国在两国的"外交存在正常化"。根据总统令，该办公室的一项任务是协调裁减国务院在阿富汗开展的非军事项目并撤出人员，办公室将在巴基斯坦和阿富汗分设办公点。

乌克兰危机持续发酵。19日，乌克兰总统亚努科维奇表示，将设立跨党派委员会，以解决政治危机。乌克兰首都基辅的大批抗议示威者在距政府和议会大厦仅百米之遥的格鲁舍夫斯基大街北口与警方发生冲突，数辆警车被烧毁，数十名警察受伤。警方拘捕4名闹事者，并对骚乱事件开启了刑事诉讼程序。与此同时，美国呼吁乌克兰安全部队与反对派示威群众结束彼此在基辅的暴力冲突，并力促乌克兰政府立即召开对谈，以终结对峙僵局。20日，亚努科维奇针对基辅爆发的骚乱发表告国民书，指出只有和平的道路、辛勤的劳动、人民的团结和建设美好生活的坚定目标，才能引导全国人民走向成功，而内战、破坏和暴力只会毁掉乌克兰。21日，乌克兰成立全国罢工委员会。部分乌克兰国会议员、乌克兰自由联盟党领导层、乌克兰独立矿工工会成员，乌克兰教育科学工作者工会、医学工作者工会、铁路工作者工会、企业家工会和其他组织的成员均加入该委员会。该委员会任命乌克兰反对党打击党议员卡普林为委员会主席。乌克兰全国罢工委员会在其第一次会议上成立了包括秘书处在内的工作机构，并一致通过了发行该委员会相关出版物的决定。24日，基辅一些地区实行宵禁，移动电话、互联网和电视无法使用。亚努科维奇与反对派领袖举行了会晤，但没有取得成果。25日，乌克兰反对党祖国党领导人亚采纽克称，愿意考虑接受亚努科维奇的提议，出任乌克兰总理。乌克兰打击党领袖克里琴科称"现在与政府的谈判还未结束，在任何情况下我们都不会退缩"。28日，亚努科维奇接受了总理阿扎罗夫递交的辞呈，并于当天签署了关于总理辞职和解散政府的总统令。乌克兰总统府新闻办公室网站发布的消息说，根据宪法第115条第5款的规定，总统责成内阁在新一届政府组成前继续履行职责。29日，乌克兰最高拉达通过一项议案，准备对过去两个月在示威活动被捕的人员实施特赦，前提是反对派示威者离开绝大多数所占据的首都市政大楼。

印度成功试射"烈火—5"弹道导弹。20日，印度国防研究与发展组织成功试射了能够携带核弹头、射程约4000公里的"烈火—5"弹道导弹。此次发射是从印度东海岸的惠勒岛靶场进行的。两级导弹"烈火—5"全重达17吨，长20米，核弹头重量达1吨。其他"烈火"家族的导弹已经在印度武装部队服役，这已经是"烈火—5"的第四次试射，第一次试射失败，后两次均告成功。

联合国报告预测2014年全球经济增速为3%。20日，联合国贸易和发展会议、联合国经济与社会事务部等机构发布报告，预计2014年和2015年全球经济增速分别为3%和3.3%，全球经济形势好于2013年。报告称，美国就业市场、房地产市场持续回暖，预计2014年国内生产总值增长2.5%；西欧国家虽走出衰退阴影，但失业率居高不下，经济增长仍然疲弱，预计2014年国内生产总值增长1.5%；日本2014年经济增速预计为1.5%。对于新兴经济体，报告预测中国将在未来数年维持7.5%左右的经济增速；印度2014年经济增速预计升至5.3%；巴西、俄罗斯2014年经济增速预计分别升至3%和2.9%。报告指出，新兴经济体对国际资本流动需要继续警惕。报告预测，2014年全球通货膨胀率将维持平稳，就业问题继续充满挑战。美国联邦储备委员会削减量化宽松政策规模、银行系统的脆弱性等或成为影响全球经济的不确定因素。

俄罗斯纪念列宁格勒保卫战胜利70周年。27日，俄罗斯全国各地均举行活动，隆重纪念列宁格勒解除德国法西斯的包围、列宁格勒保卫战胜利70周年。俄罗斯总统普京特别赶赴圣彼得堡出席相关纪念活动。普京当天与苏联卫国战争老战士座谈时指出，无论是俄罗斯人还是外国人都应铭记战争的悲剧，记住苏联人民和列宁格勒市民的英勇，应尽一切努力，不让类似事件重演。俄罗斯联邦委员会主席马特维延科等官员与圣彼得堡市民一起，冒着严寒观看了隆重的阅兵式。俄军不仅展示了卫国战争使用过的T—34坦克、苏—100自行火炮，还展示了虎式装甲车、铠甲防空系统和伊斯坎德尔导弹等新型武器装备。

拉美及加勒比国家共同体第二届峰会举行。27日，拉美及加勒比国家共同体第二届峰会外长级会议在古巴首都哈瓦那举行。28日，拉共体第二届峰会正式举行，阿根廷总统克里斯蒂娜、玻利维亚总统莫拉莱斯、巴西总统罗塞夫等国家元首参加。古巴国务委员会主席劳尔·卡斯特罗在峰会上呼吁拉共体成员国建立一个共同政治空间，以应对当前面临的全球挑战。各国领导人共同宣布终止《美洲国家民主宪章》。29日，峰会在通过《哈瓦那宣言》《拉共体2014年行动计划》及《宣布拉美和加勒比为和平区的公告》等近30份成果文件后闭幕。会后，哥斯达黎加接替古巴成为轮值主席国。30日，中国国家主席习近平分别致电拉共体上任轮值主席国古巴国务委员会主席劳尔和现任轮值主席国哥斯达黎加总统钦奇利亚，对拉共体在古巴成功举行第二届峰会并通过"关于支持建立中国—拉共体论坛的特别声明"表示祝贺和赞赏。习近平指出，该论坛旨在为推进平等互利、共同发展的中拉全面合作伙伴关系搭建平台，为促进地区与世界和平与发展作出了贡献。

俄欧举行首脑峰会。 28日，俄罗斯与欧盟在布鲁塞尔举行首脑峰会，俄罗斯总统普京和欧盟领导人参加会谈。会议期间着重讨论经贸合作、免签制度的前景和能源合作，加强俄罗斯与欧盟战略合作伙伴关系的途径，以及欧亚一体化与欧盟一体化相结合的可能性。峰会的一个中心议题是双方免签证制度的施行，包括精简签证办理程序和短途旅行免签证制度。此次峰会还讨论了乌克兰问题、伊朗核问题及叙利亚局势，包括分析叙利亚问题第二次日内瓦会议的结果。当日，普京在欧盟总部的新闻发布会上明确表态，俄罗斯反对外部势力介入乌克兰局势，俄欧双方在此问题上分歧严重。

美国总统奥巴马发表国情咨文。 28日，美国总统奥巴马发表新一年国情咨文，列举了包括医保、能源、教育、创造就业机会和提高最低工资等一系列改革目标。奥巴马在国情咨文中首先提出要把法定最低工资提高到每小时10.10美元。在谈及外交政策时，奥巴马表示，将继续把重点放在亚太地区以支持盟友。同时，他承诺将改革监控项目，保证普通人隐私权不受侵犯。奥巴马再次呼吁国会应该全力合作，并誓言如果国会再不作出行动，他就将动用总统行政权，"绕开"国会，解决美国面临的急迫问题。针对奥巴马的国情咨文，共和党回应称民主党的执政纲领已经让美国人的生活更加困难，而共和党人有计划让这个困难的局面有所扭转。奥巴马在国情咨文中所呼吁的让2014年成为"有所行动的一年"的口号，绝对不应该成为一个让美国人民经历更大规模的政府支出、高税率和就业机会减少的2014年。

第二十二届非盟首脑会议举行。 30日，第二十二届非盟首脑会议在埃塞俄比亚首都亚的斯亚贝巴召开。来自非盟 50 余个成员国的国家元首、政府首脑或代表在为期两天的会议中讨论并通过有关非洲地区农业发展、和平与安全等议题和决议。本次非盟峰会将"农业与粮食安全"定为会议主题。会议期间，各国代表就非洲未来 50 年发展蓝图——"非洲愿景 2063 战略"进行了讨论，该战略旨在为非洲未来 50 年发展规划蓝图并制定行动纲领，力图建设一个一体化、和平繁荣的新非洲，下届非盟首脑会议将正式通过这一战略。在本次非盟峰会召开之际，中非共和国和南苏丹等国家正经历战乱，和平与安全问题也因此再次成为峰会所关注的重中之重。会议决定进一步采取措施维护非洲大陆的和平与稳定，帮助战乱国家恢复和平，打击恐怖主义、跨国人口贩卖、绑架、武器走私等犯罪活动。此外，会议还宣布毛里塔尼亚总统阿齐兹接替埃塞俄比亚总理海尔马里亚姆担任新一届非盟轮值主席。

英法宣布将加强军事与核能合作。31 日，英国首相卡梅伦和法国总统奥朗德分别率本国负责外交、国防、能源、科技等事务的高官在英国牛津郡诺顿空军基地举行 2014 年英法峰会，双方宣布将在军事、核能、气候变化、空间技术等领域进一步深化两国合作，并在上述领域签署了一系列合作协议。根据双方达成的协议，英法两国计划在国防设备采购、军队训练、海外维和行动等方面开展一系列联合行动，并将进一步打造由两国多个兵种组成的英法联合远征部队。两国还计划联合发展空中作战体系，并宣布投入近 2 亿美元开展为期两年的前期可行性研究。

2 月

习近平出席俄罗斯索契冬奥会开幕式
泰国举行国会下议院选举
朝韩开展离散家属团聚活动
伊朗就核问题展开系列外交活动
美国国务卿克里访问亚洲四国
乌克兰政局发生剧变

黎巴嫩东部边境小镇发生汽车炸弹袭击。1日，黎巴嫩东部靠近叙利亚边界的赫尔穆勒镇晚间发生汽车炸弹袭击，造成4人死亡，20多人受伤，这是该镇半个月内发生的第二次汽车炸弹袭击事件。当天，属于"基地"组织的"支持阵线"宣称制造了此次汽车炸弹袭击事件，称这是针对黎巴嫩真主党的第二次自杀式袭击事件，并扬言会继续对真主党的目标发动袭击。

泰国举行国会下议院选举。2日，在十万余名警察和几千名士兵严密监控全国各个选区的安全局势下，泰国举行国会下议院选举。选举期间，小规模冲突事件持续不断。位于曼谷丁当区的泰日体育馆投票站附近，约300名示威者包围投票站，导致前来投票的选民无法靠近，随后选民与示威者发生冲突。据统计，当天共约有1200万注册选民未能履行投票权，占全部选民数的25%，全国9万多个投票站中有1万多个投票站因示威者干扰等原因无法进行投票，受影响投票站涉及18个府，69个选区。看守政府总理英拉、陆军司令巴育等重要政界、军界人士未遭到示威者阻拦，顺利投票。当天下午，泰国反政府集会领导人、"人民民主改革委员会"秘书长素贴表示，本次选举投票率很低，英拉政府没能组织一场成功的选举，从而浪费了38亿泰铢（约合1.2亿美元）的预算，他将以此为由起诉英拉。9日，泰国最大反对党民主党敦促选举委员会寻求宪法法庭途径，尽快打破目前的政治僵局。12日，对未进行国会下议院选举投票的28个选区，泰国选举委员会确定于4月27日进行新一轮投票。

阿富汗总统选举竞选活动正式开始。2日，阿富汗总统选举竞选活动正式拉开帷幕，竞选总统的11名候选人将在全国范围展开为期两个月的竞选活动。阿富汗地处山地，寒冷天气和山区地貌成为竞选者和选民参加竞选活动的最大障碍。当天，多位候选人在阿富汗首府喀布尔展开首场竞选活动，热门候选人之一阿富汗反对党领导人阿卜杜拉·阿卜杜拉在竞选活动上表示，希望本届选举能够成为公平、透明的选举,决不接受捏造和不透明的选举结果。

朝韩开展离散家属团聚活动。3日,朝鲜通过朝韩边界板门店联络渠道向韩方发出电话通知,提议商讨离散家属团聚活动的具体事宜。5日,朝韩双方举行红十字会工作接触,就20日至25日在朝鲜金刚山举办离散家属团聚活动达成一致,双方共同商定将金刚山酒店和外金刚酒店指定为离散家属的住宿地点。7日,为检查韩朝离散家属团聚活动的相关设施而前往朝鲜的韩方工作小组中有5人返回韩国,他们表示朝方设施状态良好,且朝方向工作小组提供了积极配合。12日,朝韩在板门店韩方一侧的"和平之家"举行北南高层会谈,朝鲜要求韩国将韩美联合军演时间推迟至朝韩家属重聚之后。15日,韩方派遣有15人组成的离散家属会面准备工作先遣队前往朝鲜金刚山地区与朝方交换参加离散家属团聚活动的人员名单,就团聚活动的具体日程进行商讨。20日,参加第一轮离散家属会面的韩方离散家属82人及随行家属58人等共140人启程前往金刚山,与失散60余年的178名朝方家属会面。23日,朝韩第二轮离散家属会面举行,357名韩方家属与88名朝方家属在朝鲜金刚山离散家属会面所集体会面。这是朝韩继2010年10月30日至11月5日举行第18次离散家属会面活动之后,时隔数年再次举行的离散家属会面。

日本继续为国家正常化作准备。4日,由日本首相安倍晋三设立的"关于重建安全保障法律基础的恳谈会"在首相官邸召开会议,就扩大领土领海遭入侵时自卫队的应对范围达成共识。5日,日本召开参议院预算委员会会议,安倍晋三及全体内阁大臣出席,会上对2014年度日本补充预算案进行基本质询,并进入审议阶段。安倍晋三在会上就允许行使集体自卫权表示,日本政府正因为没有集体自卫权而面临不利,日本将依据政府判断,公开新的宪法解释。9日,执政的自民党、公明党支持的前厚生劳动大臣舛添一成功当选东京都知事。12日,安倍晋三在国会答辩中称,只要修改宪法解释就能够行使集体自卫权。日本公明党国土交通相太田昭宏在众议院预算委员会上表示同意安倍晋三的言论。14日,日本外相岸田文雄在众议院预算委员会上表示,日本一旦发生战事,不反对美军把核武器带入日本境内。23日,日本制定旨在取代"武器出口三原则"的武器出口管理新方针,删除了三原则中明确规定的禁止向"国际争端当事国"出口武器的条款。

习近平出席俄罗斯索契冬奥会开幕式。6日,应俄罗斯总统普京邀请,中国国家主席习近平出席在俄罗斯索契举办的第22届冬季奥林匹克运动会开幕式，这是中国国家元首首次出席在境外举行的大型国际体育赛事开幕式。当日下午，习近平同普京举行了2014年两国首次元首会晤。双方全面总结了过去一年中俄关系发展形势及取得的重要成果，并对新一年两国合作作出战略规划和部署，就加强在重大国际和地区问题上的战略协作达成重要共识。习近平表示，中俄是好邻居、好伙伴、好朋友。中俄要继续深挖巨大潜力，培育新的合作增长点，顺利推进战略性大项目合作，如期实施俄方向中方增供原油和天然气、扩建输油管道、建设合资炼油厂等项目，扩大核能、电力、煤炭等领域合作。两国已共同宣布启动2014年和2015年中俄青年友好交流年活动，要把活动办得精彩、办出水平。中俄在重大国际和地区问题上密切协作，特别是共同参加叙利亚化武海运联合护航行动。双方今后应就重大国际问题继续深化磋商与合作，共同维护世界及地区和平、安全与稳定。普京表示，俄中关系继续保持快速发展，成果显著。中方对俄罗斯投资大幅增长，双方能源、军事、安全等领域合作进展顺利，在国际事务中保持密切配合。新的一年里，俄方愿同中方继续保持密切交往，共同推动油气开发、核能、航空航天、通信、人文等领域合作，积极响应中方建设丝绸之路经济带和海上丝绸之路的倡议，希望俄方跨欧亚铁路与"一带一路"对接，创造出更大效益。7日，习近平亲切看望了参加此次冬奥会的中国体育代表团，勉励他们顽强拼搏、为国争光，把个人梦和体育强国梦汇入到实现中国梦的伟大奋斗中。中国体育代表团在此次冬奥会上取得了3金4银2铜的好成绩。

叙利亚战火未熄。7日，叙利亚政府与联合国就保证平民从中部霍姆斯老城战区撤出一事达成停火协议后，首批被困的83名妇女、儿童和老年人开始撤离，并在联合国和叙利亚阿拉伯红新月会人员的陪同下前往他们想去的地方。8日，联合国发言人办公室发布媒体通报表示，叙利亚冲突各方此前达成的为期三天的霍姆斯人道主义暂时停火协议遭到破坏，人道主义救援工作人员遭到蓄意袭击。联合国负责人道主义事务的副秘书长阿莫斯呼吁叙利亚冲突各方遵守暂时停火协议，确保人道主义救援行动顺利开展。10日，叙利亚问题第二次日内瓦会议第二轮和谈在日内瓦万国宫正式开启，联合国—阿盟叙利亚危机联合特别代表卜拉希米分别与叙利亚政府和反对派代表单独会谈。叙利亚境外主要反对派"全国联盟"发言人卢瓦伊·萨菲表示，"全国联盟"当天已就成立过渡管理机构向卜拉希米提交了愿景与谈判原则，反对派指责当局无意做让步,也不打算讨论过渡政府的成员名单和规格,双方未能在任何问题上达成一致。12日,叙利亚军队宣布已完全占领大马士革农村省及位于首都大马士革西北、距叙利亚、黎巴嫩边境不足70公里的重镇杰拉吉尔及其周边地区。当天,叙利亚北部阿勒颇省政府军击落了反对派武装向阿勒颇中心监狱上空发射的一个装载有摄像头的监控气球,消灭了阿勒颇市及其郊区的多个武装团伙。15日,叙利亚冲突双方就第三轮和谈,包括反恐、过渡管理机构、国家机构、全国和解与对话等在内的议题达成一致,但双方在和谈的具体细节和安排上仍存在分歧。26日,叙利亚政府军根据事先掌握的情报,在大马士革近郊姑塔东区设下埋伏,一举击毙至少175名隶属于"支持阵线"和"伊斯兰旅"的武装人员,并打伤多人。

突尼斯颁布新宪法。7日,突尼斯新宪法颁布仪式在首都突尼斯议会大厦举行。突尼斯总统马尔祖基、总理马赫迪·朱马及部分国家元首和代表出席该仪式。突尼斯制宪议会议长本·加法尔在仪式上表示,新宪法代表了突尼斯人民的广泛共识。自2013年7月25日反对党议员穆罕默德·布拉米遇刺以来,突尼斯陷入严重的政治危机。2014年1月,突尼斯完成政府改组并通过这部新宪法,预示突尼斯民主进程进入新阶段。

美国国务卿克里会见日本外相岸田文雄。7日,美国国务卿克里在美国首都华盛顿会见日本外相岸田文雄。美国在此次会谈中直接要求日本改善因安倍晋三参拜靖国神社而进一步恶化的日中、日韩关系。岸田文雄就日韩关系强调,将采取积累具体的合作,锲而不舍地应对。谈及日中关系时,岸田文雄表示日本谋求发展"日中战略互惠关系"的立场不会改变。双方表示,朝鲜方面如果在24日的美韩联合军演期间采取"军事挑衅行为",美日将进一步强化联合对朝实施制裁。围绕朝鲜2013年4月宣布重启宁边石墨减速反应堆一事,克里与岸田文雄一致认为,朝鲜有加强核研发动向,在此基础上,双方围绕强化对朝制裁相关对策进行了讨论。

伊朗就核问题展开系列外交活动。7日,伊朗与国际原子能机构在伊朗首都德黑兰举行为期2天的会谈,双方发表共同声明,同意采取更多具体措施深化合作,但声明未提及采取措施的具体内容。国际原子能机构副总干事泰罗·瓦尔约兰塔和伊朗驻该机构总代表礼萨·纳杰菲声明,伊朗与国际原子能机构将于2014年5月15日前执行7项具体合作措施,以进一步落实2013年11月双方达成的路线图。10日,伊朗在伊朗伊斯兰共和国成立35周年前夕，成功试射两枚导弹，其中一枚是远程导弹。新的导弹可以"躲避反导系统，并能造成巨大破坏"，而"宾纳"激光制导导弹，可以从地面或空中发射，用于摧毁地面装甲坦克以及桥梁设施等。18日，美国、英国、法国、俄罗斯、中国、德国等伊朗核问题六国与伊朗在奥地利首都维也纳展开新一轮对话，这是自2013年底六国与伊朗核谈判有所进展后的再次对话。经过2天的深入谈判，六国与伊朗达成为全面核协议计划作准备的框架性协议。17日，伊朗最高领袖哈梅内伊表示，他对六国与伊朗有关核问题的对话"不乐观"，但他表示对此并不反对。20日，国际原子能机构发布的伊朗核问题报告显示，伊朗拥有的丰度接近20%的浓缩铀储量已下降到160.6公斤，减少的浓缩铀一部分被稀释，一部分转化为无法用于生产核武器的氧化铀。21日，英国外交部表示，英国和伊朗正式恢复两国直接外交往来，双方不再通过第三国处理有关外交事务，而通过两国互设的非常驻临时代办等官员直接进行。

巴基斯坦和巴塔举行首次和平谈判。8日，巴基斯坦政府和巴基斯坦塔利班谈判代表举行7年来的首次和谈，但仅一天就遭遇挫折，原因是一名塔利班代表突然宣布退出谈判。巴塔谈判代表、激进伊斯兰组织"红色清真寺"领导人阿齐兹称，应该以《古兰经》和先知穆罕默德言行录来替代巴基斯坦宪法。17日，巴政府谈判委员会成员伊尔凡·西迪基发表声明表示，巴塔分支杀害23名政府安全人员事件令原定于当天举行的对话变得没有任何意义，政府谴责这一行为，并认为近期的一系列恐怖袭击对进行中的和平对话造成了消极影响。

柬埔寨政治乱局趋于缓和。8日，柬埔寨法院释放了前期被羁押的23名示威群众中的2人。9日，反对党救国党谈判领导小组负责人表示，将恢复开展前期因游行示威而搁置的两党会议。柬埔寨内政部长邵肯表示，人民党已作好准备与救国党重新开启谈判，以解决目前的政治僵局。10日，有人在司法部和上诉法院门前举行游行示威，要求释放另外21名在押人员。11日，柬埔寨国家选举委员会召开新闻发布会宣布，第二届"首都、省、市、县和区理事选举"将于2014年5月18日举行。救国党虽仍拒不承认2013年7月的议会大选结果，但表示一定会参加。

俄罗斯和韩国首次讨论北极合作途径。9日，俄罗斯外交部负责北极合作事务特命全权大使瓦西里耶夫表示，俄韩两国外交部官员在韩国首都首尔举行的磋商会上首次讨论了进一步开展北极合作的机遇和途径，这是两国总统

2013年11月首尔峰会达成协议的延续。《北极地区互利合作协议》是俄韩两国富有前景的重要合作方向，两国将继续并扩大北极科研活动的合作。目前韩国已为俄罗斯工业公司和船运公司建造了不少用于冰上作业的船舶。

尼泊尔大会党主席苏西尔当选新总理。9日，尼泊尔大会党、尼泊尔共产党（联合马列）宣布达成组建联合政府共识，尼泊尔大会党占据总理等职位，尼泊尔共产党（联合马列）领导人出任内政部长等要职。10日，尼泊尔制宪会议在尼泊尔首都加德满都举行总理选举，唯一候选人、尼泊尔大会党主席苏西尔·柯伊拉腊在553名制宪会议成员参加的投票中，以405张支持票当选新一届政府总理，由最高法院首席大法官雷格米领导的临时政府结束过渡使命。当日傍晚，苏西尔宣誓就职，并组建一个包括几个关键部长在内的小型内阁。现年75岁的苏西尔政坛资历深厚，1954年加入尼泊尔大会党，历任该党多个重要职位，2010年当选大会党主席。

瑞士全民公投反对接纳大规模移民。9日，瑞士全民公投以50.3%的微弱多数通过了反对接纳大规模移民的提案。根据公投结果，瑞士联邦必须在3年内制定相应法律，并重新与欧盟协商修改1999年签订的《人员自由流动协议》。10日，欧盟委员会发布欧盟与瑞士关系备忘录，指出瑞士全民公投反移民将引发双方在科技、教育等多领域合作的一系列问题。18日，德国总理默克尔在首都柏林会见来访的瑞士联邦主席布尔克哈尔特时，对瑞士全民公投反移民的结果表示遗憾，但强调尊重瑞士人民的意愿。布尔克哈尔特表示，尽管瑞士全民公投结果赞成限制大规模移民，但目的不是针对欧盟成员国。公投立法有3年过渡期，欧盟和瑞士应利用这个时间共商解决办法，瑞士政府将努力做到在制定相应的法律条款时，避免欧盟成员国受到歧视。

法国总统奥朗德访问美国。10日，法国总统奥朗德抵达美国首都华盛顿，开始对美国进行为期3天的访问，这是自1996年以来法国总统对美国进行的首次国事访问。当天下午，奥巴马陪同奥朗德参观了位于弗吉尼亚州夏洛茨维尔的蒙蒂塞洛种植园。当天，奥巴马与奥朗德在美国《华盛顿邮报》和法国《世界报》联合撰文称，自法国4年前全面重返北约军事指挥机构以来，两国同盟关系出现变革，双方就伊朗、叙利亚、反恐、援助非洲、经贸和气候变化等问题开展密切、全方位合作。目前，法国已是美国最大出口市场之一，美国则是法国产品在欧盟之外的最大消费国。美国和欧盟进行的"跨大西洋贸易和投资伙伴关系协定"（TTIP）将进一步促进双边贸易、就业和出口。美法伙伴关系根植于两个多世纪前的友谊，两国伙伴关系深化为国际合作提供了"模式"。

欧盟举行外长会议。10日，欧盟28国外长在比利时首都布鲁塞尔召开会议，决定派遣500名士兵前往中非共和国执行为期9个月的任务，以协助控制中非共和国首都班吉周边的局势。中非共和国的混乱局势已持续数月，成千上万难民逃到首都班吉机场寻求庇护。过去数月间，该国穆斯林与基督教徒之间的冲突已导致超过1000人丧生，80多万人沦为难民。除帮助难民外，欧盟部队还将为正在执行任务的1600名法军士兵和5000名非洲士兵提供支援。欧盟外长会议还正式核准了欧盟与古巴开展双边政治对话及合作协议谈判的动议。当天，古巴政府对此表示谨慎欢迎，称欧盟的决定是建设性的，但警告欧盟必须尊重古巴主权。

南苏丹局势持续胶着。11日，南苏丹政府与反对派苏丹人民解放运动第二轮和谈在埃塞俄比亚首都亚的斯亚贝巴举行，此轮谈判聚焦南苏丹政治对话及国家和解。当天，乌干达外交部副部长奥凯洛·奥里耶姆称，乌干达在南苏丹派兵是为防止在南苏丹首都朱巴和其他主要地区再度发生暴力事件。虽然美国要求乌干达撤军，但在南苏丹局势稳定前，乌干达不会从南苏丹撤离军队。12日，联合国秘书长潘基文发表声明称，开展全国性政治对话，对于解决南苏丹当前危机发挥至关重要的作用。13日，联合国安理会发表媒体声明，谴责南苏丹冲突双方违反1月23日签署的停火协议，要求双方立即遵守协议，全面配合东非政府间发展组织的监督和核查工作，并呼吁双方根据这一协议，重新部署并逐步撤出各方请来的外来武装力量。20日，东非政府间发展组织发表声明，对南苏丹冲突双方交火表示担忧，敦促双方遵守停战协议，通过政治对话而非军事途径解决南苏丹危机，并呼吁东非政府间发展组织有关成员国尽快派遣代表，为停火协议执行情况的监督和核查机制的迅速启动提供必要协助。

阿尔及利亚军机坠毁。11日，一架C-103"大力神"军用运输机从阿尔及利亚首都阿尔及尔以南2000公里的塔曼拉塞特机场起飞后，在东部的乌姆布瓦吉省发生坠毁。这架失事飞机属于阿尔及利亚空军，机上包括机组人员在内共77人，仅1人生还，乘客大多是塔曼拉塞特当地的军人及家属，事故为事发地区接连几天的强风和雨雪天气所致。当天，阿尔及利亚总统布特弗利卡宣布，从12日起，阿尔及利亚全国举行为期3天的哀悼。

美国国会通过无条件提高债务上限法案。11日,美国国会众议院通过了无条件提高联邦政府债务上限至2015年3月15日的法案。12日,参议院以55票支持、43票反对通过了该法案,其中55张赞成票中有53票来自民主党,2票来自共和党;43张反对票全部来自共和党。15日,美国总统奥巴马在加利福尼亚州度假期间正式签署了该法案。此法案生效后,美国联邦政府可在2015年3月15日前自行提高发债额度,美国政府的违约警报得以阶段性解除。

欧洲经济继续呈复苏态势。11日,经济合作与发展组织公布数据显示,2013年12月经合组织整体失业率降至7.6%,欧盟、七国集团整体失业率均呈缓慢下降趋势。14日,欧盟统计局数据显示,欧元区第四季度国内生产总值初值季率上升0.3%,年率上升0.5%,法、德经济表现强劲。欧元区2013年第四季度国内生产总值环比增长0.3%,欧盟28国同期环比增长0.4%,均实现连续第三个季度的增长。2013年,德国经济第四季度增长0.4%,英国经济在第二、三季度环比均增长0.8%后,再实现0.7%的增长,法国经济第四季度实现0.1%的增长。18日,英国国家统计局发布数据显示,英国1月份通胀率降至1.9%,这是自2009年11月以来英国通胀率首次降至中央银行设定2.0%的调控目标以下。25日,欧盟委员会发布冬季经济展望报告,2014年欧元区经济预计增长1.2%,欧盟预计增长1.5%。到2015年,欧元区和欧盟经济预计分别增长1.8%和2.0%,预测接受过两轮救助的希腊将走出6年以来的衰退,2014年和2015年经济将分别增长0.6%和2.9%。

美国政府出台网络安全新标准。12日,美国政府首次宣布出台美国网络安全标准。该标准遵循自愿遵守原则,主要目的是保护企业的重要基础设施,巩固食品、水利、运输、金融及能源生产等系统基础,同时为应对网络攻击作出新尝试。奥巴马政府称这是确保网络系统安全的第一步尝试。2013年,白宫曾尝试对网络安全进行严格立法,但并未得到国会同意,随后才出台了此项标准。

委内瑞拉游行示威活动持续。12日,委内瑞拉反对派组织数百名学生在首都加拉加斯进行集会游行,冲击检查总署,并与警方发生冲突,这场反对总统马杜罗的和平抗议最终演变为流血冲突,造成2人死亡。18日,委内瑞拉反对党联盟成员"人民意志"党领导人莱奥波尔多·洛佩斯在组织反政府游行示威时被捕,其支持者在加拉加斯举行大规模游行抗议。23日,委内瑞拉社会各界妇女数万人在加拉加斯举行示威游行，支持马杜罗政府，支持玻利瓦尔革命。在特鲁希略州、拉腊州和阿拉瓜州，当地政府也组织民众举行大规模示威游行，游行民众纷纷表示，支持民主选举产生的马杜罗政府。24日，反政府示威者在加拉加斯与防暴警察发生冲突。当天，委内瑞拉反对派代表同意前往总统府与马杜罗进行谈判。26日，反对派拒绝接受马杜罗的对话邀请，与政府支持者继续在加拉加斯游行示威。

日本前首相村山富市访问韩国。12日，日本前首相村山富市出席在韩国国会内召开的超党派国会议员联盟会议，并发表演讲，提出"日本必须解决慰安妇问题"，还表示"任何否定'村山谈话'精神的人都应从内阁辞职"。村山富市表示，日韩之间存在一些矛盾和误会，希望两国可以尽早恢复正常关系，"村山谈话"是解开日中韩历史矛盾的基石，这一谈话不是某一个人的想法，而是当时日本内阁的共同决议。没有人可以否认"村山谈话"，日韩两国可以通过坦诚的首脑会谈解开误会。韩国总理郑烘原表示，韩日两国只有通过正确的历史认识解开过结，双边关系才有未来。访韩期间，村山富市还会见并安抚了受到日本残害的慰安妇。

俄罗斯与埃及举行外长和防长"2+2"会谈。12日，俄罗斯外长拉夫罗夫及防长绍伊古在俄罗斯首都莫斯科同埃及防长塞西及外长法赫米举行两国外长和防长"2+2"会谈。双方就两国关系的总体发展、加强军事技术合作、国际地区形势和反恐等一系列问题进行了讨论，双方商定于2014年3月底举行俄罗斯—埃及政府间经贸合作委员会会议，决定采取实际措施加强合作，其中包括加强代表团往来，举行联合演习，为埃及军人在俄国防部院校提供培训及扩大两国海军和空军之间的相互协作等。当天，俄罗斯总统普京与塞西、法赫米举行了会晤。普京对塞西决定参加埃及总统大选表示了支持，他指出，埃及的稳定关系到整个中东地区的形势，相信塞西完全能够凭借自身丰富的经验和影响处理好埃及社会的各种关系。

土耳其爆发大规模示威游行。13日，3000多名抗议者在土耳其首都安卡拉市中心克兹拉伊地区举行示威游行，要求政府释放被监禁的前总参谋长伊克尔·巴斯巴格等人，警察使用了催泪瓦斯和辣椒水试图驱散示威人群，双方随即发生了激烈冲突，多人在冲突中受伤。巴斯巴格在2008—2010年间担任土耳其军队总参谋长，他被指控参与策划组织针对现政府的军事政变，2013年被土耳其法院判处终身监禁。

美国国务卿克里访问亚洲四国。13日—18日，美国国务卿克里正式访问韩国、中国、印度尼西亚、阿拉伯联合酋长国。13日，韩国外长尹炳世会见克里。克里表示，美国不允许朝鲜成为有核国家，在朝鲜问题上不会"为了对话而进行对话"。韩朝举行的离散家属团聚活动是人道主义话题，不应与军演挂钩，美韩军演将依照惯例举行，在规模上等同于往年，不会有所扩大。希望韩日通过克服历史问题改善两国关系。14日，中国国家主席习近平在北京人民大会堂会见克里时表示，中美双方要保持密切的高层交往和战略沟通，共同维护和发展好中美战略与经济对话、人文交流高层磋商、商贸联委会等机制性对话，拓展经贸、地方、人文、军事、能源等领域合作，加强在重大国际和地区问题上的对话、协调、合作。中国高度重视生态文明建设，中美虽然发展阶段不同，但在绿色低碳、节能减排等方面存在利益契合点，也各有所长，希望双方在环保合作方面取得更多成果。克里表示，美中建交35周年以来，美方高度重视建设美中新型大国关系。美中作为世界两大经济体，应加强务实合作，管控好分歧，不断增强两国关系发展的推动力。双方还就朝鲜半岛局势交换了意见。当天，国务院总理李克强在北京中南海紫光阁会见克里时表示，过去一年中美关系取得积极进展，双边贸易额突破5000亿美元。希望中美积极推进双边投资协定谈判，深化能源、环保等领域合作，加大应对气候变化技术合作。希望美方在直接对华出口液化天然气、联合进行页岩气开发等方面向前走。克里表示，美中开展建设性对话与合作十分重要。美方愿与中方扩大经贸等领域务实合作，推进双边投资协定谈判，加强在应对气候变化等全球性问题上的沟通。双方还就共同关心的国际和地区问题交换了意见。17日，克里与印尼外长马蒂在印尼首都雅加达就如何改善双边合作举行会谈。双方讨论了如何创造有利条件促进两国投资与合作，并探讨在投资、贸易、教育、气候变化和能源等方面的合作进展事宜。克里表示，支持印尼在东南亚地区促进和平与安全中的领导地位。18日，阿拉伯联合酋长国武装部队副总司令谢赫穆罕默德·本·扎耶德·阿勒纳哈扬在阿布扎比会见克里。双方表示希望进一步发展和加强两国间的合作关系，为两国间的战略利益服务并造福于两国人民。双方就叙利亚人道主义危机、埃及局势、伊朗核问题等地区局势进行了磋商，强调认真严肃地对话和建设性的理解是解决和处理本地区一切危机与事件的保障。

俄国家杜马通过恢复混合选举制法案。14日，俄罗斯国家杜马以355票赞成、91票反对通过了俄罗斯总统普京提交的有关恢复国家杜马混合选举制的法案。该法案规定，俄罗斯国家杜马选举今后将采取混合选举制，在450个议席中，一半议席按照政党"比例代表制"选举产生；另外一半议席在"单席位"选区中选举产生，即在全国设立225个选区，每个选区选举产生一名议员。各政党进入国家杜马的得票率门槛将从目前的7%降至5%。俄罗斯国家杜马选举办法曾进行过修改，苏联解体后的十多年，国家杜马选举实行混合选举制。2005年，国家杜马选举改为比例代表制。2012年12月，普京发表年度国情咨文建议恢复国家杜马的混合选举制。

黎巴嫩新政府成立。15日，黎巴嫩总统苏莱曼发布总统令，宣布以塔马姆·萨拉姆为总理的黎巴嫩新政府成立。新政府由24名部长组成，萨米尔·穆克比勒出任副总理兼国防部长，吉卜兰·巴西勒出任外交部长，努哈德·马希努格出任内政部长，阿里·哈桑·哈利勒担任财政部长。萨拉姆在新政府组成后对媒体发表谈话时表示，新政府将致力于为恢复全国对话营造积极氛围，为如期举行总统选举和制定新的选举法营造合适的气氛，呼吁各派领导人为国家利益作出妥协，搁置政治分歧，支持军队和安全部队履行职责，打击各种形式的恐怖主义，支持政府解决政治、安全、经济和社会领域的诸多挑战。

乌克兰政局发生剧变。16日，乌克兰反对派在首都基辅独立广场举行大规模示威活动。18日，乌克兰反政府示威骤然升级，几千名示威者前往议会大楼附近举行抗议，迫使议会通过决议恢复2004年宪法。示威者与警方爆发激烈冲突，造成26人死亡，近800人受伤。19日，为避免再有流血事件发生，乌克兰总统亚努科维奇同意与反对党领袖"停火"并展开谈判。20日，随着乌克兰国内冲突的升级，为寻找解决危机途径，乌克兰议会召开紧急会议。会议投票通过了暂停在乌克兰国内的反恐行动，并从基辅市中心撤回执法部队。当天，美国副总统拜登强烈谴责针对乌克兰平民的暴力行径，要求亚努科维奇立即撤走全部安全部队，包括军队、警察、武警、狙击手等武装力量，并敦促亚努科维奇立即采取切实措施与反对派合作。20日，欧盟28国外长在比利时首都布鲁塞尔紧急召开临时会议共同商讨乌克兰局势，决定紧急动议制裁乌克兰，其中包括对在基辅暴力事件中负有责任的官员采取财产冻结、禁入欧盟等多项制裁措施。欧盟各成员国还暂停向乌克兰发放各种有助于暴力镇压的设备出口授权。22日，乌克兰局势发生急剧变化，反对党主导议会并通过解除亚努科维奇总统职务等的一系列决议。23 日，新议长图尔奇诺夫被任命暂时履行总统职责。26 日，乌克兰代理总检察长马赫尼茨基宣布，向亚努科维奇发出国际通缉令。27 日，乌克兰议会召开全体大会，宣布成立以祖国党、自由党、打击党以及无党派人士为主体的议会多数派政党联盟，并投票通过祖国党领导人亚采纽克出任新政府总理。28 日，亚努科维奇现身俄罗斯，并在俄罗斯举行的记者招待会上强调，他仍是乌克兰合法总统，乌克兰议会通过解除其总统职务的决议是非法的。

意大利新总理伦齐宣誓就职并组阁。17 日，意大利议会民主党领导人马泰奥·伦齐接受了总统纳波利塔诺对其新任总理的提名，并承诺将付出自己所有的精力、热情与能量，对意大利进行改革。22 日，新政府宣誓就职，内阁成员由中左的民主党、中右的新中右党、中间联盟和公民选择党组成，其中伦齐领导的民主党占据外交、司法等 8 个部长职位。25 日，众议院以 378 票赞成、220 票反对、1 票弃权，参议院以 169 票赞成、139 票反对，通过了对总理伦齐领导的新政府信任案。伦齐，1975 年出生，2013 年 12 月当选意大利议会第一大党民主党总书记，在经济上倾向美国式市场经济制度。为意大利历史上最年轻的政府总理。

欧安组织与欧洲理事会呼吁共同打击贩卖人口。17 日，欧洲安全与合作组织与欧洲理事会在奥地利首都维也纳召开为期 2 天的会议，呼吁国际社会加强合作，共同打击贩卖人口行为。会议之前，欧洲理事会打击人口贸易专家小组评估了 30 个欧洲国家打击该项犯罪的形势，本次会议对打击该项犯罪的现存问题及解决方法进行了探讨，涉及与非政府组织加强合作、培训执法人员、保护受害者等内容，会议的重点议题是为受害者提供心理支持、创造条件让受害者更好地重新融入社会。

新一轮"跨太平洋经济伙伴关系协定"部长级谈判举行。17 日—21 日，在"跨太平洋经济伙伴关系协定"（TPP）部长级谈判之前，美国、日本、澳大利亚、加拿大、智利、文莱、马来西亚、墨西哥、新西兰、新加坡、秘鲁、越南等 12 国谈判代表和专家进行了先期磋商。22 日，新一轮 TPP 部长级会议在新加坡正式开幕，会议全程闭门召开 4 天，与会者包括 12 国贸易部长、副部长或谈判代表。与会各方在市场准入、知识产权保护和国有企业等领域谈判上存在分歧，谈判未能达成最终协议。

日美澳举行"对抗北方"联合演习。17 日—28 日，日本航空自卫队及美国、澳大利亚、韩国空军在日本关岛安德森空军基地实施"对抗北方2014"联合演习。此次演习包括人道援助和救灾演习，使用战斗机的空战等实战训练。本次演习美军投入约1200人，日本航空自卫队投入约430人，澳军投入约240人，包括战机在内共约50架飞机参加了此次演习，韩军约25人和1架运输机仅参加了人道救援和救灾演习。

中非维和部队士兵与"反巴拉卡"组织正面交火。19日，非洲联盟与法国驻中非维和部队士兵与基督教武装民兵组织（亦称"反巴拉卡"组织）武装人员在中非共和国首都班吉机场附近正面交火，约200到300名年轻男子聚集起来联合抵制法国和非洲驻中非军队。尽管防暴警察赶来驱散人群，但示威者仍占据主要街道，筑起街垒与警方和维和部队对峙。示威游行随即升级为暴力冲突，造成2人死亡，约40人受伤。乍得共和国总统伊德里斯·代比呼吁联合国提供"所有必要手段"协助中非共和国解决国内危机。

第七届北美领导人峰会在墨西哥举行。19日，第七届北美领导人峰会在墨西哥小城托卢卡开幕，本次峰会主题为"21世纪的北美：建立一个全球最有竞争力和活力的地区"。美国总统奥巴马、加拿大总理哈珀和墨西哥总统培尼亚出席。当天，三国元首发表联合声明表示，三国将致力于推进经济包容性增长，改善和增加民众福利，把北美建设成为世界上最具经济活力和竞争力的地区，为三国长久以来良好的合作关系翻开新的篇章。三国达成协议将推进亚太地区贸易自由化进程；简化通关手续，确保货物运输安全，促进物流通道建设和区域发展；通过使用低价、清洁、可靠的能源来推动经济增长和可持续发展；本着互信和相互尊重的原则，共同打击跨国有组织犯罪、洗钱、人口贩卖等行为。2014年是美加墨三国签署《北美自由贸易协定》实施20周年，推动"跨太平洋经济伙伴关系协定"谈判是奥巴马此行的一大主要任务。奥巴马表示，墨西哥和加拿大都是美国重要的贸易伙伴，美方将简化贸易手续以推动三边贸易额进一步增长，继续致力于推进"跨太平洋经济伙伴关系协定"。峰会期间，奥巴马和哈珀谈及乌克兰国内局势问题，对冲突双方选择休战并进行对话表示欢迎，希望乌克兰政府采取措施稳定国内局势。

印度上议院通过成立新的特伦甘纳邦法案。20日，印度上议院通过了批准将南部安得拉邦的部分区域分离出来组建新的特伦甘纳邦的法案。该项法案受到来自安得拉邦议员的极力反对，法案在一片争吵和抗议声中通过，并一度由于口角和肢体冲突导致会议中断，法案在总统慕克吉签字后生效。

新成立的特伦甘纳邦将由原本属于安得拉邦 23 个区中的北部 10 个区组成，人口 3500 万左右，当地语言主要为泰卢固语。数十年来，当地泰卢固人一直抗议安得拉邦政府忽视当地发展，歧视当地人，一直要求从该邦分离出来。

二十国集团财长及央行行长会议举行。22 日，为期 2 天的二十国集团财长及央行行长会议在澳大利亚悉尼举行。会议就全球经济、基础设施建设投资、增长战略、国际货币基金组织改革、金融部门改革以及国际税收合作等问题展开了讨论，在二十国集团制定全面增长战略，促进贸易和投资、增加就业以及改善竞争等方面达成了共识。当天，会议发表联合公报称，与会成员承诺争取在未来五年内将二十国集团国内生产总值由目前预测水平提高 2% 以上。

埃及二审穆尔西。23 日，埃及法庭针对该国前总统穆尔西的间谍罪指控进行第二次审理，埃及检方人员当场指控穆尔西将国家秘密"泄露"给伊朗革命卫队的行为是破坏埃及国家稳定的阴谋。检察官指控穆尔西和包括埃及穆斯林兄弟会多名成员在内的另外 35 人与外国势力、巴勒斯坦伊斯兰抵抗运动（哈马斯）以及伊朗密谋破坏埃及国家稳定。检方在声明中并未指明"外国势力"是哪些国家，但具体陈述了针对穆尔西等人的指控。他们被控在 2005—2013 年 8 月期间"代表国际穆斯林兄弟会组织和哈马斯实施间谍行动，计划在埃及犯下恐怖袭击罪行，以使埃及陷入混乱，并推翻政权"。

美韩举行联合军演。24 日，2014 年度美韩"关键决断"和"鹞鹰"联合演习正式启动。由于韩朝关系呈现改善迹象，此次军演低调进行。联合指挥所演习"关键决断"为期 11 天，野战训练演习"鹞鹰"为期 55 天。参加此次"关键决断"演习的美军有 5200 人，包括 1100 名海外增派兵力，较 2013 年的 3500 人增加了 1700 人。参与"鹞鹰"演习的美军有 7500 人，与以往 1 万余名兵力的规模相比有所减少。2013 年，韩军 1 万余名兵力参与了"关键决断"演习，20 万名兵力参与了"鹞鹰"演习，由于韩国陆军部分兵力被投入到抗禽流感一线，因此参与 2014 年演习的兵力有所减少。此次联合军事演习中，美韩首次试用了"应对朝鲜核武和大规模杀伤性武器"的"针对性遏制战略"。

埃及临时政府宣布集体辞职。24 日，埃及过渡政府召开会议，埃及过渡政府总理哈齐姆·贝卜拉维在会后发表电视讲话宣布，其执政下的过渡政府决定当天集体辞职。25 日，埃及临时总统阿德利·曼苏尔授权住房、公共工程与城市化部长易卜拉欣·马格赖布担任埃及临时政府总理，易卜拉欣表示，新政府将继续服务于埃及人民，努力维护国家安全，并保障即将到来的总统选举公正透明。26日，埃及军方领导人、国防部长阿卜杜勒·法塔赫·塞西继续在新任临时政府中担任国防部长一职，上届内阁中的内政部长、石油部长、旅游部长等其他多名成员也继续留任。

朝鲜劳动党第八次思想工作者大会召开。24日，朝鲜劳动党第八次思想工作者大会在朝鲜首都平壤拉开帷幕，会议为期2天。大会分析和总结了过去在朝鲜劳动党和革命队伍中实现思想一色化的斗争中取得的成果、经验和教训，并探讨思想工作者带头拥护全社会金日成、金正日主义化事业中的任务和途径。朝鲜劳动党中央政治局委员、中央书记金正恩指出，本次大会在朝鲜劳动党历史上规模空前，是加强思想工作火力的重要契机。要把思想工作的火力全部集中于切实建立劳动党的唯一领导体系。实现劳动党和革命队伍的思想一色化，是建立劳动党唯一领导体系的斗争的种子和核心。建立唯一领导体系攻势的目标是将金日成、金正日主义及其体现唯一领导体系的路线和政策，变成朝鲜人民群众的坚定信念。要从劳动党全党再一次掀起学习金日成、金正日主义丛书的热潮开始，打开思想攻势的突破口。解释和宣传劳动党每个时期提出的政策，以使朝鲜群众产生共鸣，化为自己的东西。

安理会决定对威胁也门和平稳定者实施制裁。26日，联合国安理会一致通过决议，决定对威胁也门和平、安全或稳定，阻碍其政治过渡顺利完成的个人和实体实施资金冻结、旅行禁令等制裁。根据这一决议，安理会下设制裁委员会负责指认有关个人和实体，并监督制裁的实施等。制裁对象适用于委员会指认的有威胁也门和平、安全或稳定的行为或支持这些行为的个人或实体，强调其行为包括但不限于：阻碍或破坏海湾合作委员会的倡议和执行机制协议提出的政治过渡的顺利完成；通过暴力行为或对重要基础设施的袭击，阻碍执行全国和解对话会议最终文件中的各项成果；筹划、指挥或实施也门境内违反有关国际人权法或国际人道主义法的行为或践踏人权等行为。

德国总理默克尔访问英国。27日，德国总理默克尔访问英国，核心议题是游说英国政府不要使2017年脱离欧盟的公投成为现实。当天，默克尔与英国首相卡梅伦举行会谈时表示，英国是德国的重要盟国，也是欧盟至关重要的成员国。她希望英国继续留在欧盟，一起建设一个更加强大且富有竞争力的欧盟。卡梅伦表示，他和默克尔都希望看到欧盟的改变。在英国看来，首先需要改变的是欧盟内自由移民的原则,以遏止一些国家的人从其他国家获得不应得到的福利。当天,默克尔面向英国议会上下两院议员发表演讲时表示,欧盟的建立给欧洲带来和平与稳定,一个没有国界的欧洲是一项伟大的成就。欧盟的政治形态需要改革,以保持与时俱进,但欧盟的根本性原则应受到更多的尊重。

伊拉克发生多起恐怖暴力袭击。27日,伊拉克发生多起恐怖暴力袭击事件,造成47人死亡、72人受伤。当天,位于首都巴格达东部萨德尔城的一个摩托车交易市场遭到恐怖袭击,造成32人死亡、56人受伤;萨德尔城穆萨法尔广场的一辆小型公共汽车遭到简易炸弹袭击,造成5人死亡、2人受伤;两支军方巡逻队在巴格达以北约30公里的塔尔米耶镇执勤时,分别遭到汽车炸弹和路边炸弹袭击,造成2名士兵死亡、6名士兵受伤;东部的迪亚拉省、中北部的萨拉赫丁省、西部的安巴尔省发生多起爆炸和枪击等暴力袭击,造成7人死亡、5人受伤;安巴尔省首府拉马迪及附近地区,伊拉克安全部队与一些涉嫌与"基地"组织有关联的武装人员发生交火,15名武装人员被击毙。

3月

习近平出席核安全峰会并对欧洲四国进行国事访问
克里米亚加入俄罗斯
乌克兰与欧盟签署准成员国协定政治部分
美联储4月起每月购债规模缩减到550亿美元
第三届核安全峰会举行

俄联邦委员会授权普京总统对乌克兰动武。1日,乌克兰克里米亚自治共和国新任总理阿克肖诺夫发表声明,请求俄罗斯总统普京提供帮助,以保障克里米亚和平。同日,普京向俄联邦委员会(议会上院)提议在乌克兰领土动用军事力量直到其政治局势正常化。俄联邦委员会批准了普京的提议,同意采取全面措施,保护在乌克兰的俄罗斯公民及军人的生命和安全。同日,代行乌克兰总统职责的乌议长图尔奇诺夫向欧盟、美国和北约请求研究保护其领土完整的所有可能机制,并下令乌军队进入全面战备状态。同日,欧盟外交和安全政策高级代表阿什顿发表声明,对俄联邦委员会同意在乌克兰领土动用俄军事力量的决定表示遗憾,强调各方应立刻以对话降低紧张,充分尊重乌克兰及国际法律,乌克兰的一致性、主权及领土完整必须受到各方尊重,欧盟无法接受有人违反这些原则。同日,德国总理默克尔紧急致电乌克兰、俄罗斯和美国等有关各方,强调当务之急是维护乌克兰主权完整。默克尔对普京表示,目前应竭力避免采取任何有可能使事态进一步升级的行动。2日,普京应约分别与美国总统奥巴马、法国总统奥朗德通电话,普京称,若乌克兰及克里米亚暴力蔓延,俄罗斯有权保护当地的俄罗斯居民利益。俄罗斯对乌克兰采取的措施完全符合那里的特殊局势。同日,默克尔与奥巴马通话一致认为,俄罗斯对克里米亚的军事干预违反国际法,强调国际社会有必要统一应对这场危机。同日,美国发布由美国、英国、法国、德国、加拿大、意大利等七国集团成员领导人共同签名的声明,称"俄罗斯对乌克兰主权和领土的明显侵犯,违背其在联合国宪章和1997年俄乌驻军协议中的义务"。北约理事会和北约秘书长拉斯穆森均发表声明称,针对乌克兰的军事行动违反了国际法和北约—俄罗斯和平伙伴关系的准则。4日,普京就乌克兰问题举行记者会称,俄罗斯并未考虑吞并克里米亚半岛,俄罗斯目前没有必要向乌克兰派军队,但这种可能性是存在的。9日,普京与卡梅伦及默克尔通电话,讨论乌克兰社会政治局势及乌克兰克里米亚自治共和国拟于3月16日举行全民公投的问题。普京称，公投是为保障克里米亚半岛公民的权益。8日，奥巴马与英、法、意等欧洲六国领导人电话晤商乌克兰局势表示，克里米亚决定于16日举行的全民公决违反了乌克兰宪法，任何与乌克兰局势走向相关的决定必须经由乌克兰中央政府作出。11日，默克尔在德国联盟党议会党团会议上对俄罗斯进行了严厉批评，指责其违反了战后秩序的准则。

伊朗核问题有新进展。1日，伊朗总统鲁哈尼在国防部会议上发表声明，宣布放弃制造核武器。他指出，放弃制造核弹的决定基于"道德原则"。此前伊朗最高领袖哈梅内伊发出宗教指令，禁止在国内生产核武器。5日，伊朗外长扎里夫在东京表示，只要有足够的政治意愿和诚意，伊朗与美国、英国、法国、俄罗斯、中国和德国等六国就伊朗核问题的谈判将有望快速达成协议。他表示，由国际原子能机构检验证明伊朗和平利用核能的意图，是让西方国家信任伊朗核计划的最好途径。核武器并不能加强伊朗国家安全，基于这一战略考虑，伊朗不会寻求发展核武器。18日—20日，伊朗核问题六国与伊朗新一轮对话会在维也纳举行，各方就未来伊朗核问题全面协议的要素进行了深入讨论，但在涉及伊朗铀浓缩规模、能力及解除对伊朗制裁等核心问题上没有取得突破。20日，在波斯新年诺鲁孜节来临之际，美国总统奥巴马发表对伊朗的年度电话讲话。他呼吁伊朗政府抓住与世界大国核谈判的机会，终结伊朗经济孤立的局面。他仍将致力于外交手段解决伊朗核问题，因为他相信存在"政治解决"核问题争议的基础。他说，最终协议将保留伊朗"和平利用核能"的权利，达成协议将给伊朗人民带来更多经济增长与就业机会，将为伊朗人民开启"新的机遇与繁荣"。

韩国总统敦促日本正视历史。1日，韩国总统朴槿惠在反抗日本殖民统治的"三一运动"95周年纪念大会上发表致辞，敦促日本承认过去错误，走上正视历史、和解共赢之路。朴槿惠表示，韩日两国之所以能够建立紧密的合作关系，是因为日本曾发表"村山谈话"和"河野谈话"，对过去的殖民统治和侵略历史进行反省。她再次敦促日本政府本着人类良知，效仿"二战"后的德国，为致力于合作、和平、共荣的未来，从否认过去的偏执中摆脱出来，书写真实、和解的新历史。

叙利亚政府继续打压反对派。1日，叙利亚反对派"全国委员会"宣布回归"叙利亚反对派和革命力量全国联盟"（"全国联盟"），称回归是因为第二次日内瓦会议的失败。12日，叙利亚总统巴沙尔·阿萨德视察首都大马士革附近距离前线不远的阿德拉镇，誓言继续打击反对派武装。16日，叙利亚政府军宣布占领反对派武装位于大马士革农村省的重要据点雅布鲁德镇。17日，叙利亚人民议会表决通过新选举法草案，该草案对候选人资格、投票资格、保证选举正常进行等作出相关规定。新选举法规定，总统候选人在叙利亚连续居住时间不得少于10年，不拥有除叙利亚以外任何国家的国籍，有权行使民事和政治权利，没有刑事犯罪记录，并且其配偶和父母须是叙利亚公民。候选人必须年满40岁，且未被剥夺选举权利。候选人必须获得人民议会中至少35名议员支持，且每名议员仅被允许支持一人。20日，叙利亚政府军宣布占领位于叙中部霍姆斯省的战略重镇哈森。叙武装部队总司令部当天发表的声明说，此次胜利成功切断了武装分子用来连接黎巴嫩边境与霍姆斯省的补给通道。

美欧发起对俄制裁。2日，美国国务卿克里说，他与参与斡旋乌克兰危机最深的10个国家外长通了电话，一致表示将"最大限度地"在经济上孤立俄罗斯，准备对俄罗斯采取制裁措施。克里宣布，美国将抵制6月在俄罗斯索契举行的八国集团峰会，同时提出对俄罗斯采取禁发入境签证、冻结资产和经贸制裁措施。3日，欧盟成员国在布鲁塞尔举行会议讨论对俄采取制裁措施。5日，北约秘书长拉斯穆森在新闻发布会表示，乌克兰局势发展对欧元区及大西洋地区的安全和稳定产生重要影响，俄罗斯仍在违背其国际承诺，因此北约将作出针对俄方的一系列决定：暂停履行北约—俄罗斯联合行动计划，俄方将不能向美国负责销毁叙利亚化武材料的船只"开普雷"号提供护卫舰；取消与俄方的低级别民事或军事会议；重新评估北约—俄罗斯全方位的合作。11日，法国外长法比尤斯表示，如果俄罗斯无视美国提出的解决乌克兰危机的方案，法国将最快在一周内对俄罗斯采取制裁措施。同日，俄联邦委员会主席马特维延科说，美国和欧洲国家因乌克兰问题威胁对俄采取制裁措施没有足够根据，制裁不会达到西方国家预期的效果。12日，七国集团和欧盟领导人发表声明，欧盟成员国已经就对俄制裁措施达成一致，包括针对侵犯乌克兰主权的责任人限制旅游和冻结资产。13日，欧洲议会通过有关乌克兰局势的决议，如果乌克兰紧张局势不能缓解，欧盟应对俄采取相应制裁措施，包括禁止提供武器和军民两用技术、实施签证限制、冻结俄方的国外存款、对参与涉及乌克兰问题决策的俄官员进行"惩罚"等，制裁措施还有可能涉及能源等领域的俄罗斯公司及其子公司。17 日,美国总统奥巴马签署行政命令,称俄罗斯政府向克里米亚派兵损害乌克兰民主进程和机制,危及乌克兰和平、安全、稳定、主权和领土完整,导致乌克兰国家财产被"侵吞"。为此,决定将普京助手苏尔科夫、顾问格拉济耶夫、副总理罗戈津、联邦委员会(议会上院)主席马特维延科、国家杜马(议会下院)副主席斯鲁特斯基等 7 名俄罗斯高官列为制裁对象。同日,欧盟各国外长通过对俄罗斯制裁措施,将对 21 名俄罗斯与乌克兰籍对克里米亚独立公投负有责任的人实施制裁。20 日,俄罗斯外交部发表声明,宣布对美国实施报复性制裁,被列入制裁名单的包括美国参议院多数党领袖里德、众议长博纳、资深参议员麦凯恩以及数名总统助理和顾问等 9 名官员。

埃及新内阁就职。2 日,由易卜欣·马格赖布任总理的埃及临时政府新内阁 32 名成员在首都开罗向临时总统曼苏尔宣誓就职。马格赖布表示,保证当前埃及局势稳定和安全是"头等大事"。24 日,埃及明亚省刑事法院宣布判处 528 名穆兄会成员死刑,引发穆兄会新一轮强烈抗议浪潮。埃及穆兄会领导的"支持合法性全国联盟"发表严厉声明,强烈谴责法院作出的这一判决,并呼吁支持者举行集会示威游行。26 日,埃及军方领导人塞西宣布辞去武装部队总司令及国防部长职务,准备参加即将到来的总统竞选。塞西说,埃及当前在政治、经济、社会和安全等方面都面临着严峻的挑战,需要埃及人民携手勇敢面对。如果他当选总统,将为国家带来稳定、安全和希望,将埃及建设成为一个民主的现代国家。28 日,埃及前总统穆尔西支持者在埃及多地发起游行示威并与军警及居民发生冲突,造成至少 4 人死亡、多人受伤。

美欧日向乌克兰提供援助贷款。4 日,美国白宫宣布,在与国际社会构建针对乌克兰一揽子援助计划的同时,美国政府将向乌克兰提供 10 亿美元贷款担保。此外,美国还将向乌克兰提供技术支持,帮助乌克兰国家银行和财政部应对当前最为紧迫的挑战。5 日,欧盟委员会主席巴罗佐宣布,将在今后 2 年内,向乌克兰提供至少 110 亿欧元(约合 150 亿美元)的一揽子援助,包括 16 亿欧元贷款,14 亿欧元赠款,以及欧洲投资银行 30 亿欧元贷款。19 日,欧盟委员会宣布,鉴于近期乌克兰面临的政治危机,在已同意向乌克兰提供 6.1 亿欧元贷款的基础上,再向该国增加 10 亿欧元贷款援助,旨在帮助其减轻日趋恶化的国际贸易和国内财政形势带来的负面影响;贷款还将用于支持乌克兰现阶段的经济改革;一旦乌克兰和国际货币基金组织就一揽子经济措施达成协议，欧盟将发放这笔贷款。24 日，日本首相安倍晋三出席在荷兰海牙举行的讨论乌克兰问题的七国集团紧急首脑会议时宣布，将向乌克兰提供最多达 1500 亿日元（约合人民币 90.9 亿元）的经济援助。

欧亚经济委员会最高理事会元首会议举行。5 日，欧亚经济委员会最高理事会元首会议在俄罗斯首都莫斯科举行，讨论亚美尼亚加入俄白哈关税同盟和欧亚统一经济空间的路线图问题，并宣布准备起草亚美尼亚加入欧亚经济联盟的条约。俄总统普京称，"亚美尼亚方面通过并成功实施适应关税同盟和统一经济空间标准和要求的计划，因此，可以开始起草亚美尼亚加入未来的欧亚经济联盟的条约草案"。普京表示，欧亚经济联盟条约将在 2014 年 5 月签署，2015 年欧亚经济联盟正式启动。普京同时指出，乌克兰正面临严重经济危机，危机的进一步发展将给关税同盟带来负面后果，建议关税同盟出台措施保护各成员国生产商和出口商，并制定与乌克兰进一步合作的方案。

阿富汗总统竞选活动开始。6 日，阿富汗总统卡尔扎伊的哥哥卡尤姆·卡尔扎伊宣布退出下月举行的阿富汗总统选举。卡尤姆·卡尔扎伊在宣布退出大选的同时，表示支持此次大选的总统候选人、阿富汗前外长扎勒迈·拉苏尔担任阿总统。16 日，阿富汗前国防部长阿卜杜勒·拉希姆·瓦尔达克宣布退出竞选阿富汗总统，成为第二位退选的候选人。瓦尔达克没有宣布转而支持哪位候选人。他表示希望阿富汗能有一次公平、透明的选举。25 日，多名自杀式炸弹袭击者和武装分子袭击了阿富汗首都喀布尔一处接近总统候选人阿什拉夫·加尼住所的选举办公室。26 日，阿富汗总统卡尔扎伊在接受采访时表示，从 2008 年起阿富汗与美国之间存在的分歧公开化，主要原因是美国在阿富汗实施的所谓反恐行动偏离了道路。他说，如果与美国的安全协议"不能保证反恐行动效果，也不能促进阿富汗和平巩固"，那么这份协议最终将被推翻。29 日，卡尔扎伊与美国国务卿克里通电话时指出，"最近阿富汗遭到一系列恐怖袭击。阿富汗政府不相信美国方面对那些反对阿富汗和平进程的国家没有有效的影响力，这可能是美国政府根本不想对那些国家施加影响"。

马航 MH370 航班失联。8 日凌晨，马来西亚航空公司一架从吉隆坡飞往北京的客机失去联络，机上载有 239 人，其中包括约 160 名中国籍乘客。15 日，马来西亚总理纳吉布在新闻发布会上宣布，航班通讯系统遭人为关闭；飞机飞行路线出现过更改；最后一次接收到航班信号是在吉隆坡当地时间

8日8时11分；尚无法确认失联航班的最后位置；仍在调查这是否为一起劫机事件。17日，李克强总理同马来西亚总理纳吉布通电话，就马航失联客机搜救工作进一步沟通协调。李克强指出，目前搜救仍是首要任务，只要有一线希望，我们就应继续尽最大努力搜救。希望马方进一步及时、准确、全面向中方提供掌握的更加详细数据信息；搜寻和调查要同步进行；马政府和马航要履行好相关职责，做好中国乘客亲属的安抚工作。20日，习近平主席同澳大利亚总理阿博特通电话，澳方表示通过卫星图像在珀斯西南3000多公里外的印度洋南部海域发现疑似失联客机物件，已经派遣飞机和军舰前往有关海域。习近平感谢阿博特通报及澳方给予的合作。24日，习近平作出指示，要求有关机构协助马方及各方力量继续进行搜寻工作，并作好各方面安排。立即派中国政府特使前往马来西亚，同马方进行磋商，了解有关情况并要求马方处理好相关事宜。当晚，马来西亚总理纳吉布在新闻发布会上宣布，根据英国空难调查处的通报，马航MH370航班已落入印度洋南部海域。26日，美国国防部长哈格尔和到访的英国国防大臣哈蒙德在五角大楼记者会上表示，对于马来西亚失联客机一事，在掌握更多信息或找到飞机黑匣子之前，尚不能完全排除恐怖主义、政治暴力等任何因素，两国还将继续协助搜寻工作。

克里米亚加入俄罗斯。11日，乌克兰克里米亚自治共和国最高苏维埃（议会）通过独立宣言。16日，克里米亚就是否加入俄罗斯举行公投，公投最终投票率为83.1%，赞成加入俄罗斯的选票占96.6%。同日，欧洲理事会主席范龙佩和欧盟委员会主席巴罗佐在欧盟的官方网站上发布联合声明称，克里米亚此次全民公投违反了乌克兰宪法以及国际法，欧盟方面将不会承认此次公投的结果。17日，克里米亚议会决定，克里米亚独立成为主权国家，命名为克里米亚共和国，并向俄罗斯联邦提出建议，以新的自治主体加入俄罗斯联邦。18日，俄罗斯总统普京在克里姆林宫同克里米亚及塞瓦斯托波尔代表签署条约，允许克里米亚和塞瓦斯托波尔以联邦主体身份加入俄罗斯联邦。同日，德国总理默克尔表示，克里米亚加入俄罗斯违反国际法。同日，北约秘书长拉斯穆森表示，北约已决定暂停与俄方的事务性合作。法国外交部发言人纳达尔称，八国集团中其余7个国家决定暂停筹备俄罗斯索契峰会，但俄罗斯并未失去八国集团成员地位。英国外交大臣黑格称，将暂停与俄罗斯所有的双边军事合作。19日，日本首相安倍晋三在参议院预算委员会上谴责俄罗斯总统普京与克里米亚领导人签署克里米亚加入俄罗斯的条约，称日本不能坐视以实力改变现状的尝试，将探讨对俄追加制裁。20 日，欧盟春季峰会在布鲁塞尔举行，欧盟领导人决定加大对俄罗斯的制裁力度，增加 12 名制裁对象，取消原定于 6 月 3 日举行的欧盟—俄罗斯峰会，同时欧盟各成员国也暂停与俄罗斯的双边峰会。21 日，德国总理默克尔表示，在乌克兰危机升级的情况下，欧盟将对俄罗斯实施经济制裁。普京表示，俄罗斯暂时没有必要对欧美的制裁采取反制措施。同时要求俄罗斯政府不要暂停与北约等西方伙伴的合作。

日本出台武器出口新原则。11 日，日本国家安全保障会议审议通过"防卫装备转移三原则"草案，以取代"武器出口三原则"。新的"三原则"规定：日本不向明显妨碍维护国际和平与安全的场合出口防卫装备；对允许出口的情况进行限定和严格审查；出口对象将防卫装备用于目的之外或向第三国转移时，需获日方事先同意并置于适当管理之下。25 日，日本执政联盟通过了新武器出口原则草案。草案规定，日本政府将基于国家安全保障、国际合作需要等因素确定是否向海外输出武器和军用技术。日本政府将对武器出口进行严格检查并保持透明。日本还将确保日本出口的武器装备不会转到第三国。

意大利政府通过刺激经济发展方案。12 日，意大利政府内阁会议通过了一项刺激经济发展方案。总理伦齐在会议结束后称，政府要在 100 天之内使意大利经济改革初见成效。伦齐政府将根据这一计划，通过税收调节及减少公共开支，降低企业税负，提高低收入人群收入。方案还提出减少企业税收 10%，以此提高企业的市场竞争力。伦齐的改革方案受到了多数政党的积极评价，特别是意大利工会界领导人一致支持。

美国与保加利亚等国举行联合军演。12 日，美国与保加利亚、罗马尼亚海军在黑海俄罗斯军队控制的克里米亚半岛水域对岸展开联合海军演习。搭载约 300 名官兵及具备发射导弹能力的美国特鲁斯顿级驱逐舰，连同保加利亚护卫舰及罗马尼亚三艘军舰在黑海一同操演。21 日，美国与乌克兰、亚美尼亚、阿塞拜疆、保加利亚、格鲁吉亚、摩尔多瓦、波兰、罗马尼亚、塞尔维亚和土耳其等 11 个国家的约 700 名士兵，在保加利亚中部进行军事演习。

英国首相卡梅伦访问以色列和巴勒斯坦。12 日，英国首相卡梅伦抵达以色列耶路撒冷。卡梅伦与以色列总理内塔尼亚胡就推动巴以和平进程等问题交换了意见。卡梅伦在以色列国会发表演讲，表示完全支持美国国务卿克里对巴以和平进程起草的框架协议及两国方案，并提到以色列应当停止建设定居点等，呼吁巴以双方实现历史性和解。他同时表达了对以色列的支持和友好，反对针对以色列开展的抵制活动。13日，卡梅伦在巴勒斯坦伯利恒与巴勒斯坦主席阿巴斯会见，就相关问题进行了讨论。卡梅伦在联合记者招待会上表示，巴以在至关重要的问题存在严重分歧，但是双方都需要和平，为达成共识，推动和平，都要作出努力。他指出，巴以达成协议，就会得到来自欧盟和世界上其他国家的援助。

安倍解禁集体自卫权遭党内反对。12日，日本首相安倍晋三在参议院预算委员会上再次就行使集体自卫权表态说："如果有必要变更宪法解释，内阁将出台决议。实际上，出动自卫队还需要变更个别自卫队法。"17日，日本自民党围绕解禁集体自卫权召开总务会议，讨论和汇聚党内意见。前行政改革部长村上诚一郎、推动修改宪法的团队长船头元等在会议上不约而同认为安倍在集体自卫权上的决定过于特立独行，对他急于要通过内阁决定，为集体自卫权解禁唱反调。19日，安倍就集体自卫权问题表示，若美国舰船在公海上受到攻击，附近的日本自卫队若不行使集体自卫权加以保护，"日美同盟将严重受损"。

乌克兰与欧盟签署准成员国协定政治部分。13日，乌克兰最高拉达（议会）通过决议，重新确认乌克兰与欧盟一体化的方针。21日，乌克兰与欧盟领导人在比利时首都布鲁塞尔补签准成员国协定政治部分条款。签字仪式后欧盟理事会主席范龙佩表示，会给予乌克兰"坚定支持"，这一协定将使乌克兰人民更贴近欧洲和"欧洲生活方式"。乌克兰政府总理亚采纽克表示，乌克兰计划在总统大选后与欧盟签署准成员国协定的经济部分内容。22日，卢森堡前总理、新一届欧盟委员会主席候选人容克呼吁，欧盟应尽快采取行动与摩尔多瓦签署联系国协议，避免其成为继乌克兰之后俄罗斯的"另一个牺牲品"。23日，欧盟在布鲁塞尔举行的有关乌克兰局势问题峰会中承诺，将进一步加强与格鲁吉亚、摩尔多瓦两国的政治联系和经济一体化，最迟将在2014年6月前与两国签署包括全面自由贸易协定在内的联系国协议。27日，欧盟委员会主席巴罗佐表示，欧盟尚未准备好接纳乌克兰为成员国，但不排除乌克兰在未来加入欧盟的可能性。

菲美欲敲定新安全协议。14日，菲律宾国防部副部长巴迪诺在新闻发布会上表示，希望在奥巴马总统4月访问亚洲前与美国敲定华盛顿第六轮会谈中达成共识的有关新安全协议的条款,"双方对协议草案的诸多条款达成共识"。24 日,菲律宾与美国在菲律宾首都马尼拉就新安全协议启动第七轮谈判,双方达成一致,菲律宾允许美军共享菲律宾军事基地的特定区域,美国可派军舰、战机、部队到菲律宾轮驻。

联合国审议有关乌克兰问题草案。15 日,联合国安理会审议美国提出的乌克兰问题决议草案,遭到俄罗斯否决,未能通过。中国投了弃权票。27 日,第 68 届联合国大会召开全体会议审议乌克兰问题,并就乌克兰等国起草的一份题为"乌克兰的领土完整"的决议草案进行投票表决,美国、英国、法国、德国等 100 个国家投赞成票,俄罗斯、古巴、朝鲜、委内瑞拉等 11 个国家投票反对,中国、巴西、印度、南非、乌兹别克斯坦等 58 个国家弃权,该决议获得通过。决议申明对乌克兰主权和领土完整的承诺,同时敦促各方通过直接政治对话和平解决乌克兰危机。决议还说,16 日在克里米亚自治共和国和塞瓦斯托波尔市举行的全民公投"无效","不能成为改变克里米亚自治共和国和塞瓦斯托波尔市地位的基础"。中国常驻联合国代表刘结一在会议上发言说,乌克兰问题涉及各方利益和关切,解决起来应该兼顾平衡。各方应采取克制态度,避免激化局势,继续通过政治和外交途径弥合分歧,在法律和秩序框架内解决乌克兰问题。

斯洛伐克举行总统选举。15 日,斯洛伐克总统选举投票开始,包括现任总理菲乔在内的 10 多名候选人角逐新一任总统职位,43.4% 的选民参加了投票,菲乔获得 28% 支持率;紧随其后的是无党派独立候选人、亿万富翁安德烈·基什卡,获得 24% 支持率。29 日,斯洛伐克举行第二轮总统选举投票。首轮投票得票最多的两名候选人菲乔和基什卡进行了角逐。30 日,斯洛伐克中央选举委员会宣布,根据最后的统计结果,基什卡当选斯洛伐克下一届总统。基什卡在获胜后发表讲话说,他将努力使斯洛伐克的政治更加人性化,会扶持这个国家每一个正派的公民。基什卡,1963 年生,是一名成功的企业家和著名的慈善家,无从政经历。

韩美举行联合军演。15 日—23 日,韩美海军陆战队在韩国庆尚北道浦项市和大邱市举行了大规模联合指挥所演习。在演习期间,朝鲜于 16 日、22 日、23 日共发射了 71 枚短程火箭。24 日,朝鲜常驻联合国副代表李东日要求美国全面取消对朝敌视政策及其所有相应措施。美国执意举行挑衅性的反朝联合军演,再次给朝方旨在缓和紧张局势的举措"泼冷水",并以军演为借口向朝鲜半岛运送大规模杀伤性武器和核动力潜艇,严重威胁朝鲜半岛乃至整个地区的安全与和平。他表示,只要美国的核威胁和恐吓还在继续,朝鲜就将继续采取"进一步措施"显示其自卫性核遏制力的威力。25日,韩国外交部发言人赵泰永在记者会上说,朝鲜应停止加剧朝鲜半岛紧张局势的"挑衅性"言行,履行联合国安理会决议、"9·19共同声明"等国际义务。26日,韩国国防部发言人金珉奭表示,朝鲜的发射行为公然违反了联合国安理会的相关决议,是对韩国和国际社会的严重挑衅。韩国政府强烈要求朝鲜立即停止这种反复的挑衅行为。3月27日—4月7日,近1.5万名韩国和美国部队官兵举行20年来最大规模的联合两栖登陆军演。30日,朝鲜外务省声明称,美国"盗用联合国安理会的名义",企图"孤立朝鲜"。朝鲜为了提高核威慑力,不排除进行新的核试验可能。同日,韩国外交部发表评论,对朝鲜不排除进行"新的核试验"深表忧虑。31日,朝鲜在朝鲜半岛西部海域进行海上射击演练,部分炮弹落入韩方一侧,韩国军方开炮回击。韩国防部发言人金珉奭表示,朝方共发射了500枚以上炮弹,而韩方则回击超过300枚炮弹。同日,美国国务院发言人哈夫说,对此表示"强烈关切",再次呼吁朝鲜停止对地区和平与安全的"不必要威胁",这些挑衅行为只会加剧平壤的孤立。同日,俄罗斯外交部在其网站上发表声明说,俄方对朝鲜半岛紧张局势持续升级感到忧虑,呼吁有关方面避免可能导致局势进一步恶化的言行。

塞尔维亚执政党赢得议会选举。16日,塞尔维亚举行议会选举。24日,塞尔维亚选举委员会公布议会选举结果,执政党塞尔维亚进步党获胜,获得单独组阁所需的过半数议席。根据最新统计结果,塞尔维亚进步党获得48.4%选票,在议会250个议席中获得158席,高居首位;处于第二位的是塞尔维亚社会党,得票率为13.5%,获得44席。此外,超过5%得票率进入议会参政资格门槛的还有两个政党,分别是获得19席的民主党,和由前总统塔迪奇领衔、获得18席的新民主党。获得进入议会资格的还有三个少数民族党派。

柬埔寨人民党和救国党就选举改革达成共识。17日,柬埔寨执政党人民党与反对党救国党达成有关选举改革的14项共识,人民党代表、副首相本钦与救国党代表绍柴共同签署并发表联合声明。声明说,两党达成的14项改革共识包括改革选举机构、保持公务员和武装力量中立、选举监督等。两党组成的联合工作组将继续就改革议题具体操作进行商谈,准备举行国家级研讨会和公共论坛。本钦说，柬埔寨第五届国会已运行 5 个多月，不会进行重新选举。绍柴则表示，救国党不会放弃要求重新选举。

日越首脑会谈在东京举行。18 日，日本首相安倍晋三和越南国家主席张晋创在东京举行首脑会谈，双方就强化日越战略伙伴关系达成一致。会后发表的共同声明表示，双方就加强在农业、教育、人才培养、卫生医疗、海上安全等领域的合作达成一致。日本将向越南提供总额 1228 亿日元（约合 12 亿美元）政府贷款，帮助越南改善道路、港湾等基础设施。

美国副总统拜登访问波兰和立陶宛。18 日，美国副总统拜登抵达波兰进行访问，拜登分别会见了波兰总统科莫罗夫斯基以及总理图斯克，会谈的主要议题是乌克兰问题以及美国在波兰设立反导系统的问题。拜登在会谈后举行的联合记者会上表示，美国数年前宣布的在欧洲建立反导系统的计划是有效的，美国计划于 2018 年在波兰部署欧洲反导系统。19 日，拜登在立陶宛首都维尔纽斯与立陶宛总统格里包斯凯特以及拉脱维亚总统贝尔津什讨论了乌克兰局势。拜登表示，美国将根据《北大西洋公约》第五条履行对波罗的海三国的集体防卫承诺，在盟国遭受侵犯时作出反应。拜登还说，美国正考虑向波罗的海三国增派驻军，在北约框架下在该地区开展陆地和海上军事演习及训练。美国正在探索额外措施，以加快军事合作的步伐、扩大军事合作的领域，包括调动驻扎在波罗的海地区的美军执行地面、海上军事演习和训练任务。此外，美国对于波罗的海地区能源进口多元化的战略持支持态度。

吉尔吉斯斯坦执政联盟解体。18 日，吉尔吉斯斯坦执政联盟"三驾马车"之一的祖国党宣布从执政联盟退出，执政联盟领袖、尊严党党首库洛夫宣布联盟解体。依据吉尔吉斯斯坦宪法，执政联盟解体导致以詹托罗·萨特巴尔季耶夫领导的政府自动下台。该联盟成立于 2012 年 12 月，由祖国党、社会民主党和尊严党组成。

日美欲加快"跨太平洋经济伙伴关系协定"磋商。19 日，日本首相安倍晋三在参院预算委员会会议上就难获进展的"跨太平洋经济伙伴关系协定"谈判表示，4 月美国总统奥巴马访日在即，将争取让日美磋商取得进展。安倍希望日美两国来协商并主导整个谈判的讨论，但强调不会向不利条件妥协。31 日，美日两国在华盛顿举行了与"跨太平洋经济伙伴关系协定"谈判并行的双边贸易谈判。美国方面希望日本能够放宽进口汽车的安全基准。由于美国大量进口日本汽车，美国还要求日本能够取消日本产汽车的关税。日本对此表示为难，此次双边贸易谈判并未取得实质性结果。

英国将 2014 年经济增长率预测上调到 2.7%。19 日，英国财政部长奥斯本公布了 2014—2015 财政年度预算。报告指出，英国经济在持续复苏，并比预期的要快。今年赤字下降了 1/3，预计在新一年将下降一半。投资和出口有所上升。制造业增长，工作机会增多。预计 2014 年英国经济增长幅度为 2.7%，是近 30 年内最大幅度的增长。预计一直到 2018 年，经济都将持续以不低于 2% 的幅度增长。

美联储 4 月起每月购债规模缩减到 550 亿美元。20 日，美国联邦储备委员会联邦公开市场委员会宣布从 4 月起把月度购债规模从 650 亿美元缩减至 550 亿美元，并维持 0—0.25% 基准利率不变。美联储还宣布，量化宽松政策可能将于 2014 年三季度结束，可能在 2015 年 4 月份加息。在决定未来加息路径上放弃 6.5% 失业率门槛，同时还将评估通胀率、经济前景等其他因素。

泰国宪法法院判决 2 月 2 日大选无效。21 日，泰国宪法法院 9 位法官以 6 比 3 的票数通过决议：2 月 2 日举行的大选由于反政府示威者干扰，南部 8 个府的 28 个选区没能在当天举行投票，因此不符合宪法规定，必须重新举行选举。宪法法院要求选举委员会和看守政府商议重新选举的日期。反对党民主党表示，如果重新举行国会选举，他们也不会参加，而将继续抵制选举。30 日，泰国举行上议院选举，选民通过投票决定上议院 150 名议员中 77 名选举制议员。选举委员会在投票后表示，整个选举过程顺利、平静，当天的投票率在 47.5% 左右。

第三届核安全峰会举行。23 日，第三届核安全峰会东道主、荷兰首相吕特表示，核恐怖主义是当前国际安全领域面临的最大威胁之一，峰会将致力于加强世界范围内的核安全。24 日，以"加强核安全、防范核恐怖主义"为主题的第三届核安全峰会在荷兰海牙举行，全球 50 多个国家领导人或代表，以及国际组织负责人与会。习近平主席发表主旨讲话。习近平指出，中国坚持发展和安全并重、权利和义务并重、自主和协作并重、治标和治本并重的核安全观。中国将坚定不移增强自身核安全能力，坚定不移参与构建公平、合作、共赢的国际核安全体系，坚定不移支持国际原子能机构主导的核安全国际合作，坚定不移维护地区与世界和平稳定，为实现持久核安全继续作出自己的努力和贡献。他强调，要坚持理性、协调、并进的核安全观，把核安全进程纳入健康持续发展轨道。要建立以公平促合作、以合作求共赢的国际核安全体系，呼吁国际社会携手合作，实现核能持久安全和发展。大会发表联合声明，一致认为加强核安全、防范核恐怖主义是未来几年国际社会共同面临的重要挑战，各国都负有维护核材料和核设施安全的责任，同时承诺要进一步深化国际合作并加强协调，建立国际核安全体系并支持国际原子能机构发挥中心作用。25日，美国总统奥巴马、日本首相安倍晋三与韩国总统朴槿惠在荷兰海牙美国驻荷大使馆举行三国首脑会谈。奥巴马在会晤中说，朝鲜以及其核武器项目问题是三国领导人会聚于此的一个重要原因。朝鲜核能力正在不断提高，其严重性已到了必须采取措施的地步。三国需要加强合作，阻止朝鲜进行威胁和挑衅。三方一致认为朝鲜半岛无核化的实现不仅需要日、美、韩三国更加紧密的合作，也需加强与中国的合作，促使中国为朝鲜弃核发挥更多作用。奥巴马还强调，日韩是美国最亲密的盟友，以及在亚太地区最重要和最有实力的盟友，非常期待加强三国合作的具体步骤，不管是外交上的还是军事上的，包括联合演习以及导弹防御。

习近平出席核安全峰会并对欧洲四国进行国事访问。 22日，国家主席习近平抵达荷兰首都阿姆斯特丹。习近平会见荷兰国王威廉·亚历山大时表示，荷兰已经连续11年保持中国在欧盟第二大贸易伙伴地位。荷兰也是欧盟第三大对华直接投资来源国。中国是荷兰在欧盟外第一大贸易伙伴和第二大投资来源国。欢迎荷兰分享中国发展机遇，促进共同繁荣进步。23日，习近平同荷兰首相吕特举行会谈。双方就中荷关系和中欧关系达成重要共识。双方发表联合声明，一致决定建立开放务实的中荷全面合作伙伴关系。24日，习近平出席荷兰海牙核安全峰会。25日，习近平抵达法国里昂开始对法国进行国事访问。26日，习近平与法国总统奥朗德举行双边会谈，双方发表《中华人民共和国和法兰西共和国联合声明——开创紧密持久的中法全面战略伙伴关系新时代》。27日，中法建交50周年纪念大会在巴黎举行。习近平和奥朗德共同出席并发表重要讲话。两国元首回顾中法建交50年的成就经验，规划未来两国关系发展，达成重要共识，决定站在新的历史起点上，开创紧密持久的中法全面战略伙伴关系新时代。28日，习近平抵达柏林。习近平在柏林同德国总理默克尔举行会谈，双方达成重要共识，决定将两国关系提升为全方位战略伙伴关系。29日，习近平抵达位于德国西部北威州的杜伊斯堡港参观。习近平表示，中方提出建设丝绸之路经济带倡议，秉承共同发展、共同繁荣的理念，联动亚欧两大市场，赋予古丝绸之路新的时代内涵，造福沿途各国人民。同日，习近平在杜塞尔多夫会见德国副总理兼经济和能源部长、德国社会民主党主席加布里尔。习近平积极评价德国社会民主党为发展中德关系作出的历史性贡献，表示中国共产党高度重视在平等和相互尊重基础上同社会民主党发展关系，增进相互了解。加布里尔表示，德方高度重视中国的大国地位，愿加强两国各领域务实合作。德国社会民主党愿保持同中国共产党友好交往，积极推动德中关系发展。30日，习近平抵达比利时首都布鲁塞尔，首相迪吕波到机场迎接。习近平表示：当前，中欧都处在各自发展的关键阶段，中欧关系面临新机遇。我期待着同欧盟领导人就深化互利共赢的中欧全面战略伙伴关系深入交换意见，共同推动中欧关系迈上新台阶。当天，习近平在布鲁塞尔会见比利时国王菲利普。习近平表示：这是我就任中国国家主席后首访比利时和欧盟总部，具有特殊意义。31日，习近平访问了位于布鲁塞尔的欧盟总部，与欧洲理事会主席范龙佩举行会谈，会见了欧盟委员会主席巴罗佐和欧洲议会议长舒尔茨。中欧双方对深化外交、经济和文化方面的合作达成了共识，表示要创造条件在互利共赢的基础上推动贸易和投资。

日本向缅甸提供78亿日元无偿援助。24日，日本外务大臣岸田文雄访问缅甸时表示，日本决定无偿援助78亿日元（约合5.7亿元人民币）资金，帮助缅甸进行铁路等基础设施建设。岸田称，中国正在试图通过武力改变东海与南海现状，为确保日本与东南亚的航行与飞行自由，需要共同繁荣，期待着日本与缅甸的友谊。岸田还表示，日本将提供247亿日元（约合16亿元人民币）借款，用于缅甸的电力设施建设等。

西班牙加泰罗尼亚自治区主权声明被否决。25日，西班牙宪法法院12名法官对于加泰罗尼亚自治区议会提交的主权声明进行审议并作出表决，根据西班牙宪法，西班牙自治区不可以自决公投来决定是否作为西班牙的一部分，裁定这份声明无效。

阿盟峰会举行。25日，第25届阿拉伯国家联盟首脑会议在科威特首都科威特城举行。除被暂停阿盟成员资格的叙利亚外，其余阿盟成员国以及阿盟、海湾阿拉伯国家合作委员会（海合会）等组织的领导人或代表出席会议。本次会议的主题是"团结——为了更好的未来"，重点讨论叙利亚危机、反恐、巴勒斯坦问题和阿盟自身发展4个议题。科威特埃米尔萨巴赫呼吁阿拉伯国家团结起来，共同应对地区问题。26日，峰会通过了题为"加强团结实现阿拉伯全面复兴"的《科威特宣言》。宣言重申，阿拉伯国家支持巴勒斯坦事业，将付出一切努力，建立以东耶路撒冷为首都的独立巴勒斯坦国。宣言呼吁联合国安理会承担起责任，采取必要措施，并建立解决阿以冲突的有效机制。宣言重申，坚决反对一切形式的恐怖主义。恐怖主义不论来自何处，不论动机和理由是什么，都是一种犯罪行为。宣言呼吁各方共同努力，从思想和物质两方面根除恐怖主义，停止任何形式的对恐怖主义思想的传播。宣言呼吁政治解决叙利亚危机，希望国际社会采取切实有效的行动，为政治解决叙利亚危机作出努力。阿盟秘书长阿拉比还表示，阿盟将"特例"邀请叙利亚主要反对派之一的"叙利亚反对派和革命力量全国联盟"参加今年9月的阿盟外长会议。会议决定第26届阿盟首脑峰会将于2015年3月在埃及首都开罗召开。

欧盟—美国峰会举行。 26日，欧盟与美国领导人在比利时首都布鲁塞尔举行峰会。美国总统奥巴马发表演讲称，美国与欧盟在克里米亚问题上团结一致，俄方陷入孤立。俄罗斯与乌克兰和国际社会共同寻求解决方案是唯一的途径。欧洲理事会主席范龙佩在峰会后举行的联合新闻发布会上说，避免乌克兰局势升级是当前要务。俄罗斯同意欧洲安全与合作组织向乌克兰派出观察员是积极的一步，俄罗斯与乌克兰外长在海牙核安全峰会期间的会晤也是重要的突破，但如果俄方行动导致乌克兰局势升级，欧盟与美国将加大对俄制裁。奥巴马在新闻发布会上称："北约近期没有扩充成员的计划。乌克兰可能加入北约是俄罗斯感到不安的原因之一。乌克兰没有递交加入北约正式申请的一个原因是，这会影响同俄罗斯的关系。我不认为近期会有什么变化。"同日，北约秘书长拉斯穆森和美国总统奥巴马在布鲁塞尔会面，双方强调要加强北约盟军的集体防御。

美国总统奥巴马访问意大利。 27日，美国总统奥巴马抵达罗马开始对意大利进行正式访问。奥巴马首先到访梵蒂冈会见教皇方济各一世。教皇方济各对奥巴马表示，希望美国在解决地区冲突问题时能够充分尊重人权和国际法，通过谈判形式解决相关地区的问题。随后，奥巴马会晤意大利总统纳波利塔诺，其后同意大利总理伦齐举行双边会谈，内容主要涉及乌克兰问题和叙利亚危机等国际热点问题。双方还就意大利当前面临的经济危机和失业率居高不下等问题进行了交流。奥巴马在会谈后举行的新闻发布会上表示，对意大利政府承诺的改革有信心，称总理伦齐"知道如何带领意大利往前走"。同时，他强调会尽可能帮助乌克兰，但不作无法兑现的承诺。眼下最重要的事情之一是确保乌克兰政府稳定、财政稳定以及如期举行选举。

菲律宾与"摩伊解"终结40年冲突。27日,菲律宾政府在马尼拉同"摩洛伊斯兰解放阵线"("摩伊解")签署"邦萨摩洛全面协议",该协议将以"邦萨摩洛政治实体"取代目前的"棉兰老穆斯林自治区",标志着菲律宾政府与南部伊斯兰分离运动之间长达17年的和平谈判宣告完结。依照协议,"摩伊解"同意放下武器,而政府则同意在南部划设自治程度更高的"邦萨摩洛"。"邦萨摩洛"可拥有自己的警察部队、地区议会以及征税权。但"邦萨摩洛"的自然资源所得收入必须与中央政府按比例分成。协议规定,"邦萨摩洛"地区政府为世俗政府,而不是宗教政府。中央政府控制"邦萨摩洛"的防务、对外政策、货币、公民身份等权力。

朴槿惠提出改善韩朝关系倡议。25日,韩国总统朴槿惠在访问德国之前接受采访表示,朝鲜一方面研发核武器,一方面希望获得国际社会的经济援助,这种做法无法得到帮助。如果朝鲜弃核,韩国愿意为其提供经济援助。目前无法预计韩朝统一的时间和方式。韩朝分裂已达70年之久,双方应努力缓解紧张局势,积极改善朝鲜居民的生活条件。26日,韩国总统朴槿惠接受采访时表示,在必要时可以举行韩朝首脑会谈,就朝核问题、半岛和平以及韩朝关系的发展进行磋商。朴槿惠说,韩朝首脑会谈需要有实质性的内容,不应为了对话而开展对话。朝鲜试图采取"经济发展与核开发并行路线"无法实现,如果朝鲜弃核,包括韩国在内的国际社会都将为其提供经济上的援助。韩国政府还将推动韩朝离散家属团聚活动定期举行,还将继续为朝鲜居民提供人道主义援助。此外还要加强与朝鲜的民间交流,以进一步缩小双方的文化差异。28日,韩国总统朴槿惠在德国德累斯顿工业大学发表演讲,主题为朝鲜半岛和平统一构想。她强调,朝鲜必须选择无核化道路,韩方才会立即启动实现统一需要做的工作,希望朝鲜放弃寻求核武器,重返六方会谈,展现解决朝核问题的诚意。她向朝鲜提出三大倡议,即优先处理南北关系中的人道主义事务、为韩朝共同繁荣建设基础设施、恢复南北民众之间的认同感,以期作为朝韩构建互信的第一步,为统一奠定基础。

巴基斯坦政府同巴塔和谈取得进展。26日,巴政府与巴国内最主要的武装组织"巴基斯坦塔利班运动"(巴塔)在该国西北部的北瓦济里斯坦部落区一处秘密地点举行直接对话,就交换在押人员、延长停火期限和下一阶段的和谈进行了协商。29日,巴基斯坦政府谈判委员会与巴塔谈判代表召开会议,同意延长自 2014 年 3 月初开始的一个月停火期限,并采取措施加快和平进程。巴塔谈判委员会负责人萨米称,双方的谈判取得了重大进展,停火期限将持续到 3 月 31 日以后。他同时表示,将尽快确定下一轮谈判的时间和地点。

土耳其执政党赢得地方选举。30 日,土耳其执政党正义与发展党主席、总理埃尔多安在首都安卡拉正发党总部宣布,该党在当天举行的全国性地方选举中获胜。他表示,该选举结果是正发党巨大的胜利和重要的结果,打开了"历史新篇章"。根据对 85% 选票的统计结果,正发党得票率为 45.5%,主要反对党共和人民党为 28.6%,民族主义行动党和亲库尔德的和平与民主党得票率分别为 15.5% 和 4.1%。包括正发党、共和人民党和民族主义行动党在内的土耳其政党参加了当天的地方议会选举。

法国执政党地方选举失利。30 日,法国第二轮地方选举初期点票结果显示,法国执政党社会党一败涂地,中间右翼反对党人民运动联盟全面胜出,极右翼国民阵线取得突破性进展。31 日,法国总理艾罗向总统奥朗德递交辞呈,奥朗德当晚发表电视讲话,宣布任命内政部长曼努埃尔·瓦尔斯为新总理,负责组建新政府。奥朗德说,新政府将达成三个目标,首先是振兴经济,其次是确保社会公正,第三是保持社会团结。他强调说,能源过渡仍是政府的工作重点。瓦尔斯生于 1962 年,2002 年当选法国国民议会议员,自 2012 年 5 月以来担任内政部长。

李克强出席博鳌论坛年会开幕式并发表主旨演讲
美欧俄乌就乌克兰问题达成日内瓦协议
日本外交右倾化明显
伊朗核问题六国同伊朗举行第三轮全面协议谈判
韩国"岁月"号客轮沉没
巴勒斯坦内部和解取得重要进展

乌克兰局势持续动荡。1日，乌克兰议会一致投票同意，解除该国所有"非法组织"的武装，允许包括美国军队在内的外国军队2014年进入乌克兰，以便参加国际演习。8日，乌克兰政府在东部城市哈尔科夫发起"反恐行动"，逮捕大约70名占领地方政府大楼的"分裂分子"。13日，代行总统职责的乌克兰议长图尔奇诺夫宣布乌克兰国家安全和国防委员会决定让军队参与国家东部地区的大规模"反恐行动"。当天，乌克兰安全部队在东部城市斯拉维扬斯克展开行动，与亲俄武装人员发生交火，双方各有伤亡。14日，图尔奇诺夫提议联合国向乌东部地区派遣维和部队。同日，图尔奇诺夫暗示，"不反对"就"国家类型"举行公投，以确保东部地区留在乌克兰。15日，由乌克兰安全局特种部队、基辅和西部各州的内务部特种部队，以及国民卫队和一些亲基辅部队组成的乌克兰军队开始在顿涅茨克州北部采取武力行动，导致11人死亡，乌军封锁了通往斯拉维扬斯克的所有道路。16日，几十名亲俄武装人员占领顿涅茨克的市政厅，要求举行公投。17日，美国、欧盟、俄罗斯和乌克兰四方代表在瑞士日内瓦举行会谈并达成一项文件后，乌官方宣布，为落实四方会谈文件精神，暂停本国东部地区的"反恐行动"。18日，乌克兰卢甘斯克州议会通过一份呼吁书，要求中央政府立即宣布就国家政治体制改革以及赋予俄语官方语言地位的问题举行全民公决，谴责当局把东南部地区民众称为"分离主义分子"和"恐怖分子"，并表示不能允许建立民间武装团体（国民近卫军）来镇压抗议者，中央政府应该立即取消"反恐行动"。20日凌晨，斯拉维扬斯克发生不明身份武装分子向亲俄民兵组织哨所开枪的事件，造成民兵组织成员3死3伤。斯拉维扬斯克民兵组织领导人随即宣布在全城实行宵禁。22日，乌克兰议长要求恢复本国东部地区"反恐行动"。23日，乌克兰政府网站发布消息称，乌克兰临时政府准备听取东部和西部人民的合法政治诉求，呼吁所有政治力量签署调解乌东部局势的谅解备忘录。24日，乌军对斯拉维扬斯克发动攻势，摧毁反政府示威者设置的3个安检站，打死至少5名该市自卫部队人员，并造成1名警察受伤。27日，乌克兰国防部表示，乌克兰南部边境的武装力量陆军导弹防御系统人员完全进入战备状态。29日，乌克兰亲俄抗议者占领了卢甘斯克州政府大楼，随后在楼顶升起俄罗斯国旗。30日，图尔奇诺夫宣布，乌克兰武装部队已进入"全面备战"状态，以应对俄罗斯军队可能的入侵行为。

美欧俄乌就乌克兰问题达成日内瓦协议。1日，北约成员国外长发表声明，表示将中止与俄罗斯的合作，北约—俄罗斯理事会的对话仍将继续，双方将会把对话维持在大使级或以上。2日，俄罗斯向乌克兰大使馆发出照会，告知《关于终止俄罗斯黑海舰队驻留乌克兰境内协议效力的联邦法律》生效。3日，美国总统奥巴马签署法案，向乌克兰提供10亿美元的贷款，同时"惩罚"俄罗斯在克里米亚上的行动。11日，美国发动新一轮制裁，将6名克里米亚亲俄官员和当地国有天然气公司列为制裁对象。15日，欧盟决定对4名乌克兰前政要实施资产冻结。同日，欧盟成员国外长会通过对乌临时贸易优惠和增加宏观财政援助两项支持乌克兰经济的举措。17日，美国、欧盟、俄罗斯和乌克兰在日内瓦达成一项文件，同意采取切实步骤缓和乌克兰紧张形势，在乌克兰恢复安全稳定。与会各方在达成的文件中提到，应在乌克兰避免任何形式的暴力、侮辱性和挑衅行为，与会各方强烈谴责乌克兰境内各种形式的极端主义、种族主义和宗教偏见。与会各方同意解除所有非法组织的武装，呼吁人们从被非法占据的私人和公共建筑物中撤出，主动从非法占用建筑物和公共设施撤出以及主动上缴武器者应获得特赦。欧安组织的特别监督团应协助乌克兰政府和当地社区立即采取具体措施，缓和该国紧张形势。美、欧、俄三方同时承诺支持欧安组织特别监督团工作，并为该监督团提供监督员。与会四方认为，乌克兰的宪法改革进程应具有包容性、透明性和可问责性，乌克兰各地方和政治组织应立即开启广泛的全国性对话，公众可在此过程中提出意见和改进建议。四方同时强调维持乌克兰经济与金融稳定的重要性，并同意就落实以上具体内容的具体步骤继续进行讨论。22日，美国副总统拜登访问乌克兰之际，白宫宣布向乌克兰追加5800万美元一揽子援助，包括向乌克兰武装部队和边防部队追加800万美元军事援助。同日，美国陆军4支连级规模的地面部队陆续进驻波罗的海地区，与盟国军队举行联合演习。24日，俄西部和南部军区在俄靠近与乌克兰边界的地区开始军事演习。26日，欧安组织向乌克兰东部派出谈判团，以帮助释放被扣押的8名欧安组织军事核查人员。27日，七国集团决定就乌克兰危机对俄罗斯实施新一轮制裁，以"惩罚"俄罗斯未落实日内瓦四方会谈所达成的协议及不采取实际行动缓解乌克兰紧张局势。28日，美国宣布对7名俄罗斯官员以及17家和俄罗斯总统普京有关联的公司施加制裁。29日，欧盟将15名俄罗斯官员列入制裁名单，其中包括俄副总理科扎克、俄武装力量总参谋长格拉西莫夫、俄武装力量总参谋部情报总局局长谢尔贡。30日，国际货币基金组织批准一项总额170亿美元的对乌克兰贷款援助，旨在帮助乌克兰恢复经济稳定。来自美俄的董事会成员都对该方案投了赞成票，这是自乌克兰危机严重恶化以来美俄的少见共识之一。30日，俄罗斯外交部发表声明说，俄方对乌克兰当天宣布乌武装力量进入全面备战状态表示关切。

以色列决定中止以巴和谈。 1日，巴勒斯坦总统阿巴斯在签署官方申请书的仪式上宣布，巴勒斯坦将正式重启暂停8个月的申请加入联合国机构和国际公约的程序，以此作为对以色列拒绝履行协议释放最后一批巴在押人员的回应。9日，以色列总理内塔尼亚胡命令以色列政府停止与巴勒斯坦方面的高层接触与合作，作为对巴方单方面申请加入15个国际条约的"报复和制裁"措施。22日，阿巴斯表示，只有在以方同意释放最后一批巴在押人员以及在今后3个月内致力于解决边界划分问题的情况下，巴方才会同意延长即将在29日结束的巴以和谈。阿巴斯同时强调，在今后3个月内，以色列政府必须颁布犹太人定居点扩建的"冻结令"。23日，以色列总理办公室发表声明说，以方决定取消原定于当晚进行的以巴和谈磋商。以色列声明是在巴勒斯坦两个主要政治派别巴勒斯坦民族解放运动（法塔赫）和巴勒斯坦伊斯兰抵抗运动（哈马斯）宣布达成内部和解后发布的，以方称不会与一个由"旨在消灭以色列的"组织哈马斯支持的巴勒斯坦政府进行和谈。巴两派协议公布后不久，以色列空军对加沙地带北部发动了空袭，导致6人受伤。26日，阿巴斯称，巴联合政府将承认以色列的存在，并愿意在以色列释放在押巴勒斯坦人、停建定居点的前提下继续和谈。28日，以色列政府宣布中止约旦河西岸为巴勒斯坦居民建设住宅的计划，同时开始对巴勒斯坦实施政治及经济制裁。本轮巴以和谈在中断近3年后于2013年7月底重启，原定于本月29日结束。

日本外交右倾化明显。 1日，日本政府内阁会议通过一项答辩书，称将不考虑重修"河野谈话"，也不会发表新的谈话。但同时决定，对于"河野谈话"发表的前因后果，以及所依据的资料等，依然按计划进行检证。同日，日本内阁会议通过了取代"武器出口三原则"的"防卫装备转移三原则"，具体内容是：（1）不允许向争端当事国或在违反联合国决议的情况下出口（转移）；（2）仅限有利于作出和平贡献和有助于日本的安全的情况下允许出口，在确保透明度的同时进行严格审查；（3）仅在能够确保妥善管理的情况下允许出口的武器被用于其他目的或转至第三国。根据新的"三原则"，日本将在下述情况下允许出口武器装备和技术：一、有助于促进和平贡献和国际合作；二、有助于日本的安全保障；三、基于第二点，日本还将可以与以美国为首的安保领域合作国共同开发和生产武器装备，加强与同盟国等方面的安保与防卫合作，确保自卫队和日本人在海外活动的安全。2日，日本政府与执政党自民党经过磋商，就发生"严重影响日本安全的事态"时允许行使集体自卫权达成共识。这些事态包括"日本周边发生紧急事态""海中扫雷""对美支援"。3日，日本自民党副总裁高村正彦与联合执政的公明党党首山口那津男在东京举行会谈。自民党希望公明党对部分允许行使集体自卫权表示理解，但公明党依然态度消极，当天的磋商无果而终。4日，日本政府内阁会议通过了《2014年外交蓝皮书》，其中明确提到日本有必要继续展开俯瞰全球的"地球仪"外交，并将日美同盟提升至前所未有的高度。

泰国政局继续僵持。1日，泰国选举委员会公布上议院选举初步结果显示，亲政府人士赢得多数议席。2日，宪法法院决定受理27名上议院议员的联合上诉，他们要求裁决看守政府总理英拉于2011年将时任国家安全局局长塔维尔改任为总理顾问时，涉及利益冲突，属于违宪行为。若被裁定违宪，英拉将被迫立刻去职。英拉坚称塔维尔的调职符合规则。政府支持者指责对英拉发动的一波又一波的司法挑战是反政府阵营阴谋策动的"司法政变"。5日—7日，泰国亲政府的红衫军在曼谷西郊的佛统府展开大集会，超过10万人参加。政府共部署了3000名军警力量戒备维持安全秩序。17日，英拉向宪法法院申请延长她在人事调动上涉嫌违宪一案的证词准备时间。21日，为泰党发表声明，呼吁选举委员会加紧组织新一轮国会下议院选举，并在宪法法院裁决2月2日选举无效后的45天至60天内完成；同时呼吁所有政党，特别是最大反对党民主党，倾听民众呼声，停止其一切阻扰下议院选举之言行，并参加选举。22日，选举委员会在曼谷举行全国政党协商会议，共有59个政党参加，就新一轮国会下议院选举日期听取与会政党意见并进行协调。民主党在最后一分钟宣布"出于安全原因"不出席会谈。与会各政党均同意7月20日前举行选举。在宋干节（泼水节）期间停止4天抗议活动后，反对派"民主改革人民委员会"示威者在其领导人素贴的带领下继续抗议示威活动。23日，宪法法院裁定，英拉可以在5月初之前，就自己被控滥用职权的罪名进行抗辩。26日，民主党党魁、前总理阿披实表示愿意与英拉，甚至其兄长、前总理他信举行会谈，条件是双方会谈应进行电视直播。28日，看守政府决定，将在曼谷及其周边地区实施的国内安全法延长至6月底，原因是上述地区依然存在发生暴力冲突的隐患。30日，英拉与选举委员会成员会面，双方同意7月20日重新举行国会下议院选举。选委会要求看守政府必须确保选举过程自由与公平。

法国组建新内阁。2日，根据新任总理瓦尔斯的建议，法国总统奥朗德公布了新一届内阁成员名单，新内阁共由16名部长组成，以前任内阁核心成员为班底，外长法比尤斯、掌玺和司法部长托比拉、国防部长勒德里昂等7位部长留任原职。负责预算事务的部长级代表卡泽纳夫出任内政部长。前政府主管经济的四个部门合并重组为财政和公共账户部与生产振兴和数字经济部，分别由原劳工部长萨班、原生产振兴部长蒙特布尔任部长。社会党2007年总统大选候选人罗雅尔出任生态、可持续发展和能源部长，第戎市长勒布萨芒任劳工、就业和社会对话部长。3日，总理府决定，由外交部接管外贸事务。8日，瓦尔斯在议会发表施政纲领，宣布以节支减税为核心的经济振兴计划。政府将在2016年底前推行一项总值为300亿欧元的减免企业劳动成本计划，并从2015年起下调最低工资收入者的工资税，2016年起减少家庭社会分摊金。瓦尔斯强调，法国将完成"责任契约"规定的2015—2017年间减少500亿欧元公共开支的目标，遵守向欧盟许下的降低财政赤字承诺，但不会走紧缩之路。瓦尔斯还对治理生态环境、促进司法公正、推动教育改革、加强社会治安等问题作了阐述。演讲结束后，国民议会以306票赞成、239票反对通过了对瓦尔斯政府的信任投票。9日，法国政府公布14位国务秘书名单，至此法国新内阁组成完毕。

欧非峰会举行。2日—3日，第四届欧盟与非洲峰会在比利时首都布鲁塞尔召开，来自欧盟与非洲近90个国家的元首或政府首脑参会。会议主题为"投资于人民，寻求繁荣与和平"，就深化欧盟在非投资、南部非洲安全保障以及移民问题等展开讨论。欧盟委员会主席巴罗佐在会上表示，欧盟与非洲的伙伴关系建立在彼此尊重的基础上,这种伙伴关系比以往任何时候都更加重要,非洲的发展对欧非双方都是重要机遇。当天下午,法国总统奥朗德与德国总理默克尔发表联合声明,德国有意进一步支持欧洲派往中非的军事力量。欧盟计划向中非出兵近千人,其中法国军人 450 名。会前,包括法国总统奥朗德在内的一些与会国家政要,出席了有关中非共和国局势的小型峰会。此次峰会开幕前引发争议,欧盟有选择地邀请与会方这一做法遭到津巴布韦、苏丹和南非的抵制,苏丹总统巴希尔指责欧盟在试图"分裂非洲"。

哈萨克斯坦总统任命马西莫夫为新总理。2 日,哈萨克斯坦总统纳扎尔巴耶夫任命原总统办公厅主任马西莫夫为政府总理。3 日,纳扎尔巴耶夫任命原议会下院议长尼格马图林为总统办公厅主任,任命原国防部长贾克瑟别科夫为国务秘书,任命原总理艾哈迈托夫为国防部长。4 日,纳扎尔巴耶夫签署总统令,任命新一届政府成员。马西莫夫当日主持召开了首次政府工作会议。

世界经济复苏形势复杂。3 日,国际货币基金组织总裁拉加德警告称,世界经济持续复苏面临若干障碍,包括损害就业的欧元区"低通胀"和乌克兰危机引发的地缘政治紧张局面。她表示,加快增长的前景取决于更多投资及劳动力和产品市场的结构性改革。8 日,国际货币基金组织在华盛顿总部发布最新一期《世界经济展望报告》称,全球经济复苏逐步增强且范围正在扩大,但复苏前景依然脆弱,仍存在较大下行风险。全球经济活动总体加强,增长动力将主要来自发达经济体,新兴经济体面临的一系列风险则有所加剧。报告同时将 2014 年和 2015 年的全球经济增长预期分别降至 3.6% 和 3.9%,较之前预测都下调了 0.1%。报告预测称,发达经济体 2014 年和 2015 年的平均增速将分别达到 2.2% 和 2.3%。2014 年内,美国经济复苏步伐最为强劲,预计增速可达 2.8%;欧元区整体经济增速将达 1.2%,较之前预测高 0.1%;日本经济增速虽被下调 0.3 个百分点至 1.4%,但财政刺激政策将推动其经济继续增长。报告同时称,新兴市场和发展中国家对全球增长的贡献仍将超过 2/3,但其今明两年的整体经济增速都将略微下调,分别为 4.9% 和 5.3%,增长势头也将弱于发达经济体。不过,预计中国今明两年经济增速分别为 7.5% 和 7.3%,和之前预测持平。国际货币基金组织首席经济学家奥利维耶·布朗夏尔表示,发达经济体已走出"大衰退",复苏逐步增强,这是可喜的发展,但全球经济仍未实现应有的增长水平,且增长并不均衡。各国当务之急是刺激潜在增长,包括重新考虑劳动力市场的形态,促进竞争和提高非贸易部门的生产力，以及评估公共投资的作用等。8日，俄罗斯经济发展部副部长克列帕奇表示，该部将2014年俄罗斯经济增速作出1.1%的基准预期和0.5%的保守预期。实现1.1%的基准预期需要政府修改财政预算规则，同时采取经济刺激措施；而以目前的经济增长趋势，2014年全年俄罗斯的经济增速将只有0.5%。此外，经济发展部还将2014年的通胀预期上调至6%，这比该部2013年12月的预估值高出1.2个百分点。同日，欧洲央行行长德拉吉表示，欧洲央行维持基准利率0.25%不变，不过欧洲央行执委会一致同意支持使用包括量化宽松在内的非常规政策工具，以应对长时间通胀带来的风险。14日，世界贸易组织在瑞士日内瓦发布的年度报告预测，2014年全球贸易增长将达4.7%。报告称，美国经济复苏呈加速迹象，尤其是欧洲经济出现起色，将给世界经济发展带来积极影响。但发展中经济体增长放缓、乌克兰等地的地缘政治紧张加剧等风险，可能破坏全球贸易复苏。世贸组织同时告诫，现在预测的4.7%的增幅仍远低于历史趋势线。世贸组织总干事阿泽维多表示，2014年第一季度尚未看到全球贸易显著复苏迹象。29日—30日，美联储召开例会，决定5月份继续原来步伐，削减购债规模至450亿美元。美联储逐步实施退出量化宽松的措施进入第四个月。30日，美国商务部公布美国一季度经济数据，经济增长率仅为0.1%，明显低于此前平均预期。受寒冷天气和出口疲软影响，这是经济复苏五年来美国经济增长最慢的季度之一。

阿富汗第三届总统选举举行。5日，阿富汗总统选举正式开始。由于连任两届的现任总统卡尔扎伊不能参加，因此这次总统选举是阿富汗2001年重建以来首次权力移交。本届大选有8名候选人参与角逐。26日晚，阿富汗总统大选首轮投票的初步计票结果公布。没有候选人得票过半，反对派领导人阿卜杜拉·阿卜杜拉获得了44.9%的选票，名列第一。前财长阿什拉夫·加尼·艾哈迈德扎伊以31.5%的得票率位居第二，此前获得现任总统卡尔扎伊兄长支持的前外长拉苏尔获得11.5%的选票。按照阿富汗法律规定，如果没有候选人在第一轮投票中获得半数以上的选票，两位得票靠前的候选人将在第二轮投票中展开角逐。

第二届湄公河委员会峰会举行。5日，第二届湄公河委员会峰会在越南胡志明市举行，越南、柬埔寨、老挝和泰国4个成员国的政府首脑与代表出席会议并致辞。会议发表了《胡志明市宣言》，各成员国承诺进一步开展合作，加强湄公河委员会的作用，实现湄公河流域水源、粮食和能源安全的可持续管理与利用。越南总理阮晋勇在峰会上致辞说,湄公河委员会成员国高度肯定 1995 年签署的《湄公河流域可持续发展合作协定》,积极评价首届湄公河委员会峰会以来合作发展所取得的成就,对中国、缅甸在信息交流等方面以及合作伙伴的帮助支持表示感谢。目前,全球气候变化对湄公河流域产生很大影响,因应气候变化保障水资源、能源与粮食安全是湄公河流域国家的当务之急。挑战与机遇并存,希望湄公河流域各国一起致力于整个地区的可持续发展。

澳大利亚总理阿博特访问日韩。7 日,阿博特在东京与日本首相安倍晋三举行会谈。双方就澳日经济伙伴关系协定达成基本一致。澳大利亚由此成为首个与日本达成贸易协定的农产品出口大国。日方同意,对澳大利亚产冷冻牛肉进口关税在未来 18 年内从 38.5% 逐步降至 19.5%,冷冻牛肉进口关税将在生效后 15 年内降至 23.5%,进口量超出上限时税率恢复至现行标准。这两项将使澳大利亚牛肉生产商在未来 20 年内增加 26 亿美元的产值。此外,日方对澳大利亚煤炭等矿产品征收的进口关税将削减 3.2%。澳方则同意自协定生效起立即取消从日本进口的中小型汽车关税,大型车辆关税则将用三年时间分阶段取消。7 日,安倍邀请阿博特在首相官邸参加了国家安全保障特别会议,就加强日澳两国安保合作,维持亚太地区的安定达成一致。这是外国首脑首次参加日本国家安保会议。8 日,阿博特到访韩国,与韩国总统朴槿惠举行会谈,就政治、安全、自贸协定、能源、朝鲜半岛及东北亚局势等两国共同关心的问题深入交换了意见。会谈后双方发表联合声明。同日,两国正式签署了澳韩自由贸易协定。根据该协定,韩国将在今后 10 年内对以进口产品品目为准 94.3%,以进口额为准 94.6% 的澳大利亚产品免除关税。澳大利亚则在 5 年内撤销对几乎所有韩国产品的进口关税。

美日"跨太平洋经济伙伴关系协定"谈判未能取得最终突破。7 日,美国贸易代表弗罗曼与日本经济财政大臣甘利明作为美日两国政府代表再次在东京举行"跨太平洋经济伙伴关系协定"谈判双边磋商。双方此前在华盛顿举行的工作级别磋商未能达成共识。农产品方面,日本希望保留大米、牛肉、猪肉、乳制品及制糖等五大类农产品的关税,美国要求取消全部农产品关税;汽车关税方面,日本要求美国取消进口轿车和轻型卡车的关税。25 日,甘利明表示,双方尽管"取得一些进展,但没有达成基本协议"。美日首脑决定继续"跨太平洋经济伙伴关系协定"部长级磋商,就争取尽快达成妥协取得共识。

印度大选拉开帷幕。7日,印度人民院(议会下院)选举开始,全国各地分为九个阶段进行投票,将历时36天,选出543个选区的议员,选民约8.14亿人,是印度历史上历时最长、规模最大的选举。

利比亚临时政府总理提出辞职。8日,利比亚国民议会正式任命萨尼为临时政府总理,并要求他在一周内组建新内阁。13日,萨尼向国民议会递交辞职信,并在政府网站发表声明宣布辞职。萨尼在声明中说,12日夜间,他和家人在位于首都的黎波里市中心的住处遭到暴力袭击,周围居民的生命安全也因此受到极大威胁。他不希望因为自己而再次发生流血事件,他已成为利比亚内战的牺牲品,因此他不能再担任临时总理一职。在议会任命新的总理组建内阁之前,他将继续履行总理职责。在萨尼的领导下,利比亚临时政府6日与长期封锁利比亚东部4个石油输出港口的民兵武装就开放其中两个港口达成了一致,剩下的两个港口也有望在未来几周内开放。而这正是利比亚"革命派别"武装袭击萨尼的主要原因之一。21日,利比亚制宪委员会在利东部城市贝达召开首次会议,着手起草卡扎菲政权倒台后的首部宪法。29日,数十名武装分子冲击了利比亚国民议会会场并开枪射击,临时政府总理选举过程因此被迫中断并推迟。当天,国民议会的200名议员中有152名议员参加了投票。艾哈迈德·马蒂格和奥马尔·哈西分别获得67票和34票,得票数位居前两位,但未达到规定的获胜票数120票,将进入第二轮角逐。

伊朗和巴基斯坦海军举行联合军演。8日,伊朗和巴基斯坦两国海军在伊朗南部霍尔木兹海峡举行联合军演。巴海军派出了包括导弹发射舰、潜艇和后勤补给舰在内的多艘舰艇。两国海军在演习期间举行正式会议。伊朗海军指挥官沙哈拉姆·伊拉尼表示,此次军演有助于两国之间的军事合作。此前,伊朗海军与阿曼海军已于7日在阿曼海展开了联合救援演习,以提高两国海上联合救援水平。

伊朗核问题六国同伊朗举行第三轮全面协议谈判。8日—9日,美国、英国、法国、俄罗斯、中国和德国等伊朗核问题六国与伊朗第三轮谈判在维也纳举行。本轮谈判的重点是商讨起草伊朗核问题全面协议,但未取得突破性进展。欧盟外交和安全政策高级代表阿什顿在新闻发布会上表示,各方已就在全面协议中可能出现的问题进行了详细讨论,目前需要做大量工作来弥合分歧。伊朗外长扎里夫称,谈判已达成60%的协议,但仍在不少领域存在重要分歧。9日,伊朗最高领袖哈梅内伊表示,伊朗将继续进行核谈判,但不会放弃已经取得的核成果,在核技术的研发方面也不会止步;伊朗没有发展核武器的意愿,但伊朗的核谈判人员必须坚持原则,不能在核权利方面作出让步,不能接受强加的条件;伊朗应在不放弃核计划已取得成果的情况下,解决有关伊朗核问题的争议。

印尼国会选举顺利举行。9日,印尼国会选举开始。共有12个政党参选,其中10个政党获得超过3.5%得票率得以进入国会,参与560个国民议席的分配,依次是民主斗争党109席、专业集团党91席、大印尼行动党73席、民主党61席、国民使命党49席、民族觉醒党47席、公正繁荣党40席、建设团结党39席、国民民主党35席、民心党16席。根据印尼选举法律规定,只有在国会选举中赢得25%票数或国会20%席次即112席的政党,才能推选总统候选人。因此,民主斗争党联合4个政党,共同提名雅加达省长佐科和前副总统卡拉搭档参加2014年总统选举;大印尼行动党则联合专业集团党等5个政党,共同推举前陆军战略预备部队司令、印尼前总统苏哈托的前女婿普拉博沃和前经济统筹部长哈达搭档参选。

朝鲜举行第十三届最高人民会议第一次会议。9日,朝鲜第十三届最高人民会议第一次会议在平壤万寿台议事堂举行。朝鲜最高领导人金正恩出席会议。会议宣布,金正恩再次当选为国防委员会第一委员长。会议选举金永南继续担任最高人民会议常任委员会委员长,杨亨燮、金英大为副委员长,金英柱、崔永林为名誉副委员长。根据金正恩的提名,会议选举崔龙海、李用茂、吴克烈为国防委员会副委员长。会议选举朴凤柱继续担任内阁总理,并一致通过了朴凤柱提出的内阁成员名单。朴凤柱代表内阁成员在会上宣誓。

李克强出席博鳌论坛年会开幕式并发表主旨演讲。8日—11日,博鳌亚洲论坛2014年年会在中国海南省博鳌举行,主题是"亚洲的新未来:寻找和释放新的发展动力"。10日,中国国务院总理李克强出席年会开幕式,并发表题为《共同开创亚洲发展新未来》的主旨演讲。来自亚洲、非洲等52个国家的政界、工商界人士和专家学者参加开幕式。李克强在演讲中就新形势下如何发掘亚洲发展动力提出三点看法:第一,坚持共同发展的大方向,结成亚洲利益共同体。亚洲国家要继续同舟共济、共克时艰,把经济的互补性转化为发展的互助力,不断扩大利益交汇点。第二,构建融合发展的大格局,形成亚洲命运共同体,积极推进基础设施互联互通,促进产业深度合作、优势互补。第三，维护和平发展的大环境，打造亚洲责任共同体，积极探讨建立亚洲区域安全合作架构。李克强强调，中国将继续坚持走和平发展道路，奉行睦邻友好的周边外交政策，我们维护本国领土主权的意志是坚定的，愿通过和平手段解决争端的主张也是明确的。对加强海上合作的积极行动，我们都会倾力支持；对破坏南海和平稳定的挑事行为，我们将给予果断回应。中国珍爱和平，愿与周边国家一道，维护地区的繁荣稳定。李克强指出，当前中国经济开局平稳，总体良好。但经济稳中向好的基础还不牢固，下行压力依然存在，一些方面的困难不可低估。面对当前复杂形势，既要冷静观察、保持定力，又要未雨绸缪、主动作为。宏观调控要把握总量平衡，更要着眼结构优化，根据形势变化合理把控调控的政策力度，适时采取针对性强的差异化措施。我们不会为经济一时波动而采取短期强刺激政策，而是更加注重中长期的健康发展。我们已经确定的方针和所拥有的政策储备，能够应对各种可能出现的风险和挑战，已经出台和还将陆续推出的一系列促改革、调结构、惠民生政策措施，将对稳增长持续发挥作用。我们有能力、有信心保持经济在合理区间运行。李克强强调，中国经济持续向好是有条件的，稳增长是有基础的，今后一个时期不但能保持中高速增长，而且具备持续发展的不竭动力。李克强说，中国经济已进入提质增效升级的新阶段。我们不仅要爬坡过坎，还要行稳致远，续写"中国故事"新的传奇，实现中华民族伟大复兴的中国梦。8日下午，李克强在海南省三亚市同出席博鳌论坛年会的老挝总理通邢举行会谈。双方就推进中老全面战略合作伙伴关系达成新的共识。9日，李克强在三亚市同纳米比亚总理根哥布举行会谈。双方同意深化投资合作，促进友好关系不断发展。同日，李克强同东帝汶总理沙纳纳举行会谈。双方就发展两国关系、共同推进"海上丝绸之路"建设等达成广泛共识。当天下午，李克强同澳大利亚总理阿博特举行中澳总理年度定期会晤，双方一致同意加快中澳自贸协定谈判进程，推动中澳战略伙伴关系取得新发展。10日，李克强会见巴基斯坦总理谢里夫，双方表示将全面提升两国各领域合作，争取年底前完成经济走廊远景规划，加强反恐合作。同日下午，李克强会见韩国总理郑烘原，就中韩关系、自贸区谈判朝鲜半岛局势等交换了意见。

二十国集团财长和央行行长会议举行。11日—12日，二十国集团财长和央行行长会议在美国首都华盛顿举行。会议主要讨论全球经济形势、国际货币基金组织份额与治理改革、金融监管改革以及长期投资等议题，并发表联合公报。二十国集团各成员承诺将加强合作，共同制定富有雄心、务实、措施具体的全面增长战略，以实现全球经济强劲、可持续、平衡增长。为实现未来5年二十国集团整体国内生产总值在目前预测水平的基础上增加2%以上的目标，各成员承诺将在基础设施投资、就业、贸易和竞争等领域采取新举措，努力促进全球需求增长和再平衡，增强本国政策对其他国家及全球经济的正面溢出效应，共同提高全球经济增长潜力，为年内二十国集团峰会作好政策准备。会议强调投资对促进经济增长和就业的重要性，承诺制定一套促进高质量投资和中小企业投资的最佳做法，努力改善投资环境，拓宽融资渠道。会议强调国际货币基金组织的资金应该以股本为基础，落实2010年改革方案仍是国际货币基金组织首要目标，并敦促美国尽快批准改革方案。会议还讨论了金融监管改革，要求全球系统重要性银行确保损失吸收能力，并同意审查金融稳定理事会的代表性结构。

美韩举行"超级雷霆"空中作战演习。11日—25日，韩国和美国空军在韩国领空举行联合空中作战演习。"超级雷霆"始于2008年，是韩美空军一年两度的例行联合空中演习。此次军演，韩方出动F-15K、KF-16、F-4E、F-5、C-130、E-737等50余架飞机，美国空军则出动F-15、F-16、空中预警和控制系统飞机、FA-18、EA-18等50余架飞机，双方共投入103架飞机和1400余名兵力，规模创历史之最。演习中，韩美联合攻击部队进行识别朝鲜的挑衅并予以打击的训练，实施运输机入侵敌中心地带，补给特殊部队物资等项目的演练。期间，双方举行名为"太平洋之雷"的联合战斗搜救演练，美空军投入HH-60G救援直升机等参加演习。

五核国第五次系列会议举行。14日—15日，五核国北京会议举行。本次会议是中国、美国、俄罗斯、英国、法国五个核武器国家召开的第五次系列会议，也是中方首次主办五核国会议，各方均高度重视。中国外交部军控司司长王群、美国负责军控与国际安全事务的副国务卿戈特莫勒、俄罗斯副部级大使别尔丹尼科夫、英国外交部防务与国际安全司司长琼斯、法国外交部战略安全与裁军事务司司长迪歇纳等率团出席会议。中国外交部副部长李保东在开幕式上致辞，提出中方对加强核领域全球治理的五点看法：第一，实现普遍安全是核领域全球治理的根本目标；第二，发挥五核国带头作用是核领域全球治理的重要动力；第三，维护多边机制是核领域全球治理的核心内容；第四，坚持平衡推进和协商一致是核领域全球治理的基本原则；第五，确保广泛参与是核领域全球治理的关键保障。各方高度评价五核国会议进程的重要性，赞赏中方主办五核国北京会议，希望五核国团结合作，共同推动国际核裁军进程，加强核不扩散机制，促进和平利用核能，为增进国际和平与安全作出五核国应有的贡献。

韩国"岁月"号客轮沉没。16日，载有476名乘客的韩国"岁月"号客轮在韩国全罗南道珍岛郡屏风岛以北海域发生浸水事故沉没，172人获救，其他人遇难或失踪。乘客中有339人是同一所高中的学生和老师。由于事发海域进入潮速加快的大潮期，加上船内悬浮物较多，搜救工作进展缓慢。沉船事故引发韩国公众对政府的质疑。27日，韩国总理郑烘原召开紧急发布会，表示对"岁月"号沉船事件负责，宣布引咎辞职。韩国总统朴槿惠批准了郑烘原的辞职请求。29日，朴槿惠在主持国务会议时就"岁月"号客轮沉没事件中政府事前预防和事后应对不力进行了公开道歉。但遇难者家属对此不满，指责朴槿惠应该面向全体国民道歉。

阿尔及利亚总统连任。17日，阿尔及利亚举行总统大选，共有6位候选人参加本次总统角逐。18日下午，阿尔及利亚内政部长贝莱兹宣布，现任总统布特弗利卡以81.53%的得票率再次赢得总统大选。经独立的最高选举委员会统计，本次总统大选投票率为51.7%，符合法定的超过半数选民投出有效票的规定。二号候选人前总理本·弗利斯获得了12.8%的选票，其余几位候选人的得票率都没有超过4%。弗利斯及反对派指责选举存在舞弊行为，不接受选举结果。监督选举的联合国、欧盟、阿盟、非盟等国际组织观察员确认选举符合"国际规范"。布特弗利卡现年77岁，现任总统兼国防部长。早年参与抵抗法国殖民统治斗争，阿独立后曾任特累姆森省省长、首届制宪议会议员、青体和旅游部长、外长、部长级总统顾问，1974年当选联合国大会主席，1981—1987年流亡海外。1999年当选总统，并于2004年、2009年两度连任。2013年4月因中风前往法国治疗，7月回国后较少公开露面。

叙利亚政府宣布于6月举行总统选举。21日，叙利亚人民议会议长拉哈姆在叙利亚首都大马士革宣布，叙利亚总统大选将于6月3日举行。22日，叙利亚全国进入大选提名阶段，包括现任总统巴沙尔·阿萨德在内，共有24人提交参选申请。反对派均未参加此次大选的报名。叙利亚境外最大反对派组织"反对派和革命力量全国联盟"发表声明，称巴沙尔政府主导的大选以及巴沙尔本人申请参选下任总统"是一出闹剧，完全背离了现实"。"全国联盟"将坚持"革命",直至民众的诉求得到呼应,巴沙尔政权倒台。叙利亚境内最大反对派组织"叙利亚民主变革力量民族协调机构"新闻办公室主任蒙齐尔称,当前内战正酣,政府依据自己制定的选举法举行大选不符合逻辑,且缺少中立的机构监督,难言公正。此时举行大选,只会使国家政治进程更加复杂。与此同时,叙利亚安全局势不容乐观。22日当天,叙利亚全国发生多起袭击事件造成至少59人死亡,上百人受伤。

巴勒斯坦内部和解取得重要进展。 22日—23日,巴勒斯坦民族解放运动(法塔赫)和伊斯兰抵抗运动(哈马斯)两大派别领导人举行两次会议,讨论了巴勒斯坦事业面临的形势,表示要为实现人民自由、回归和建国目标而承担民族责任。双方肯定巴勒斯坦解放组织的作用,并同意就发展巴勒斯坦解放组织事宜继续举行会议。哈马斯和伊斯兰圣战组织(杰哈德)有望加入巴解组织,这一决定将由选举后的全国委员会作出。会后双方宣布,立即开始执行两项和解协议。此次达成的几点共识都在双方签订的开罗协议及"多哈宣言"框架内。内容包括:5周内组建巴勒斯坦联合政府,在随后6个月内举行总统选举、巴勒斯坦立法委员会选举及巴勒斯坦全国委员会选举,"唤醒"瘫痪状态的巴勒斯坦立法委员会,对巴勒斯坦解放组织进行改革等。此外,双方还就公共自由、国土安全、新闻宣传、促进就业、互释政治犯等议题达成一致。23日,巴勒斯坦总统阿巴斯说,"这一内部和解将有助于推动建立以东耶路撒冷为首都的巴勒斯坦国"。哈马斯高级领导人哈尼亚表示,和解对所有巴勒斯坦人来说都是"重大喜讯"。对于巴勒斯坦两大派别和解,阿拉伯国家普遍表示欢迎。以色列则宣布停止与巴勒斯坦和谈。美国表示"失望",但称不会放弃推动和谈。法塔赫和哈马斯分别在2011年5月及2012年2月签署开罗协议和"多哈宣言",希望能够结束分裂状况,但其后未得到落实。

美国总统奥巴马访问亚洲四国。 23日—25日,奥巴马对日本进行国事访问,这是其任内第三次访日,也是美国总统18年来对日本的首次国事访问。日本政府予以最高规格接待。24日,奥巴马出席日本天皇举行的欢迎仪式和宫中晚宴,并与日本首相安倍晋三举行会谈和记者会,会见被朝鲜"绑架"人质家属。25日,双方发表联合声明,确认美日同盟的重要地位,美方"欢迎并支持"日本研究解禁集体自卫权,继续为推动贸易自由化展开合作。25日—26日,奥巴马访问韩国。25日,奥巴马与韩国总统朴槿惠举行会谈,双方强调发展战略同盟关系，美国重申对韩国安全承诺，同意重新考虑原计划2015年底向韩国移交战时作战指挥权问题，美国支持韩国统一构想，并对朝鲜发出警告。奥巴马还公开批评日本在慰安妇问题上的表态，但对韩日有争议的"独岛"（日本称"竹岛"）问题未明确阐述立场。会谈后两国元首共同会见记者，视察韩美联合司令部，发表"美韩关系现状联合说明"。奥巴马在首尔龙山美军基地发表演讲，出席美韩经济界人士早餐会，并归还美军在朝鲜战争期间窃取的朝鲜王朝印玺等文物。26日，奥巴马抵达马来西亚，这是48年来首位在任美国总统对马来西亚进行国事访问。27日，奥巴马会见马来西亚总理纳吉布，并召开联席记者会，两国领导人一致同意将双边关系提升为全面伙伴关系，加强各领域的合作。28日，奥巴马在马尼拉会见菲律宾总统阿基诺，表示将继续加强对菲支持，巩固美菲同盟关系。同日，美国驻菲律宾大使与菲律宾国防部长正式签署为期10年的《加强防务合作协议》，允许美国使用菲律宾军事基地，增加在菲律宾的轮换部署。

欧洲人民党地区领导人会议举行。25日，欧洲人民党地区领导人会议在波兰波兹南市举行，多国政要与会并就欧盟未来进行讨论。波兰总理图斯克表示，欧盟需要建立一个能源联盟，以应对欧洲可能遇到的危机。能源独立可以使欧洲有能力实施自主政策，在乌克兰危机中发挥更为有效的作用。他表示，目前的局势表明，乌克兰危机具有持久性。欧洲必须从乌克兰危机中走出来，变得更强大、更独立、更有活力。

超过92%的叙利亚化武已移除并销毁。12日，叙利亚哈马省北部卡夫尔—扎义达镇发生毒气攻击事件，多人受伤，当地群众在遭遇毒气袭击后出现呼吸困难甚至窒息等症状。叙利亚政府和反对派武装互相指责对方是幕后黑手。叙利亚电视台指责"支持战线"武装组织使用氯气的做法导致2人死亡、100多人受伤。27日，禁止化学武器组织—联合国代表团特别协调员卡格在叙利亚首都大马士革宣布，已有超过92%的化学武器从叙利亚境内移除并销毁。她称，这一进程意义重大。叙利亚政府在此进程中遵守了同禁止化学武器组织达成的协议。叙利亚政府至此已经销毁了此前申报的所有用于生产化武的设施和器材。剩下将近8%的化学武器及材料储存在叙利亚境内的某个"特殊地点"。其中的绝大部分将被尽快转移出境，剩下的一小部分则在叙境内直接销毁。叙利亚境内的绝大多数化武生产点已经关闭，禁止化学武器组织海牙总部正在研究销毁另外12个生产点的方案。

伊拉克举行新一届国民议会选举。30日,伊拉克举行第三届国民议会选举,这是驻伊美军2011年底撤离以来伊首次大选,包括政党、政治联盟和独立候选人在内的近280个政治实体、9000多名候选人参加竞选。伊拉克独立高等选举委员会在全国各地设立了8000多个投票中心,合格选民有2100多万。本次大选投票率约为60%。因伊拉克安全部队和武装分子之间的冲突仍在西部安巴尔省部分地区持续,这些地区无法举行选举。27日,约16万境外选民参加提前投票。28日,约100万名包括伊拉克军人和警察在内的安全部队人员、住院病人和监狱在押人员进行提前投票。为确保选举顺利进行,伊拉克当局加强了全国各地的安保措施,包括在首都巴格达增设数十个流动检查站。

伊拉克发生多起暴力袭击和武装冲突。联合国伊拉克援助团5月1日发表公报称,4月发生在伊拉克境内(除安巴尔省)的恐怖袭击和暴力冲突共导致610名平民和140名安全部队成员死亡,另有1311名平民和230名安全部队成员受伤。由于西部安巴尔省动乱仍在持续,死伤者身份难以确定,因此该省伤亡情况未被列入统计。除安巴尔省外,首都巴格达所在的巴格达省平民伤亡情况最为严重,有252名平民死亡、581名平民受伤,其他伤亡情况较为严重的还有尼尼微省、迪亚拉省、萨拉赫丁省和基尔库克省。根据从安巴尔省卫生厅获得的未经联合国伊拉克援助团独立核实的数据,4月安巴尔省发生的暴力事件共导致135名平民死亡、525名平民受伤,其中首府拉马迪有57人死亡、265人受伤;重要城市费卢杰有78人死亡、260人受伤。

5 月

习近平主持亚洲相互协作与信任措施会议第四次峰会
李克强访问非洲四国和非盟总部
美欧俄就乌克兰问题展开制裁与反制裁较量
泰国发生军事政变
莫迪当选印度总理

乌克兰在紧张局势中选出新总统。2日,乌克兰正规军部队、内卫部队和国民近卫军部队联手对东部小城斯拉维扬斯克发起攻势,攻占该城周边由反政府武装设立的9个哨卡,军方损失两架直升机,造成至少9人死亡,其中包括2名乌克兰军人。同日,乌克兰南部黑海沿岸城市敖德萨发生亲政府与反政府两派民众冲突,导致43人死亡,174人受伤,其中25人伤势非常严重。敖德萨市政府决定3日—5日为全市哀悼日。11日,乌克兰外交部发表声明,称在东部顿涅茨克州和卢甘斯克州举行的公投对于乌克兰的领土完整和国家体制没有任何法律影响。乌克兰人民不会承认任何地区性公投。13日,顿涅茨克政府新闻局表示,顿涅茨克和卢甘斯克人民共和国开始就合并举行谈判。当日,乌克兰军队的一支装甲车队在顿涅茨克州克拉马托尔斯克市附近遭到伏击,乌军7人死亡、7人受伤。14日,首次全乌克兰民族团结圆桌会议在乌克兰首都基辅举行。乌克兰总理亚采纽克在会议上说,应该通过日内瓦模式,来达成并确认解决乌克兰问题的补充协议。22日,乌克兰国家安全与防御委员会秘书帕鲁比表示,乌克兰军方已封锁顿涅茨克和卢甘斯克州民兵控制的地区。25日,乌克兰总统大选正式开始,本次大选共有21名注册候选人参加角逐。26日,乌克兰大选投票站出口民调显示,乌克兰巨富、发展改革党候选人波罗申科得到34%选民的支持,在总统大选中获胜。乌克兰前总理季莫申科则获得6%的支持率,位列第二。乌克兰国会议员、前经济部长季吉普科获得其中4%的支持率,排名第三。波罗申科在随后的电视讲话中表示,乌克兰永远不承认克里米亚公投结果。当日,乌克兰政府军发动空袭,并出动空降部队攻击顿涅茨克遭亲俄武装力量占领的机场,波罗申科主张采取快速有效军事行动,并拒绝与"恐怖分子"会谈。27日,乌克兰军方"反恐行动"媒体负责人德米特拉施科夫斯基表示,乌克兰军队将继续行动,以"彻底消灭恐怖分子"。"为完成任务,乌克兰政府军将使用高精度武器"。29

日，乌克兰中央选举委员会新闻中心公布了总统选举的最终计票结果，波罗申科以54.7%的得票率，当选乌克兰新总统。波罗申科，1965年9月出生于乌克兰敖德萨州，1989年毕业于基辅国立大学。1996年创建如胜公司，并发展成为欧洲最大的糖果制造企业之一，被称为"巧克力大王"。1998年首次当选议员，2002年任议会预算委员会主席。2005年任乌克兰国家安全与国防委员会秘书，2009年任乌克兰外长。

美欧俄就乌克兰问题展开制裁与反制裁较量。2日，美国总统奥巴马与到访的德国总理默克尔在白宫举行新闻发布会并表示，在乌克兰问题上，美国、欧盟以及七国集团的立场是一致的，警告俄罗斯不要干预将于月底举行的乌克兰大选，否则西方世界将采取进一步的制裁措施。3日，芬兰外长图奥米奥亚强调，对俄新制裁不能解决问题。首要目标应是防止再次发生流血事件。5日，俄罗斯总统新闻局发布消息，俄罗斯总统普京签署关于建立俄罗斯本国支付系统、确保国际支付系统工作连续性的法律。这项法律是对国际支付系统因银行受到美国制裁而停止在俄罗斯开展银行卡业务的回应。6日，美国国务卿克里在华盛顿与来访的欧盟外交和安全政策高级代表阿什顿共见记者时表示，如果俄罗斯阻碍乌克兰总统选举，美欧将实施更多制裁。7日，奥巴马发表声明说，鉴于俄罗斯目前的经济发展水平、人均国内生产总值、居民生活水平以及其他经济指标，俄罗斯不应该继续享受适用于发展中国家的普惠制待遇。9日，俄罗斯外交部发言人卢卡舍维奇表示，俄罗斯会对美国和加拿大针对俄罗斯和俄企的制裁作出回应，但俄罗斯不会公布回应制裁名单。制裁绝对不是俄罗斯的方式，但不友好的行动迫使俄方进行反击。俄罗斯禁止名单中新增的人名不会公开，被列入名单中的人将在申请签证时知晓结果。13日，俄罗斯副总理罗戈津说，俄罗斯将拒绝美国此前提出2020年后继续维持国际空间站运行的提议。美国航天局随后发表声明说，太空合作是美俄关系的标志，包括在冷战的顶峰时期。美国航天局尚未接到俄罗斯政府任何有关改变太空合作的官方通知。

德国总理默克尔访美。2日，德国总理默克尔访问了美国，这是2013年有关美国国家安全局窃听其手机以及更广泛的美国监控项目曝光以后默克尔对美国的首访。默克尔与美国总统奥巴马进行了会谈。双方主要话题是乌克兰危机，一致对俄罗斯发出警告，如果俄罗斯继续破坏乌克兰的稳定，将扩大对俄罗斯的制裁措施。会谈议题还包括美国国安局窃听事件和"跨大西洋自由贸易协议"谈判。在会后举行的新闻发布会上，奥巴马表示，在美国电子监听其盟友这个问题上，美德两国之间还有一些分歧需要化解，预料这些问题最后会以美国、德国还有全世界都能满意的方式得到解决。德国公民不是"持续监视"的目标。奥巴马要求情报部门"不论做什么事情"都要"把非美国公民的隐私视同于美国公民和居民"。默克尔说，双方在"窃听的程度、试图保护人民不受威胁以及保护个人隐私与个人自由之间取得平衡"这个问题上"还有意见分歧"。

美国国务卿克里访问非洲。3日，正在非洲访问的美国国务卿克里在埃塞俄比亚首都亚的斯亚贝巴发表演讲，重申支持解决地区冲突的努力，并阐述了美国的非洲政策。克里表示，美国政府致力于帮助非洲国家领导人解决那些威胁经济增长和社会发展的冲突。美国支持非洲联盟打击索马里青年党的努力，并继续支持追剿活动于乌干达北部、南苏丹、刚果（金）东北部和中非共和国的圣灵抵抗军，同时支持尼日利亚强化反恐行动，打击"博科圣地"组织的恐怖和暴力行为。克里特别强调，"博科圣地"绑架数百名女学生是肆无忌惮的犯罪行径，美国将竭尽全力支持尼日利亚政府使这些少女重返家园。克里还表示，华盛顿将继续支持驻中非共和国的法国和非洲部队，同时支持为解决大湖地区冲突根源而进行的地区性努力。

塞西赢得埃及总统大选。3日，埃及总统大选竞选活动揭开帷幕，2位候选人，前军方领导人塞西和左翼政治团体领导人萨巴希展开了宣传活动。萨巴希在一次电视直播的活动中，发表宣言称其目标是获得人民的信任，改变导致腐败、专制和贫穷的政策。他还表示，军队不应该参与政治和选举战役。塞西则通过社交网络表示，将通过"意志和能力"使埃及获得稳定、安全和希望。5日，塞西在接受电视采访时表示，若担任埃及总统，将不会允许被解散的穆兄会"回归"。26日，埃及总统大选开始投票，投票原定于26日和27日进行，但由于投票率过低，最高选举委员会27日下午宣布将投票时间延长至28日，最终结果将于6月初宣布。28日，为期三天的埃及总统选举投票正式落幕。司法界称，接近完成的点票结果显示，塞西得到93.3%的选票，萨巴希得票率只有3%，而3.7%的选票无效。塞西1954年出生于埃及首都开罗，1977年获埃及军事学院军事学士学位，1992年获英国联合军种指挥和参谋学院军事学硕士学位。毕业后一直在埃及陆军服役，历任埃及国防部秘书处情报与安全处长、机械化步兵营营长、埃及驻沙特武官、机械化步兵旅旅长、机械化步兵师二师师长，2006 年在美国宾夕法尼亚州陆军军事学院学习一年，获硕士学位。2008 年任北方军事区参谋长，成为军方情报机构的最高指挥官，还是埃及武装部队最高委员会的最年轻成员。2012 年 8 月任武装部队总司令和国防部长。

利比亚临时政府更迭。4 日，利比亚国民议会第一副议长哈瓦米发表声明，宣布当天早些时候举行的艾哈迈德·马蒂格当选临时政府总理的选举无效。哈瓦米在声明中表示，马蒂格并未能获得当选所需的法定票数，现任总理阿卜杜拉·萨尼将继续留任，直到合法选举出新的总理。25 日，利比亚国民议会投票通过马蒂格提交的内阁名单。内阁名单中，包括外交部、国防部在内的四个部门的人选空缺。26 日，在利比亚国民议会议长萨赫明的见证下，马蒂格领导的利比亚新临时政府宣誓就职。26 日，占领利比亚东部石油港口的叛军领袖易卜拉欣·扎思朗表示，他不承认总理马蒂格的新政府。28 日，萨尼召开记者会，拒绝向马蒂格领导的新一届临时政府移交权力。萨尼说，有关马蒂格当选临时政府总理的选举是否有效这一问题，利比亚国民议会给出的信息相互矛盾。他表示将继续留任临时政府总理，直到国民议会厘清这一争议。

李克强访问非洲四国和非盟总部。4 日，中国国务院总理李克强在埃塞俄比亚首都亚的斯亚贝巴与埃塞俄比亚总理海尔马里亚姆举行会谈。李克强表示中方愿与埃方共同努力，保持高层交往势头，巩固政治互信；以基础设施建设、能源资源开发为重点，扩大轻轨、高速公路等方面的互利合作；支持埃方建设经济特区和工业园区的努力，向埃方转移适合当地需要的优势产业和技术，拓展制造业、轻工业等产业合作；继续鼓励中国企业和金融机构积极参与埃塞俄比亚国内建设，升级务实合作。希望埃方为中国企业提供更好的营商环境和便利措施。中方还愿与埃方一道，加强文化、教育、卫生、科技、旅游等领域交流合作，在重大国际和地区热点问题上密切沟通与协调，共同维护发展中国家的合法权益。海尔马里亚姆表示，埃中开展了全方位合作，有力促进了埃塞俄比亚经济增长和转型。埃方愿同中方进一步密切高层交往，共同制定两国合作的长远战略规划，欢迎更多的中国企业赴埃塞俄比亚投资并为之提供更多便利。会谈后，两国总理共同见证了中埃经济技术、工业、基础设施、金融等领域合作文件的签署。5 日，李克强在亚的斯亚贝巴非盟总部会见非盟委员会主席祖马，并在非盟会议中心发表题为《开创中非合作更加美好的未来》的演讲。提出"461"中非合作框架,即坚持平等相待、团结互信、包容发展、创新合作等四项原则,推进产业合作、金融合作、减贫合作、生态环保合作、人文交流合作、和平安全合作等六大工程,完善中非合作论坛这一重要平台,打造中非合作升级版,携手共创中非关系发展更加美好的未来。会后两人共同见证了双方经济技术、基础设施等领域合作文件的签署。中非发表了全面深化友好合作的联合声明和加强减贫合作纲要。6日,李克强抵达尼日利亚首都阿布贾,与尼日利亚总统乔纳森就深化两国经贸合作进行深入交流。同时,双方企业还签署了通讯、农业、光伏电站、矿产开发等领域的合作协议。7日,李克强在阿布贾分别会见了出席世界经济论坛非洲峰会的坦桑尼亚总统基奎特、贝宁总统亚伊、多哥总统福雷和马里总理马拉。会见中,四国领导人均对李克强在非盟演讲中提出的中非"461"合作框架表示高度赞同,称其符合非洲人民的心愿,愿努力将其转化为实实在在的成果。8日,李克强在阿布贾出席第24届世界经济论坛非洲峰会全会,发表题为《共同推动非洲发展迈上新台阶》的特别致辞。李克强说,包容性增长已成为世界普遍认同的发展理念。本届峰会以"促进包容性增长,创造就业机会"为主题,现实针对性很强。世界经济论坛执行主席施瓦布、尼日利亚总统乔纳森分别致辞,他们积极评价中国的对非政策和非中合作,表示中国为非洲和世界的发展作出了积极贡献,世界经济论坛和非洲国家愿进一步加强与中国的合作,共同推动非洲和世界的包容性增长和可持续发展。当日,李克强抵达安哥拉首都罗安达,开始对安哥拉进行正式访问。9日,李克强同安哥拉总统多斯桑托斯举行会谈。双方同意成立工作组,全面规划中安重点领域合作;将安方在基础设施建设方面的巨大需求和中方在相关领域较强的生产能力、技术和外汇储备优势相结合,充分利用市场规则,推动相关合作再上新台阶;加强农业合作,中方愿毫无保留地与安方分享技术经验;密切人文交流,中方愿支持安方加强人力资源培训、扩大青年就业。李克强在安哥拉还先后参观中信百年职校、召开中国首次海外民生座谈会、慰问援安医疗队、共见记者等14场活动,达成多项共识签署多项协议。9日,李克强在肯尼亚首都内罗毕的国家宫与肯尼亚总统肯雅塔举行了双边会谈。两国领导人同意充分发挥包括两国贸易、投资和经济技术合作联合委员会在内的多个合作框架的作用,为两国各级别交流提供机制保障,推动两国业已存在的全面合作伙伴关系向前发展。为深化各领域互利合作,两国领导人见证签署了旨在加强中肯友好合作的 17 项协议。

巴拿马副总统巴雷拉赢得大选。4 日,巴拿马副总统胡安·卡洛斯·巴雷拉在总统选举中以 39% 的票数位居首位,而总统马蒂内利亲自挑选的接班人何塞·多明戈·阿里亚斯败选。曾任巴拿马首都巴拿马城市长的胡安·卡洛斯·纳瓦罗排在第三。巴雷拉在民众庆祝他胜选的集会上承诺,将搁置过去 5 年来的党派纷争,并终结在马蒂内利执政期间日益恶化的腐败情况。巴雷拉将于 7 月 1 日就任总统,任期 5 年。巴雷拉 1963 年出生于巴拿马首都巴拿马城,毕业于美国佐治亚理工学院并获得了工程师资格。2009 年参选总统,最终退出选战转而支持亿万富豪马蒂内利,以换取副总统职位。2009 年 7 月任巴拿马副总统兼外交部长。2011 年 8 月,因拒绝支持通过公投决定允许总统连任的计划,总统马蒂内利解除了巴雷拉兼任的外交部长职务。

东盟与日中韩就扩大合作防止金融危机达成共识。4 日,东盟与日中韩三国在哈萨克斯坦首都阿斯塔纳召开财长及央行行长会议,就扩大合作以防金融危机重演达成共识。会议由日本及缅甸共同担任主席国。日本财务相麻生太郎及日本银行行长黑田东彦出席了会议。会议决定支持利用亚洲内部储蓄资金开展投资,提高经济的抗危机能力。会议闭幕后发表的联合声明提出,为了构建安全便利的债券市场,今后将努力使区域内的结算系统互联互通。麻生在会议结束后的记者会上表示:"区域内经济增长出现了增强的势头,但仍有风险。就强化区域合作的必要性达成了共识。"

美菲开始联合军事演习。5 日,在美国总统奥巴马结束对菲律宾的访问后,美国与菲律宾"肩并肩 2014"联合军演在菲律宾首都马尼拉正式拉开帷幕。菲律宾外交部长德罗萨里欧、国防部长加斯明以及美国驻菲律宾大使高柏出席在马尼拉的菲律宾军方总部阿奎纳多将军营举行的开幕仪式。此次联合军演是两国第 30 次举行年度联合军演,将持续 2 周,有 3000 名菲军官兵和 2500 名美军士兵在菲律宾境内多处地点参与一系列演习活动,着重于海事安全、人道救援、灾难应对和人道主义援助方面的演练。

俄罗斯总统普京批准取消朝鲜欠苏联 100 亿美元债务。5 日,俄罗斯总统普京签署了批准取消朝鲜对苏联 100 亿美元债务的协定,剩下的 10.9 亿美元 20 年还清。俄罗斯副财长斯托尔恰克说,关于债务调整的谈判持续了近 20 年,朝鲜长期坚持要求全部免除。2011 年时任俄罗斯总统梅德韦杰夫同已故朝鲜领导人金正日在俄罗斯乌兰乌德会谈后打破了僵局。2012 年 9 月双方签署了债务调整协定，把债务从卢布折合为美元，共计110.96亿美元，其中90%免除。斯托尔恰克解释说，剩下的10亿美元不会进入俄罗斯国库，而是用于"投资朝鲜境内能源、卫生及教育领域的合作项目"。俄罗斯国家杜马预算委员会代表贡恰尔认为，这种"债务换发展"的方式有利于对朝鲜的社会经济发展施加影响。迄今两国之间的经济联系还很少，俄罗斯近年对朝投资每年不超过200万美元。但2013年俄罗斯国有铁路公司完成了哈桑—罗津铁路的改造工程。这条铁路是建立与西伯利亚大铁路相连、贯通朝鲜半岛南北方运输通道计划的一部分。

日本首相安倍晋三访问欧洲。5日，日本首相安倍晋三到访西班牙，在西班牙西北部圣地亚哥坎普斯特拉与西班牙总理拉霍伊举行非正式会谈，确认双方将为两国企业各自开拓新兴市场国家商务展开合作。西班牙政府将协助日本企业进军同属西班牙语圈的中南美各国，而日本政府则将协助西班牙企业进军亚洲。同日，安倍在法国首都巴黎爱丽舍宫与法国总统奥朗德举行会谈。为推进防卫装备品的日法联合研发，双方就启动缔约谈判达成共识。会谈还确认将加强有关核能技术合作，促进经济部长间对话。安倍在联合记者会上强调，在欧洲和东亚安全环境日益严峻的情况下，两国紧密协作的必要性达到前所未有的高度。6日，北大西洋公约组织理事会会议在比利时首都布鲁塞尔召开，安倍在会上发表演讲，表示决心通过修改宪法解释解禁集体自卫权。他还表示，日本希望与拥有民主主义和法治等共同基本价值观的北约推进合作。关于乌克兰局势，安倍表示"最重要的是缓和东部的紧张"，并承诺日本将为乌克兰5月下旬举行总统选举积极提供援助。

朝韩交恶升级。6日，韩国外交部长尹炳世在美国纽约国际和平研究所发表演讲称，朝鲜如果强行进行第四轮核试验，将会为此付出前所未有的代价。如何阻止朝鲜进行核试验以及防止朝鲜提升核能力是东北亚地区迫切需要解决的问题。他还敦促国际社会向朝鲜发出强烈信号，让其认识到国际社会绝不容忍朝方无视《联合国宪章》的行为。8日，韩国国防部对年初韩国境内发现的三架无人机进行调查，发现均来自朝鲜。韩国国防部指出，朝鲜向韩国派遣无人机严重违背《停战协定》和《韩朝互不侵犯条约》，这毫无疑问属于军事挑衅行为。韩军将采取严厉措施应对朝鲜的挑衅，还将根据《停战协定》通过联合国军司令部向朝鲜发出警告。另外，韩军正在进一步加强警备力量，以应对来自朝鲜的小型无人机攻击。13日，针对韩国国防部发言人金珉奭 12 日发表的"朝鲜这样的国家应该早日消失"的言论，朝鲜国防委员会发表公报称，朝鲜将展开"全民报复战"。20 日，韩国联合参谋本部负责人表示，当日 3 艘朝鲜舰艇，相继越过延坪岛西南方的黄海"北方界线"。韩国海军舰艇通过无线电通信进行了 3 次警告，并发射了 10 枚炮弹以示警告。21 日，朝鲜人民军西南前线军司令部发表新闻公报，谴责韩国 20 日在西部海域向朝鲜舰艇进行射击，称如果对方继续挑衅，将在不给予警告的情况下进行军事打击。23 日，韩国总统府发言人闵庚旭在记者会上说，韩国总统朴槿惠当天召开外交安全保障长官会议，讨论有关延坪岛附近海域炮击事件的应对事宜。26 日，朝鲜人民军西南前线军司令部发言人表示，22 日的炮击事件是韩方率先开火，韩方"捏造"朝鲜先开火的"骗局"不会成功。朝鲜西南前线军全体官兵已收到战斗命令，如果出现"挑衅"行为，就将进行行动。

经合组织下调 2014 年全球经济增速预测。6 日，因预期主要发展中经济体增长放缓，经济合作与发展组织将 2014 年全球经济增长预测值由 3.6% 调低至 3.4%，但对经济增长前景较为乐观，认为全球经济正从衰退中稳步复苏。全球经济增长的四大引擎中，信贷和新兴市场活动有待提速，但贸易和投资增长已经启动。由于严寒原因，美国 2014 年经济开局不利，一季度增速为 0.1%。经合组织预计剩余季度将强劲反弹，后三季度经济增速分别为 3.9%、3.5%、3.4%，全年增速为 2.6%。经合组织表示，美国财政政策的不确定性在减少，这将有利于复苏；货币政策复归正常有利于全球经济，但美联储应小心地解释其战略，以避免金融市场震荡。

泰国发生军事政变。6 日，泰国看守政府总理英拉出席泰国宪法法院听证会，否认了对她在 2011 年调动前国安委秘书长他汶的行为违宪和"滥用权力"的指控，坚称自己进行这项调动是为了泰国的国家利益。7 日，泰国宪法法院裁定，英拉滥用职权罪名成立，将被解除总理职务。英拉所属的为泰党表示，宪法法院的判决是违反宪法的，是某些人精心策划的新型政变。8 日，英拉将因其参与的大米补贴计划案，面临上议院弹劾。该委员会认为有足够的证据控告英拉，并将案件提交给参议院。9 日，泰国反政府示威者在首都曼谷再次发起大规模游行，要求看守政府下台，并建立临时政府和立法议会以推行改革。警察对部分示威者使用了催泪瓦斯，造成至少 5 人受伤。10 日，数万名支持政府的红衫军在曼谷西郊举行大规模集会，声言反抗反政府力量发动的"政变"和企图由非民选政府掌政。12 日，泰国"人民民主改革委员会"宣布结束在曼谷隆披尼公园的集会活动，移师泰国总理府附近的马卡旺琅讪桥一带继续进行示威。14日，泰国刑事法庭同意对30名示威领袖下发逮捕令。15日，泰国选举委员会秘书长布宗表示，由于泰国反政府示威者的破坏，大选必须延期举行。22日，泰国军方领导人巴育在电视直播中宣布，从当天起发动军事政变。23日，英拉向军方报到。24日，巴育宣布解散国会上议院，成立"全国维持和平秩序委员会"接手国会上、下议院权力。26日，泰国"人民民主改革委员会"领导人素贴等人被军方释放，并被护送至检查机关。当日，巴育声称自己的政变得到了王室的允诺，首次向任何反对军事政变的人发出严厉警告称，将动用武力镇压反政变的和平抗议者。27日，泰国"全国维持和平秩序委员会"指派了一个6人组成的顾问委员会，负责管理全国安全、经济和法律事务。同日，泰国陆军副发言人汶泰称，英拉已经被释放，并获准回家。28日，泰国军方称，已经释放124名政变后被军方拘留的人，包括政治人物和活跃分子。29日，泰国"全国维持和平秩序委员会"公布，包括前看守政府代总理尼瓦探隆在内的33名前政要、泰知名人士已在当天被释放。当日，泰国军方在曼谷出动超过1000名士兵，封锁计划于当天举行的抗议活动。30日，巴育通过公共电视频道向全国民众发表谈话说，在所有各方达成都能接受的政府条件之前，将致力于国家的改革，提出了分三阶段推进民主发展进程计划。第一阶段工作重点将确保国家安全及推进和解进程，预计需要2至3个月时间；第二阶段则以法律专家起草临时宪法，成立立法议会并推选新总理及内阁成员管理国家，期间将成立改革委员会进行国家政治改革设计，需耗时1年左右；第三阶段的工作则以自由、公平的大选为重点。巴育表示，临时政府将在2015新财年开始前形成，但新的选举至少还需15个月时间。

伊朗核问题六国与伊朗举行第四轮全面协议谈判。 6日—7日，伊朗与美、英、法、俄、中、德六国在纽约举行了会谈，为新一轮核谈判铺路。率领伊朗代表团与会的伊朗外交部政治及国际事务主管巴因迪内贾德表示，这次纽约会谈"具有建设性"。伊朗与伊朗核问题六国专家"为起草全面协议就最新的技术性议题进行了讨论"。11日，伊朗总统鲁哈尼表示，伊朗不会放弃发展核技术的权力，但是在谈判中会保持"透明"。14日，伊朗核问题六国与伊朗第四轮对话会在奥地利首都维也纳正式开始，各方期望此次谈判能在2013年11月达成的阶段性协议基础上，商谈解决伊朗核问题全面协议文本起草工作。伊朗外长扎里夫表示，尽管他希望各方能在有限的时间内解决问题，但谈判将会十分艰难，"谈判各方都希望能够让谈判进入一个新的阶段，那就是构建未来长期协议的内容框架"。欧盟外交和安全政策高级代表阿什顿的新闻发言人迈克尔·曼表示，"目前各方仍在进行紧张磋商，尚未就此议题达成一致"。伊朗副外长阿拉克奇说，"伊朗已经下定决心，要在7月20日之前达成全面协议"。

南非总统祖马连任。7日，南非举行国民议会和省级议会的选举，这是自1994年南非种族隔离制度结束以后的第五次选举。9日，南非国会大选结果揭晓，执政党"非洲人国民大会"以62.16%得票率获胜，继续执政五年。最大反对党"民主联盟"以得票率22.22%居第二。"经济自由斗士"党赢得6.35%的选票。21日，南非第五届国民议会在立法首都开普敦举行首次全会，400名议员选举南非新任总统。现任总统雅各布·祖马作为唯一被提名人成功连任。22日，中国国家主席习近平致函祖马，祝贺他再次当选南非共和国总统。24日，祖马的就职典礼在比勒陀利亚总统府举行。祖马在就职宣誓时表示要捍卫宪法和法律，尽全力促进南非人民福祉，保卫南非领土。25日，祖马公布了新一届政府的副总统以及各部部长、副部长名单。

俄举行庆祝卫国战争胜利69周年阅兵式。9日，俄罗斯多个城市举行"胜利日"阅兵式，纪念卫国战争胜利69周年。俄罗斯总统普京出席了莫斯科红场阅兵式并发表讲话称，伟大卫国战争至今已过去69年，但5月9日这一天，过去、现在、未来都将是俄罗斯的重要节日。这一天是俄罗斯的全国性凯旋日，是人民的自豪日，是悲痛和永世难忘的日子。这一节日，是俄罗斯共庆爱国主义无坚不摧之力的日子，是所有人深刻认识忠于祖国的意义和捍卫祖国利益重要性的日子。本次红场阅兵式共有1.1万多名官兵、151套军事装备和69架飞机参与，其中，虎式装甲车、"伊斯坎德尔"战役战术导弹、S-400防空导弹系统等俄军主力装备悉数亮相。同日，普京前往不久前并入俄罗斯的克里米亚，参加在塞瓦斯托波尔举行的纪念卫国战争胜利69周年和塞瓦斯托波尔从德国法西斯手中解放70周年纪念活动。普京在阅兵式上说："非常高兴在这神圣的一天来到英雄城市塞瓦斯托波尔，与你们一起共同庆祝我们国家的主要节日。"他感谢克里米亚"二战"老兵在战争岁月建立的功勋以及为克里米亚并入俄罗斯联邦所作出的贡献。

南苏丹冲突双方签署《关于解决南苏丹危机的协议》。9日，南苏丹总统基尔与反对派领导人里克·马沙尔在埃塞俄比亚首都亚的斯亚贝巴签署停火协议，承诺结束持续近5个月的流血冲突。根据协议，双方24小时内将立即停止一切敌对行为，同时避免任何挑衅行为。基尔在谈及同意停火的原因时说：现在我们意识到对话是解决我们之间问题的唯一答案，我们将继续沿着正确的道路前进。11日，南苏丹班提乌周边发生严重交火。南苏丹政府军发言人表示，政府军在停火协议生效仅仅6小时后便遭到袭击，而袭击发生在主要产油区——团结州和上尼罗河州。反政府武装发言人表示，停火协议不能得到有效遵守，不但"说明总统基尔缺乏诚意，而且也说明基尔并没有完全掌握其军队"。

欧尔班当选匈牙利总理。10日，匈牙利国会以130票赞成、57票反对的投票结果选举匈牙利青年民主主义者联盟——匈牙利公民联盟主席欧尔班为新政府总理。欧尔班随后宣誓就职。欧尔班当选后在国会发表讲话说，经济政治关系和明确的民族政策将是其对外政策的中心。政府将继续执行"向东方开放"政策。匈牙利是北约和欧盟的一部分，在他执政期间这是不容置疑的。欧尔班说，所有危及匈牙利人的政策都是极端的和危险的。那种想把有一千年历史的匈牙利变成某种欧洲合众国祭坛上的牺牲品的政策，对匈牙利人民是危险而又极端的，退出欧盟的思想同样如此。同一天，欧尔班与执政伙伴基督教民主人民联盟主席谢姆延向国会递交一份动议。根据这一动议，新政府将由9个部组成，总理府将作为一个部进行运作，这个部将协调政府的工作。其余8个部为内务部、人力资源部、农业部、国防部、司法部、对外经济和外交部、国家经济部和国家发展部。这是欧尔班第三次出任匈牙利总理。

叙利亚局势复杂。10日，叙利亚最高宪法法院公布总统候选人最终名单，宣布现任总统巴沙尔·阿萨德、议会议员哈贾尔和前政府部长诺里为总统候选人，并宣布总统选举正式拉开帷幕。11日，叙利亚政府全面控制中部城市霍姆斯。13日，叙利亚总理哈勒吉在内阁会议上宣布，叙利亚政府已经做好所有与总统选举相关的准备工作。哈勒吉说，政府军近日攻下中部霍姆斯市，保证了选举能在这座城市如期举行。政府近期加强了对市场的监管，以保证大选期间叙利亚经济秩序稳定。同日，联合国—阿盟叙利亚危机联合特别代表卜拉希米正式宣布辞职，联合国秘书长潘基文接受了卜拉希米的辞呈。当日，美国总统奥巴马会见了叙利亚反对派领导人艾哈迈德·贾尔巴。白宫随后发布声明称,奥巴马和美国国家安全事务助理苏珊·赖斯谴责了阿萨德政权对叙利亚平民实施蓄意攻击,通过空袭等手段阻挡被围困地区的平民获得食品和人道主义援助。贾尔巴对奥巴马向叙利亚反对派提供2.87亿美元的援助表示感谢。15日,俄罗斯外交部发言人卢卡舍维奇在新闻发布会上表示,俄方认为应尽快重启关于叙利亚问题的日内瓦谈判。俄方对叙利亚化学武器销毁工作进程表示满意。尽管局势动荡,92.5%的叙利亚化学武器已被运送出境。

立陶宛总统格里包斯凯特赢得连任。11日,立陶宛举行大选投票,包括现任总统达利娅·格里包斯凯特在内的7名候选人竞选立陶宛总统职位。本次总统选举的合格选民总数约254万,立陶宛境内设立2004个投票站,境外选民可以到其居住国的立陶宛使领馆投票。根据95%的计票结果,格里包斯凯特获得46%的选票。立陶宛宪法规定,如果投票率超过半数,则得票率超过50%的候选人直接当选总统,否则将对得票率最高的两位候选人进行第二轮投票,得票多的当选。26日,立陶宛中央选举委员会公布初步计票结果,格里包斯凯特在25日举行的总统选举第二轮投票中击败对手,得票率为57.87%,而其竞争对手、社会民主党候选人巴尔奇蒂斯的得票率为40.14%。格里包斯凯特1956年出生于立陶宛首都维尔纽斯,1983年毕业于苏联列宁格勒日丹诺夫大学政治经济学专业,1988年在莫斯科社会科学院完成经济学博士论文答辩。1983年至1990年在维尔纽斯高级党校任教,1990年至1991年在立陶宛经济研究所任职。1991年赴美国乔治城大学进修,回国后担任立陶宛国际经济合作部欧洲司负责人。1993年调任外交部经济合作司司长,1994年至1995年任立陶宛驻欧盟大使兼立陶宛入盟谈判副代表。1996年至1999年任立陶宛驻美国大使馆公使,1999年至2001年先后任立陶宛财政部和外交部副部长。2001年至2004年任立陶宛财政部长,2004年5月任欧盟委员会委员。

东盟领导人会议举行。11日,第二十四届东盟领导人会议在缅甸首都内比都举行,东盟10国领导人出席会议。会议重点是评估东盟共同体建设执行情况,并就在2015年底建成东盟共同体所需的努力进行磋商。东盟轮值主席国缅甸总统吴登盛在开幕式上表示,缅甸作为轮值主席国的优先目标是通过推动良好治理,商签《东盟保护外国劳工权利条约》,完成《东盟通讯总体规划》等倡议,完成建设东盟共同体的剩余任务。他强调了加强东盟经济弹性和公平经济发展的重要性,表示应鼓励东盟企业,尤其是中小企业提升生产力、竞争力和创新能力,呼吁建立《东盟经济共同体蓝图》所规划的中小企业发展基金。会后,与会各方联合发表《关于在2015年实现东盟共同体的内比都宣言》,承认在2015年建立东盟共同体时间紧迫,呼吁各方共同努力。

莫迪当选印度总理。12日,自4月7日开始,分九阶段进行的印度人民院(议会下院)选举结束。16日,印度人民院公布选举初步结果,印度人民党已获得280个以上席位,首次单独成为议会多数党。该党领导的全国民主联盟在共有545个席位的人民院中拥有300个以上席位,所获议席远超半数,印度人民党获胜,印度人民党推出的总理候选人莫迪将出任印度总理。官方统计显示,本次大选登记选民8.14亿,投票率达到66.4%,创下印度大选最高纪录。20日,印度总统慕克吉正式邀请莫迪组建新一届联邦政府。印度人民党随后宣布,莫迪将于26日在新德里宣誓就职。印度人民党联邦议会议员当天举行全体会议,一致同意莫迪为印度人民党议会下院领导人,为其正式成为总理奠定法律基础。26日,印度人民党发言人表示,所有"南亚区域合作联盟"国家的领导人,都已经受邀参加莫迪的宣誓就职仪式。当日,巴基斯坦总理谢里夫抵达新德里,参加莫迪宣誓就任印度总理仪式。这是印巴两国自1947年各自独立以来,一方政府首脑首次出席对方总理就职仪式。莫迪1950年出生于印度西部的古吉拉特邦瓦德拉嘎镇印度教家庭。幼时在父亲和伯伯的茶铺帮忙,很小就加入国民志愿团组织的少年机构,成为印度人民党的右翼团体——民族卫队的活动分子。1970年莫迪正式成为国民志愿团的一员,1978年任古吉拉特邦一个区的负责人,1981年成为国民志愿团在古吉拉特邦首府艾哈迈达巴德总部的宣传和联络负责人。1985年加入印度人民党,1988年任印度人民党古吉拉特邦秘书长,1995年任印度人民党全国秘书长。1998年,任印度人民党总书记,1999年兼任印度人民党新闻发言人。2001年10月任印度古吉拉特邦首席部长。

阿富汗总统选举涉嫌舞弊。14日,本该是阿富汗独立选举委员会公布总统大选最终结果的日子,但由于此前接到舞弊投诉,调查还没有结束,因此宣布时间无限期推迟。当天,阿富汗选举委员会发言人努尔介绍说,根据阿富汗选举投诉委员会的统计数据,截至目前,该机构已受理超过2100件投诉申请。其中判定为"严重影响计票结果"的投诉达921件,相关调查工作正在进行。

纳图曼当选瓦努阿图新总理。15日，瓦努阿图反对派针对总理卡凯塞斯提出的不信任案在议会以34票赞成、11票反对和4票弃权的结果获得通过，结束执政约13个月的卡凯塞斯政府。不信任案获通过后，瓦努阿图议会议长菲利普·博多罗请议员提名新总理人选时，卡凯塞斯和支持自己的10名议员离席，没有参与新总理选举过程。瓦努阿图议会投票表决，选举乔·纳图曼为新任总理。当选新任总理后，纳图曼对投票支持自己的议员表示感谢。新任内阁成员中，有7人来自原反对派，5人来自上届政府。纳图曼1952年出生于瓦努阿图，毕业于南太平洋大学，1987年至1991年任瓦努阿图总理沃尔特·利尼办公室第一秘书。1991年至1995年在斐济首都苏瓦的南太平洋大学担任注册主任助理。1995年当选瓦努阿图议会议员，从1996年开始先后担任司法服务、文化和妇女事务部长，土地、能源、地质、矿山部长，内政部长，教育部长，外交部长，对外贸易和电信部长等职务。2011年6月，人民进步党的萨托·基尔曼当选为政府总理，纳图曼失去了政府职务。

老挝军机坠毁。17日，一架老挝军方飞机在老挝北部川圹省坠毁。罹难人员包括老挝副总理兼国防部长隆再·皮吉中将、老挝公安部部长通班·桑阿鹏、老挝人民革命党中央宣传部部长征·宋本坎、万象市市长苏甘·马哈拉等。17日—19日，老挝各部门为罹难人员设立灵堂。老挝人民革命党中央总书记、国家主席朱马里·赛雅颂等老挝国家领导人、正在老挝访问的中国国务委员兼国防部长常万全、中国驻老挝大使关华兵等各界人士前往吊唁。

缅甸举行和平共处五项原则发表60周年纪念会。18日，由缅中友协主办的和平共处五项原则发表60周年纪念会在缅甸仰光举行，缅甸官员、中国和印度两国驻缅外交官、缅中友协成员、政党代表、社会组织人士以及专家学者共200多人出席了纪念会。缅甸外交部长吴温纳貌伦发表讲话，高度评价和平共处五项原则的历史意义和现实意义。吴温纳貌伦在讲话中说，60年前，中印缅三国领导人作出历史决定，共同倡导和平共处五项原则，这些原则已经成为国际关系公认的指导准则。他说，缅甸奉行基于和平共处五项原则的积极且独立的外交政策，愿与所有国家特别是本地区邻国发展友好关系。

亚太经合组织贸易部长会议闭幕。18日，2014年亚太经合组织贸易部长会议在青岛闭幕。会议同意制订《亚太经合组织推动实现亚太自贸区路线图》，为推进亚太自贸区进程提供指引。中国商务部部长高虎城在会后召开的新闻发布会上表示，2014年亚太经合组织贸易部长会议同意，将从2014年起为加强区域经济一体化和推进亚太自贸区采取切实行动,为推动最终实现亚太自贸区奠定坚实基础;同意在亚太经合组织贸易投资委员会建立加强区域经济一体化和推进亚太自贸区"主席之友"工作组,启动亚太自贸区进程,全面系统推进合作。

越南总理阮晋勇访菲。 21日,菲律宾总统阿基诺在总统府马拉卡南宫与来访的越南总理阮晋勇举行会谈。双方同意加强两国防务和安全合作。阿基诺在会后的记者会上透露,他与阮晋勇在会谈时讨论了菲律宾与越南两国如何增进信任、提升防务能力及加强协调配合等问题,以应对面临的安全挑战。

习近平主持亚洲相互协作与信任措施会议第四次峰会。 21日,亚洲相互协作与信任措施会议第四次峰会在中国上海举行,哈萨克斯坦总统纳扎尔巴耶夫、俄罗斯总统普京、阿富汗总统卡尔扎伊、阿塞拜疆总统阿利耶夫、伊朗总统鲁哈尼、吉尔吉斯斯坦总统阿塔姆巴耶夫、蒙古国总统额勒贝格道尔吉、巴基斯坦总统侯赛因、塔吉克斯坦总统拉赫蒙、乌兹别克斯坦总统卡里莫夫、斯里兰卡总统拉贾帕克萨、柬埔寨首相洪森、联合国秘书长潘基文等出席。中国国家主席习近平主持会议并发表题为《积极树立亚洲安全观 共创安全合作新局面》的主旨讲话。习近平强调,中国将同各方一道,积极倡导共同、综合、合作、可持续的亚洲安全观,搭建地区安全和合作新架构,努力走出一条共建、共享、共赢的亚洲安全之路。他说,共同,就是要尊重和保障每一个国家安全。安全应该是普遍的、平等的、包容的。要恪守尊重主权、独立和领土完整、互不干涉内政等国际关系基本准则,尊重各国自主选择的社会制度和发展道路,尊重并照顾各方合理安全关切。综合,就是要统筹维护传统领域和非传统领域安全,通盘考虑亚洲安全问题的历史经纬和现实状况,多管齐下、综合施策,协调推进地区安全治理。合作,就是要通过对话合作促进各国和本地区安全,增进战略互信,以合作谋和平、以合作促安全,以和平方式解决争端。亚洲人民有能力、有智慧通过加强合作来实现亚洲和平稳定。欢迎各方为亚洲安全和合作发挥积极和建设性作用。可持续,就是要发展和安全并重以实现持久安全。要聚焦发展主题,积极改善民生,缩小贫富差距,不断夯实安全根基。要推动共同发展和区域一体化进程,以可持续发展促进可持续安全。对"三股势力",必须采取零容忍态度,加强国际和地区合作,加大打击力度。与会各方围绕"加强对话、信任与协作,共建和平、稳定与合作的新亚洲"这一主题交换意见,达成广泛共识,取得重要成果。习近平邀请亚信主席国土耳其总统特别代表、外长达乌特奥卢发言。达乌特奥卢总结了土耳其担任主席国以来所做工作，宣布土耳其向中国移交主席国职权，中国正式接任 2014 年至 2016 年亚信主席国。19 日，习近平在上海分别会见拉赫蒙、额勒贝格道尔吉、卡尔扎伊、纳扎尔巴耶夫。22 日，习近平在上海会见侯赛因。习近平表示：今年以来，中巴领导人保持密切接触。下阶段，双方要保持两国领导人经常互访和会晤，引领双边关系发展。我愿意在双方方便时候对巴基斯坦进行国事访问，推动两国战略协作和务实合作迈上新台阶。

欧盟举行第八届欧洲议会直选。22 日，《里斯本条约》生效后的首次欧洲议会选举在欧盟 28 个成员国中陆续开始投票。英国、荷兰于 22 日投票，爱尔兰于 23 日投票，捷克于 23 日和 24 日投票，拉脱维亚、马耳他和斯洛伐克于 24 日投票，其余国家于 25 日投票。25 日，投票结束，在 751 个欧洲议员席位中，中右翼的欧洲人民党赢得 213 席，中左翼的欧洲社会党拿下 190 席。自由民主党取得 64 席，绿党得 53 席。从参选的国家来看，英国独立党以 28.73% 的得票率获得 22 个议席，在英国所有政党中排名第一，超过保守党、工党和自民党。该党最重要的政策主张是力推英国退出欧盟。法国极右翼政党国民阵线成为本国得票率最高的政党。当日，欧盟委员会主席巴罗佐发表声明说，欧洲议会选举初步结果显示，支持欧洲一体化进程的政党再次获得胜利，这一点"至关重要"，他希望下一任欧盟委员会主席的选择尊重此次选举结果。巴罗佐表示，虽然欧洲遭遇了几十年来最为严峻的经济危机，但"至关重要的是，领导和支持欧盟反危机基本措施的政治力量再一次赢得选举"，在新一届欧洲议会形成了"团结有效的多数"，他们将继续推动欧洲一体化进程向前发展。

日朝外交磋商取得进展。26 日，日本和朝鲜政府代表团在瑞典首都斯德哥尔摩展开新一轮政府级磋商，就涉及两国关系正常化的一系列问题进行讨论。日本代表团由外务省亚洲大洋洲局局长伊原纯一率领，朝鲜代表团由朝日邦交正常化谈判担当大使宋日昊担任团长。伊原纯一在会议开始时强调，将争取就重新调查失踪日本人问题与朝方达成共识。希望能够在 2014 年 3 月北京会谈的基础上，就各项悬而未决的问题取得进展。与此同时，日方希望通过坦诚认真的讨论，就涉及广泛的双边利益问题达成一项协议。朝鲜方面关注的重点是要求日本尽快解除对朝鲜的制裁。宋日昊表示，期待与日方就两国关系问题进行广泛、诚恳的磋商。29日,朝中社发表《关于朝日政府间会谈结果的新闻公报》称,朝鲜及日本代表团日前就解决绑架案问题、实现邦交正常化认真进行了磋商,朝方同意就绑架受害者问题进行全面调查。

奥巴马发表外交安全政策讲话。28日,美国总统奥巴马在西点军校2014年毕业典礼上发表演讲,以较大篇幅阐述自己"非军事"特色的外交政策,回应美国国内以及盟友对他在诸多事务上不够强硬的批评声。奥巴马声称美国永远当"领导",并说:"我们面对的问题不是美国是否会领导,而是我们怎么去领导,不只是保障我们的和平与繁荣,还包括将这种和平与繁荣传播到全球各地。"就这一"领导"角色,奥巴马阐述4点要素。第一,在美国核心利益受损或民众生命受到威胁时动用武力;第二,转变反恐战略,与恐怖组织寻求立足的国家展开更有效合作;第三,继续通过北大西洋公约组织和联合国等机构维护和强化国际秩序;第四,继续在全球推销所谓"民主"和"人权"。奥巴马表示,美国在面临核心利益受威胁时会动武,但在应对一些全球关注、却不直接威胁美国的危机时,"军事行动的门槛必须更高"。

俄白哈三国签署《欧亚经济联盟条约》。29日,俄罗斯总统普京、白俄罗斯总统卢卡申科和哈萨克斯坦总统纳扎尔巴耶夫在哈萨克斯坦首都阿斯塔纳签署《欧亚经济联盟条约》,标志着欧亚经济联盟正式成立。到2014年底,三国议会批准欧亚经济联盟条约,完成其生效的国内程序。2015年1月1日,欧亚经济联盟将正式运行。除天然气、石油、石油产品、电力、药品和医疗器械等外,将确保商品、服务、资本和劳动力在联盟内自由流动;在主要的经济领域如能源、工业、农业和运输业等将实施协同一致的政策。

6 月

习近平出席中阿合作论坛第六届部长级会议、
　和平共处五项原则发表 60 周年纪念大会
李克强访问英国、希腊
联合国 2014 年第二轮气候谈判落幕
"伊斯兰国"极端组织出现
首届联合国环境大会举行

乌克兰局势持续恶化。2日，乌克兰中央选举委员会主席奥享多夫斯基正式宣布，亿万富翁彼得·波罗申科在5月25日举行的总统选举中当选总统。7日，波罗申科就职仪式举行，中国国家主席习近平特使、文化部部长蔡武应邀出席。8日，由波罗申科主持召开的落实乌东部和平计划三方联络小组第一次会议在乌克兰首都基铺举行。乌克兰驻德国大使克利姆金、欧洲安全与合作组织秘书长特使塔利亚维尼和俄罗斯驻乌大使祖拉博夫参加了会议。11日，欧盟、俄罗斯、乌克兰关于天然气问题的三方会谈在比利时首都布鲁塞尔举行，但在关键的天然气供应价格问题上未能达成一致。12日，俄天然气工业公司总裁米勒表示，不会对乌克兰方面再度推迟6月16日的天然气欠款最终支付期限。14日，乌克兰"反恐行动"信息组负责人谢列兹尼奥夫表示，政府军一架伊尔—76运输机在东南部卢甘斯克机场附近被民兵组织击落，乌克兰总检察院证实机上49人全部丧生。乌克兰东部民兵组织证实，他们用火箭弹击中一架伊尔—76运输机。同日，俄罗斯外长拉夫罗夫与美国国务卿克里就乌克兰局势通电话。拉夫罗夫呼吁美国说服乌克兰当局停止在乌东南部的军事行动。20日，波罗申科公布了解决东部危机的和平计划，计划包括14项政治措施，同时决定自20日—27日在东部地区停火一周，地方武装也宣布停火，但部分地区仍不时发生冲突。21日，拉夫罗夫表示，波罗申科公布的解决东部危机的和平计划并不包含4月17日日内瓦协议中关于开启和平谈判的内容。22日，俄罗斯总统普京对乌克兰官方开始与东部地区接触表示欢迎，并再次强调乌危机的解决只能通过和平对话和在考虑到乌东部地区利益情况下实现。同日，拉夫罗夫与克里通电话时说，如果不完全停止战斗行动，乌克兰危机不可能缓解。23日，拉夫罗夫发表声明说，俄罗斯支持力图使乌克兰当局与东部地区代表开展对话的努力，哪怕开始的是间接性对话。24日，普京致信俄联邦委员会（议会上院），建议取消在乌克兰境内动用俄武装力量的授权。同日,"顿涅茨克人民共和国"议会率先通过了关于同"卢甘斯克人民共和国"建立邦联型"人民共和国联盟"的法令。25日,"卢甘斯克人民共和国"议会通过了关于同"顿涅茨克人民共和国"建立"人民共和国联盟"的法令。同日,俄罗斯联邦委员会通过决议,撤销了有关在乌克兰动用俄联邦武装力量的授权,其中153人投票支持撤销决议,1人反对,无人弃权。同日,北约成员国外长在布鲁塞尔举行会议,通过了帮助乌克兰加强防卫能力的一系列措施,并决定继续暂停与俄罗斯的合作。27日,欧盟在夏季峰会上与乌克兰、格鲁吉亚及摩尔多瓦签署联系国协定。29日,俄罗斯总统普京、德国总理默克尔、法国总统奥朗德与乌克兰总统波罗申科举行四方电话会谈,在会谈中各国领导人认为,需要采取进一步措施稳定乌克兰局势,呼吁各方共同落实停火机制。同时,波罗申科将停火期限延长到30日。

巴勒斯坦联合政府宣誓就职。2日,巴勒斯坦联合政府在约旦河西岸城市拉姆安拉总统府宣誓就职,标志着巴勒斯坦两大政治派别巴民族解放运动(法塔赫)和伊斯兰抵抗运动(哈马斯)结束长达7年的分裂局面。联合政府中的17位部长均由无党派人士出任。原过渡政府总理拉米·哈姆达拉留任总理并兼任内政部长。原过渡政府副总理穆罕默德·穆斯塔法、外交部长里亚德·马勒基、财政部长舒凯里·比沙拉在联合政府中留任原职。联合政府的中心任务是筹备巴勒斯坦大选,并接手约旦河西岸和加沙地带的日常工作。3日,巴勒斯坦总统府发表声明说,阿拉伯世界、欧洲地区以及俄罗斯、中国等国对巴勒斯坦新一届联合政府成立表示欢迎,这表明国际社会普遍支持巴勒斯坦民族的合法权利。同日,以色列总理内塔尼亚胡说,哈马斯是仇视以色列的"恐怖组织",巴勒斯坦总统阿巴斯领导的法塔赫与其组建联合政府"让人无法接受"。对于美国政府明确表态将与巴勒斯坦新政府继续保持合作,内塔尼亚胡表示"深感担忧"。5日,以色列住房和建设部宣布在约旦河西岸和东耶路撒冷招标修建1500套犹太人定居点新住房。数小时后,内塔尼亚胡批准在约旦河西岸和东耶路撒冷再修建1800套定居点新住房。巴勒斯坦总统府警告说,巴方将就以色列公布的最新大规模定居点扩建项目招标采取"前所未有的回应措施"。同日,联合国秘书长潘基文发表声明对以色列宣布在约旦河西岸和东耶路撒冷招标修建超过1400套犹太人定居点住房一事深表关注,并呼吁以色列当局停止此类活动。12日,3名犹太青年在约旦河西岸城市希伯伦附近失踪,以色列安全部队随即实施了代号为"兄弟的守护者"的军事行动,对约旦河西岸地区展开地毯式搜索。在该行动中,以方共搜查了2200余处位于约旦河西岸的处所,逮捕了420多名巴勒斯坦人。15日,内塔尼亚胡表示,绑架青年的事件是哈马斯所为,哈马斯将为此承担"严重后果"。哈马斯否认了这一指控。30日,以色列国防军发表声明说,以色列国防军在希伯伦附近找到了3名失踪犹太青年的尸体。

埃及前军方领导人塞西当选新总统。3日,埃及最高选举委员会宣布,前军方领导人阿卜杜勒－法塔赫·塞西在5月28日总统选举中得票率达96.91%,战胜对手左翼政治家哈姆丁·萨巴希,以绝对优势赢得总统选举。4日,中国国家主席习近平致电视贺阿卜杜勒－法塔赫·塞西当选埃及总统。同日,美国白宫称,美方期待与新当选总统塞西所领导埃及新政府合作。8日,塞西在开罗最高宪法法院宣誓就职,任期4年。中国工业和信息化部长苗圩作为国家主席习近平的特使同50多个国家和国际组织代表一起出席典礼。17日,塞西就任后产生的首届内阁35名成员在开罗宣誓就职。在新政府架构下,原临时政府总理马赫莱卜留任新政府总理,原内阁的31个部变更为34个部。包括国防部长、内政部长、财政部长等20名原政府部长留任原职,外交部、运输部、农业部等13个部由新人担任部长。为复苏脆弱的经济,新政府增设投资部,由前投资银行家阿什拉夫·萨勒曼担任部长。就职仪式后,塞西主持了首次内阁会议,着重讨论了加强维护埃及的安全与稳定等议题。22日,美国国务卿克里在访问埃及时表示,美国将继续对埃及提供包括经济援助在内的支持,推动两国战略关系向更广阔的方向发展。

美国总统奥巴马访问波兰比利时和法国。3日,美国总统奥巴马在波兰首都华沙分别与波兰总统科莫罗夫斯基和总理图斯克举行会晤,重点讨论了深化两国军事合作及乌克兰问题。奥巴马在同波兰领导人会晤后举行的新闻发布会上说,波兰是美国在全球范围内最重要的盟友和朋友之一,保证波兰安全是美波两国关系的共同基石,也是美国的责任。美国计划扩大在欧洲的军事部署,增加与盟友之间的军事演习。奥巴马呼吁美国国会批准多达10亿美元款项,支持这项旨在强化美国在欧洲军事部署、提高北约军事反应能力的计划。该计划涵盖乌克兰、格鲁吉亚、摩尔多瓦等与美国合作的非北约国家以及美国的欧洲盟友。关于乌克兰局势,奥巴马说,如果俄方继续采取危及乌克兰稳定的措施,西方将对俄罗斯实施更多制裁。他还表示,美俄重建信任"需要时间"。同日,奥巴马会晤了受科莫罗夫斯基邀请参加在华沙举行的中东欧国家领导人峰会的17个相关国家领导人。奥巴马在会后的记者会上表示,中东欧国家之间要团结起来,欧洲和美国之间也要团结。4日,奥巴马在华沙和乌克兰当选总统波罗申科举行会谈。奥巴马在会谈结束后对记者说,他与波罗申科讨论了有关乌克兰局势、经济发展及如何让乌克兰减少对俄罗斯能源依赖等问题。奥巴马强调,国际社会应该支持乌克兰新总统及其领导的政府,帮助培训乌克兰军队和警察。美国将与国际社会一起为乌克兰提供必要的帮助。同日,奥巴马前往比利时,与比利时国王菲利普和首相迪吕波举行会晤。5日,奥巴马出席在布鲁塞尔举行的七国集团领导人峰会时表示,美国要加强在东欧的部署,增加在东欧地区军事演习、培训以及美国派驻欧洲的空军、地面部队等换防。随后,奥巴马与英国首相卡梅伦举行双边会谈并就乌局势发表联合讲话。5日晚,奥巴马抵达巴黎,与法国总统奥朗德共进晚餐。6日,奥巴马出席了在诺曼底举行的二战登陆日纪念活动。

美国关闭驻吉尔吉斯斯坦空军基地。3日,美国租用的吉尔吉斯斯坦马纳斯国际转运中心举行关闭仪式。美军驻马纳斯负责人约翰·米勒德在仪式上致辞说,吉尔吉斯斯坦在支持美国及其盟友在阿富汗的军事行动中起到了"战略角色"的作用。他随后将一把象征开启基地大门的钥匙移交给了吉尔吉斯斯坦国防部代表。同日,美国驻吉尔吉斯斯坦大使斯普拉特伦表示,驻扎在马纳斯的所有美国军人将在一周内离开。马纳斯国际转运中心位于比什凯克市郊,原为美国在马纳斯国际机场建立的空军基地。2001年秋,美国借打响阿富汗战争之机租用马纳斯基地,用于支持美军在阿富汗的军事行动。2009年2月,吉尔吉斯斯坦议会废除美军及其盟友租用基地的旧协议后,两国签署新合同,将该基地更名为"国际转运中心",用于为驻阿美军及国际安全援助部队提供支持,美方每年支付吉方6000万美元租金,协议将于今年7月11日到期。吉尔吉斯斯坦总统阿坦巴耶夫曾多次表示,协议到期时美国及其盟友应从基地撤离。他说:"美国经常陷入各种军事冲突,我想(与美国发生冲突)这些国家中的某一个可能会对基地发起攻击。"

德国就美方监听默克尔手机事件启动刑事调查。3日,德国联邦总检察长哈拉尔德·朗格决定对美国情报机构监听德国总理默克尔手机一事启动刑事调查。德国联邦检察院已就针对美国情报机构及其他国外情报机构监听活动的指控进行了数月审查,同日,朗格将监听事件资料提交至德国联邦议院法律事务委员会。该委员会就此召开闭门会议。美国情报机构监听事件涉及针对默克尔的监听活动及大规模针对德国民众的监听活动，联邦检察院此次仅就针对默克尔的监听活动展开刑事调查。5日，德国执政联盟同意由德国国会议员前往莫斯科，听取"棱镜门"曝光者爱德华·斯诺登的证词，以调查美国对德国监控的程度。在野党要求允许斯诺登赴柏林作证，但德国政府称这可能会伤害到与美国的关系。

第四十四届美洲国家组织大会召开。3日—5日，第四十四届美洲国家组织大会在巴拉圭首都亚松森举行，本届大会以"社会包容与发展"为主题，旨在推动美洲地区包容性社会发展，有效改善社会贫困和不平等状况。来自该组织34个成员国的元首、外长或代表参加了开幕式，包括中国在内的观察员国官员及一些国际组织代表等出席大会。大会还通过《马尔维纳斯群岛问题声明》，呼吁阿根廷和英国尽快就马岛主权问题恢复谈判，通过协商和平解决这一旷日持久的领土争端。出席大会的多数成员国表示，支持古巴参加2015年在巴拿马举行的第七届美洲国家首脑会议，但这一提议立即遭到了美国和加拿大的反对。美洲国家组织秘书长因苏尔萨同样表达了对古巴的支持。委内瑞拉、尼加拉瓜、玻利维亚和阿根廷等国表示，如果古巴继续缺席，他们也将拒绝出席这一会议。

北约成员国国防部长会议召开。3日，为期两天的北约成员国国防部长会议在布鲁塞尔北约总部召开，会议聚焦"强化集体防御、提升危机处理、加深伙伴合作"三大主题并达成一些共识。北约秘书长拉斯穆森在会上说，乌克兰危机显示北约面临的安全威胁范围正在不断扩大、更加难以预测。要加强自身的安全，必须作好应付外部危机的准备。会上，各国防长一致认可将加强北约的集体防御，增加波罗的海、黑海和地中海地区的空中和海上巡逻，举行更多的演习和训练。各国防长还同意制订一个新的"北约战备行动计划"，旨在增强北约危机处理能力。根据这一计划，北约快速反应部队将能更迅速地作出反应，北约情报和预警工作将得到加强，北约还将更有针对性地举行演习。此次防长会前一天，北约—俄罗斯理事会举行大使级会议，北约成员国大使和俄罗斯常驻北约代表亚历山大·格鲁什科出席。会议的重点是讨论乌克兰的安全局势。会后格鲁什科声称，北约史无前例在俄边境地带活跃，恐造成局势紧张并破坏现有的安全体系。拉斯穆森表示，多年以来，北约一直致力于提高和进一步发展与俄罗斯的关系，而不是对抗。乌克兰危机以来,"所有北约采取的应对举措是防御性的、温和的、适度的、透明的,并完全符合我们的国际承诺。这些措施不对俄罗斯构成威胁"。18日—19日,北约战略军事伙伴会议在保加利亚首都索非亚召开,会议主题为"共同军事利益:以任务为导向,时刻准备协作"。28个北约成员国、21个加入北约"和平伙伴关系计划"的国家及北约"地中海对话国""环球伙伴关系国"等53个国家的国防参谋长和军事代表出席了此次会议,就如何增强北约及其伙伴国之间的互相协作、加强北约成员国国防能力建设、提升北约内部军事协作能力等议题进行讨论。北约盟军转型司令部司令帕罗梅洛在新闻发布会上表示,集体防御是北约存在的基石,面对任何威胁和风险,所有北约成员国都已作好准备。

巴沙尔蝉联叙利亚总统。3日,叙利亚总统选举境内投票举行。共有3名总统候选人参与本次角逐,其中包括现任总统巴沙尔·阿萨德、议会议员哈贾尔和前政府部长诺里。4日,叙利亚人民议会议长拉哈姆宣布,巴沙尔以88.7%的得票率连任叙利亚总统。拉哈姆说,此次大选境内外有投票资格的选民人数约为1584万,实际投票人数约为1163万,投票率为73.42%。由于反对派多次威胁将暴力干扰投票,叙利亚政府加强了对大选的安保措施。在大马士革,每个投票点都有荷枪实弹的士兵,负责检查选民的随身物品。巴沙尔的批评者以及反对派声称,在这个内战状态下大选完全没有信用可言。美国国务卿克里把这次大选称为是"毫无意义的"。欧盟发表声明说,这个选举结果不能算是"真正的民主投票过程"。朝鲜最高领导人金正恩向叙利亚总统巴沙尔致贺电,祝贺其再次当选叙利亚总统。金正恩称赞此次总统选举是叙利亚人民维护国家主权和安全的一个"重要契机"。本次总统选举投票分境内和境外两阶段进行,境外投票已于5月28日启动。海外投票人数达到20万人,占全部海外选民人数的近八成。叙利亚大选进程开启后,叙利亚境内外反对派和西方国家均表示反对。

七国集团峰会召开。4日—5日,七国集团峰会在比利时首都布鲁塞尔召开,乌克兰问题成为本次峰会重要议题。美国、英国、德国、法国、意大利、加拿大、日本等七国领导人出席会议。这是在俄罗斯被"踢出"之后,七国集团重新聚首举行的第一次峰会。欧洲理事会主席范龙佩说,七国集团和欧盟均为解决乌克兰问题制定了积极的方案,其中既包括通过外交途径缓和局势的议程,也包括为促进乌克兰国内局势稳定而提供的一系列经济、财政和政治支持计划。会后发表声明敦促俄罗斯停止"破坏乌克兰东部稳定"的行动，否则将会面临更严厉的制裁。七国集团还敦促俄罗斯承认乌克兰5月25日的总统大选结果，完成从俄乌边境撤军，并用自己的影响力，促使乌克兰民间武装"放下武器，放弃暴力"。声明说，七国集团将进一步采取措施加强在全球经济领域的合作，当务之急是促进就业和持续增长。发达国家的经济正处于恢复过程中，保持持续增长需要降低失业率，尤其是解决年轻人和长期失业人群的失业问题。在贸易问题上，七国集团重申保持市场开放和打击贸易保护主义的立场，支持产品和服务的贸易自由化等；完全支持世界贸易组织为完成多哈回合谈判所作出的努力，对世界贸易组织第九届部长级会议成果表示欢迎，并将优先快速落实会议达成的"巴厘一揽子协议"，尤其是贸易便利化的相关协议等。

联合国2014年第二轮气候谈判落幕。4日—15日，联合国2014年第二轮气候谈判在德国波恩举行，共有来自182个国家和地区的近1900名代表参加。本轮谈判主要涉及定于2015年通过的气候变化新协议、各方在2020年之后为应对气候变化所作贡献以及2020年之前的行动力度等议题。按照计划，各方应在2014年底利马气候变化大会前审议新协议要素，在2015年5月之前提出谈判案文，使新协议在2015年巴黎气候变化大会上通过，就2020年后应对气候变化的国际合作作出安排。本轮谈判采取更正式的接触组方式，就新协议谈判案文的要素、内容、结构、法律形式等具体问题展开讨论。主要争议点在于，新协议的要素以及各国为应对气候变化所作贡献。发展中国家要求，新协议应包括减缓、适应、资金、技术转让、能力建设以及行动和支持透明度等要素；部分发达国家却把"贡献"等同于减排，极力淡化向发展中国家提供资金支持、技术转让等责任。在资金支持方面，发达国家先前承诺提高对发展中国家的支持，至2020年资金规模将达到每年1000亿美元，但没有确定提高资金支持的详细时间表；设于韩国仁川、旨在为发展中国家应对气候变化筹集资金的绿色气候基金尚未到位。发达国家的减排力度与科学要求及其应承担的历史责任相距甚远，发展中国家对此高度关切，不希望看到任何国家把批准《京都议定书》第二承诺期以及提高减排力度当作讨价还价的筹码，希望发达国家采取切实行动，兑现承诺。在波恩会议上，中国宣布将在2015年初提出目标方案，美国、欧盟也承诺将在2015年3月底前提出目标。由于日本未来的火力发电、核电、可再生能源等电源构成比例尚未确定,无法在本次会议上明确提出制定目标的具体时间,日本受到了"来自美欧的强大压力"。

美欧经济继续呈好转迹象。4日,美国供应管理协会发布的报告显示,5月份美国服务业活动继续加速扩张,并创下2013年9月份以来的新高,显示经济复苏动能在一季度严寒天气之后企稳。6日,美国劳工部公布的数据显示,美国非农部门5月份新增就业岗位21.7万个,失业率维持在6.3%,均略好于市场预期,显示就业市场持续改善。16日,美国联邦储备委员会公布的数据显示,包括工厂、矿业和公共事业企业产出在内的美国工业生产5月份环比上升0.6%。17日,美国劳工部公布的数据显示,受能源、食品等多种消费品价格上升影响,5月份美国消费价格指数环比上升0.4%,升幅大于前一个月的0.3%,部分缓解了美联储对持续低通胀的担忧。18日,美联储宣布,从7月起将月度资产购买规模从450亿美元削减至350亿美元,并承诺继续保持货币政策宽松。同时,美联储将2014年美国经济增长预期从此前的2.8%—3.0%下调为2.1%—2.3%。国际货币基金组织表示,受2013年底至2014年初严寒天气等因素影响,将2014年美国经济的增长预期从2.8%下调至2%。25日,美国商务部公布的第一季度国内生产总值第三次估计值数据显示,美国当季国内生产总值年率环比下降2.9%,创5年来最大跌幅。3日,欧盟统计局公布的数据显示,4月份欧元区失业率为11.7%,略低于3月份的11.8%。4日,欧盟统计局公布的修正后数据显示,经季节调整,第一季度欧元区国内生产总值环比增长0.2%,同比增长0.9%。数据同时显示,欧盟28国一季度国内生产总值环比增长0.3%,同比增长1.4%,与首次估算数据持平。5日,欧洲央行举行议息会议后宣布,下调欧元区主导再融资利率10个基点至0.15%,下调隔夜存款利率10个基点至-0.1%,同时下调隔夜贷款利率35个基点至0.4%。这意味着欧元区将首次步入负利率时代。12日,欧盟统计局发布的数据显示,4月份欧元区工业生产环比上涨0.8%,而3月份环比下跌0.4%。同期,欧盟工业生产环比上涨0.7%,而3月份环比下跌0.3%。20日,欧盟财长会后发表的一份欧盟理事会公报显示,奥地利、比利时、捷克、丹麦、荷兰和斯洛伐克由于政府财政状况改善,可结束"过渡财政赤字程序"。上述六国已经满足了赤字可控的两大条件:一是2013年政府财政赤字占国内生产总值的比重低于3%;二是预计2014年和2015年赤字比重均不超过3%。24日,日本内阁府正式公布了新版经济成长战略的主要内容，包括在未来数年将法人税由目前的35%下降至20%，改革劳动时间制度，鼓励政府退休金投资基金采取更激进的投资组合管理策略，修改外国人技能实习制度吸引外国劳工等。成长战略是"安倍经济学"的"第三支箭"。前"两支箭"分别是超宽松货币政策和积极的财政政策。

习近平出席中阿合作论坛第六届部长级会议、和平共处五项原则发表60周年纪念大会。5日，中国—阿拉伯国家合作论坛第六届部长级会议在中国北京人民大会堂举行，会议主线是"建设现代丝绸之路，促进中阿共同发展"。中国国家主席习近平出席会议并发表题为《弘扬丝路精神，深化中阿合作》的重要讲话。习近平表示，通过古老的丝绸之路，中阿人民的祖先走在了古代世界各民族友好交往的前列。当前，中阿都面临实现民族振兴的共同使命和挑战。希望双方弘扬丝绸之路精神，以共建丝绸之路经济带和21世纪海上丝绸之路为新机遇新起点，不断深化全面合作、共同发展的中阿战略合作关系。习近平在讲话中指出，中阿共建"一带一路"，既要登高望远、也要脚踏实地。要做好顶层设计，规划好方向和目标，构建"1+2+3"合作格局，即以能源合作为主轴，以基础设施建设、贸易和投资便利化为两翼，以核能、航天卫星、新能源三大高新领域为新的突破口。会议通过了《北京宣言》《2014年至2016年行动执行计划》《2014年至2024年发展规划》三个重要文件。28日，和平共处五项原则发表60周年纪念大会在人民大会堂隆重举行。国家主席习近平、国务院总理李克强、全国人大常委会委员长张德江、全国政协主席俞正声与缅甸总统吴登盛、印度副总统安萨里等出席。李克强主持大会。习近平发表题为《弘扬和平共处五项原则建设合作共赢美好世界》的主旨讲话，深刻阐述和平共处五项原则的历史性贡献和重大现实意义，强调中国将继续作弘扬和平共处五项原则的表率，同国际社会一道，推动建设新型国际关系和持久和平、共同繁荣的和谐世界。习近平提出：第一，坚持主权平等。第二，坚持共同安全。第三，坚持共同发展。第四，坚持合作共赢。第五，坚持包容互鉴。第六，坚持公平正义。

法国举行诺曼底登陆70周年纪念活动。6日，诺曼底登陆70周年国际纪念仪式在法国诺曼底乌伊斯特勒昂镇举行，包括美、英、法、德、俄等20个国家元首、政府首脑和1800多名二战老兵应邀出席。法国总统奥朗德发表讲话，哀悼包括德国人民在内的纳粹主义受害者，向盟军为解放欧洲所做的牺牲致敬，并高度赞扬苏联红军所发挥的作用。同日，中国外交部发言人表示：

作为二战中亚洲战场加害方和战败国的日本，其领导人至今还企图为侵略历史翻案，在历史问题上大开倒车，挑战二战胜利成果和战后国际秩序，遭到国际社会广泛谴责。我们再次敦促日本领导人正视和深刻反省侵略历史，以实际行动改正错误，取信于亚洲邻国和国际社会。当日，美国总统奥巴马在诺曼底与俄罗斯总统普京短暂会谈15分钟。奥巴马要求普京承认乌克兰总统大选结果，并且与基辅新政府合作，降低乌克兰紧张局势。这是俄罗斯接纳克里米亚半岛、奥巴马与西方国家对俄实施经济制裁之后，奥巴马与普京首度面对面谈话。美国白宫对此次会谈低调处理，称"这是个非正式谈话，不是正式双边会谈"。德国总理默克尔在法国多维尔会见了普京，双方就乌克兰局势展开会谈。默克尔向普京表示，在乌克兰总统大选结果被国际认可之后，目前要做的是争取时间稳定该国局势，尤其是在东乌克兰地区，为此俄必须承担起应负的责任。在围绕乌克兰危机的谈话中，双方意见分歧严重，但没有放弃寻求妥协。之前一天，普京与英国首相卡梅伦在巴黎戴高乐机场举行会晤。两人开始谈话前"未照传统握手"。在会谈中，普京与卡梅伦讨论了如何调解乌克兰局势的问题，以及恢复俄英对话的可能性。会谈讨论了各种多项双边关系议题。会谈结束后，两人"在镜头外"相互握手。

巴基斯坦反恐安全政策作出重大调整。6日，巴基斯坦国民议会在伊斯兰堡通过了2014年反恐怖主义法修正案。新修正案规定，执法部门有权打击境内恐怖主义和恐怖分子，以及与恐怖主义相关的洗钱等不法行为。新修正案要求安全部队在对嫌疑人开枪之前要获得相关许可。此前，由反对党控制的参议院已于5日有条件地批准了该项法案的早期版本，以确保政府能够将他们的修改意见和建议在年度预算会议结束后纳入正式法案。8日，10名武装分子袭击了卡拉奇真纳国际机场。经过巴基斯坦军方、机场安全部队和警方5小时的联合行动，武装分子被全部击毙，另有19人在此次事件中死亡。巴基斯坦塔利班宣称实施了这一袭击，以报复2013年11月美军无人机炸死该组织前首领哈基穆拉·马哈苏德。15日—23日，巴基斯坦军方针对藏匿在西北部北瓦济里斯坦地区的本土和外国武装分子发起全面军事行动，有270余名武装分子在行动中被打死，其中包括"东突厥斯坦伊斯兰运动"（东伊运）恐怖分子。24日，巴基斯坦军方表示，巴军方继续在西北部部落地区展开空袭行动，共打死47名武装分子。

印度新政着眼经济走出"低谷"。9日，印度总统慕克吉在印度议会两院联席会议上公布了印度新政府的执政纲领,基本上涵盖了印度人民党竞选纲领的所有内容,而其中复苏经济成为核心内容。这份新的执政纲领涉及经济、基础设施、能源、农业、国防、外交等十余个领域。新政府提出,遏制通货膨胀是政府工作的重中之重,为此政府将着重提高农产品的供应;同时,新政府还承诺创造透明、公平、可预期的政策环境,简化税制,改善经商环境;新政府还将发展劳动密集型的制造业,创造就业机会,创立世界级的投资和工业区,建设运输及工业走廊,将印度打造成具有竞争力的制造业中心;印度新政府还提出,要建造一套钻石四边形的高速铁路网。新纲领的目标是,2022年印度独立75周年之时,每户家庭都拥有自己的住房,能通上水、电,有厕所等。

日澳就共同研发"防卫装备"协议达成一致。11日,日本与澳大利亚外长和防长参加的第五次"2+2"会谈在东京举行。双方签署共同文件,宣布在缔结"防卫装备"研发及技术转让协议问题上达成"实质性"一致。共同文件称,两国将在日本提供的潜艇技术基础上,于2015年启动在船舶流体力学上的共同研究,这是日澳之间第一个"防卫装备"联合开发案。共同文件还说,双方决定向日澳两国首脑提议,加强两国联合军事训练,制定强化太平洋地区协作战略,将安保防卫领域合作提升到新阶段。双方决定于2014年下半年在澳大利亚举办首次应对网络攻击协商会议。

"伊斯兰国"极端组织出现。12日,伊拉克反政府武装"伊拉克和黎凡特伊斯兰国"逼近伊拉克首都巴格达。此前该组织已攻城略地,占领了伊拉克北部大片地区,包括尼尼微省首府、伊拉克第二大城市摩苏尔和萨拉赫丁省首府提克里特等重要城市。14日,美国国防部部长哈格尔下令"布什号"航空母舰由北阿拉伯海驶入波斯湾海峡,以随时应对日益紧张的伊拉克国内局势。16日—17日,伊拉克安全部队在伊东部迪亚拉省击毙28名反政府武装分子。17日,离巴格达60公里的拜阿古贝市,反政府武装冲击市中心的警察局,打死44人。同日,伊拉克总理马利基对军方高层进行重要调整,解除了多名对重要城镇失守有责任的安全部队指挥官职务。根据马利基的调整方案,4名涉嫌弃守摩苏尔的将军遭解职,其中包括尼尼微省安全部队指挥官。除解职措施外,马利基还要求其中一名将领接受军事法庭审判。18日,美国参谋长联席会议主席邓普西证实,伊拉克政府正式请求美国对伊境内的反政府武装实施空袭。22日,伊西部安巴尔省哈迪塞、赖瓦和阿纳三座重要城镇被反政府武装占领。23 日,美国国务卿克里突访巴格达,会见了马利基以及逊尼派和库尔德领导人,敦促伊拉克尽快解决教派纷争,并成立一个新的包容性政府。与此同时,一支由大约 300 名美国特殊部队人员组成的军事顾问团陆续抵达巴格达,开始执行奥巴马政府支持伊安全部队抵抗反政府武装的紧急任务。24 日,安巴尔省被反政府武装控制的加伊姆市和鲁特拜市遭到不明飞机轰炸,造成至少 69 人死亡、144 人受伤。25 日,马利基呼吁按照宪法规定的路线图推进伊拉克政治进程,驳斥了反对派人士提出的现政府辞职并组建"救国政府"的提议。27 日,美国国防部发言人证实,美军开始出动多架装备武器的无人机飞越伊拉克领空,负责即时搜集情报,协助伊政府军队抵抗反政府武装力量的进攻。29 日,"伊拉克和黎凡特伊斯兰国"宣布建立"哈里发国家",并将组织名称改为"伊斯兰国",其头目阿布·巴克尔·巴格达迪自封为最高领袖"哈里发"。"伊拉克和黎凡特伊斯兰国"由"基地"组织伊拉克分支和叙利亚反政府武装"救国阵线"于 2013 年 4 月 9 日合并而成。该组织的目标是推翻伊拉克和叙利亚的现政权,在伊拉克连接地中海的区域建立一个由逊尼派穆斯林控制的政教合一的宗教国家,进而控制整个阿拉伯世界。

美国副总统拜登访问拉美四国。13 日,包括美国副总统拜登等在内的 21 位国家首脑和世界政要出席在巴西圣保罗举行的世界杯足球赛开幕式。16 日,拜登在巴西东北部城市纳塔尔观看美国队与加纳队的世界杯小组赛。17 日,巴西总统罗塞夫在巴西利亚总统府会见拜登,并就如何改善受到损害的两国关系举行了简短的会谈。拜登在美国大使馆对媒体表示,双方进行了"极为坦率的对话",并愿意为"网络安全环境"共同努力。他说,他还向罗塞夫具体介绍了监控事件曝光后,美国总统奥巴马所采取的一系列措施。2013 年年中,美国国安局对巴西实施监控曝光后,巴西政府反响强烈并要求美国道歉。罗塞夫总统在联大会议发言时,强烈谴责了美国的这种行径,并且取消了她原定对美国的国事访问。访问巴西期间,拜登还会晤巴西副总统米歇尔·特梅尔,讨论两国在能源、经济、科技领域的合作,以及区域和全球政治。拜登随后访问了哥伦比亚、多米尼加共和国和危地马拉,会晤中美洲国家领导人,宣布援助计划。

阿富汗举行第二轮总统选举。14 日,阿富汗举行了总统选举第二轮投票。阿富汗独立选举委员会主席努里斯塔尼在新闻发布会上说,阿富汗总统选举第二轮投票人数超过 700 万人，高于首轮投票参与人数。参与总统选举第二轮投票的女性选民比例超过了 38%。此外，虽然由于安全原因，小部分投票点被迫关闭，但投票站总数与首轮投票时持平。19 日，阿富汗总统候选人阿卜杜拉称，由于他所提出的大规模舞弊行为未能阻止计票持续进行，他将拒绝接受计票结果。25 日，联合国安理会就阿富汗局势进行讨论后发表主席声明，呼吁阿富汗选举机构确保选举进程的诚信、中立和透明，发现和预防舞弊行为。27 日，阿卜杜拉率数千名支持者，在阿富汗首都喀布尔示威，抗议选举舞弊。他表示，14 日的总统选举第二轮投票存在严重舞弊行为，不会接受计票结果。这是阿富汗总统选举传出存在严重舞弊后爆发的规模最大的示威活动，也是阿卜杜拉首次参与示威。选举初步结果将于 7 月 2 日公布，最终结果将于 7 月 22 日揭晓。

肯尼亚滨海地区连发多起袭击事件。15 日，肯尼亚滨海拉穆地区姆佩卡托尼镇发生武装袭击事件，造成至少 48 人死亡。16 日，姆佩卡托尼镇再次遇袭，造成至少 15 人死亡，袭击地点距前一天袭击事件发生地仅数公里。索马里最大的反政府组织"伊斯兰青年运动"（又称"青年党"），宣布实施了这两起袭击事件，并称肯尼亚已是"战区"，威胁将发动更多袭击。17 日，肯尼亚总统肯雅塔对全国发表电视讲话，指责拉穆地区发生的袭击是经过精心策划的，有政治动机，是针对种族的暴力行为。他说，因此这不是一次"青年党"的袭击，证据显示，当地的政治组织卷入了此次袭击的策划与执行。但是肯雅塔没有明确指出哪些政治组织要为袭击负责。24 日，肯尼亚滨海地区发生一起袭击事件，一个村庄遭到攻击，其中 5 人被杀害。26 日，警方称，他们怀疑该区官员与当地发生的 3 起袭击有关，已经据此将其逮捕。被捕官员系肯尼亚反对党——改革和民主联盟党成员。

李克强访问英国、希腊。16 日，应英国首相卡梅伦邀请，中国国务院总理李克强对英国进行正式访问。17 日，李克强同卡梅伦举行中英总理年度会晤。双方一致同意以中英建立全面战略伙伴关系 10 周年为契机，推动中英两国关系再上新台阶。李克强表示，中英都是具有重要影响力的国家，两国关系走过不平凡的历程，各领域交流与合作成果丰硕。在世界多极化、经济全球化深入发展的今天，时代赋予中英关系更加丰富的内涵、更加广阔的舞台，两国关系的互惠性、战略性和全球性更加突出。双方要在相互尊重、平等相待的基础上，照顾彼此重大利益关切，不断巩固两国关系的政治基础，推动中英共同增长、包容发展，使两国关系加速前行。会晤后，双方发表了联合声明。两国领导人还共同见证了双边金融、科技、教育、能源、基础设施建设等领域合作文件的签署。同日，李克强与卡梅伦共同举行中英全球经济圆桌会。国际货币基金组织总裁拉加德、世界银行行长金墉、经济合作与发展组织秘书长古里亚和英国财政大臣奥斯本及金融稳定基金会主席、英格兰银行行长卡尼等出席。会议就全球经济问题进行探讨交流。李克强还出席中英工商界欢迎晚宴并致辞。当日，李克强在温莎宫会见英国女王伊丽莎白二世，双方进行了亲切友好地交谈。18日，李克强在伦敦金融城市长官邸面向英国皇家国际问题研究所和国际战略研究所两大智库发表题为《共建包容发展的美好世界》的演讲。李克强指出，发达国家和发展中国家是推动世界经济发展的"双引擎"。实现发达国家与发展中国家互利共赢的包容发展，应成为世界各国重建金融危机后全球经济秩序的共同任务和责任。同日，李克强在伦敦出席中英金融论坛并致辞。当日，李克强在伦敦分别会见了英国工党领袖埃德·米利班德和英国议会上院议长德苏扎女男爵。19日，李克强应希腊总理萨马拉斯邀请访问希腊。同日，李克强在雅典同萨马拉斯举行会谈，双方就进一步推进中希关系发展，拓展务实合作深入交换意见，达成广泛共识。李克强赞赏希腊作为欧盟轮值主席国为推动中欧关系发展作出的积极努力。他表示，中国一贯支持欧洲一体化进程。希望希腊继续发挥独特作用，推动中欧投资协定谈判，共同反对贸易和投资保护主义，实现中欧合作互利双赢。会谈后，两国签署了文化、经贸、投资、海洋、防灾、基础设施建设等领域合作文件。李克强在会见记者时指出，中国和希腊作为东西方两大文明古国，都有光辉灿烂的历史文化，对人类文明作出了特殊贡献。两国人民的传统友好情谊历经考验不断深化。在利比亚危机发生后，希腊为中国侨民借道归国提供了宝贵帮助；在希腊遭受主权债务危机冲击时，中国始终坚信希腊有能力克服暂时困难，并提供了力所能及的帮助。中方是希腊国债长期和负责任的投资者。中希关系的发展是互利双赢的。20日，李克强与萨马拉斯共同出席中希海洋合作论坛并发表演讲。访问希腊期间，李克强会见了希腊总统帕普利亚斯、希腊议长米马拉基斯等。

伊朗核问题举行第五轮谈判。16日，伊朗与伊朗核问题六国美、英、法、俄、中、德在维也纳展开第五轮伊朗核谈判，本轮谈判持续至20日，力争在7月20日前达成一个最终解决方案。18日，伊朗外交部长扎里夫表示，谈判各方正起草伊朗核问题"共同行动计划",但分歧依然存在。同日,中国代表、外交部军控司司长王群对媒体说,全面协议的谈判涉及方方面面的问题,但最核心的两个焦点问题,一是对伊朗核计划该如何限制,二是对伊制裁该怎么解除。

俄首艘885型"白蜡树"级核潜艇正式列装。17日,俄罗斯首艘885型"白蜡树"级多功能核潜艇"北德文斯克"号正式列装俄罗斯海军。潜艇接收仪式在俄北部港口城市北德文斯克举行。"北德文斯克"号属于俄第四代核潜艇,配备最新通信和定位系统,装备了射程超过2500千米、可携带核弹头或常规弹头的超音速巡航导弹,主要用于威慑航空母舰。"白蜡树"级多功能攻击核潜艇可对舰船、潜艇及岸上目标进行打击。"北德文斯克"号潜艇长120米,宽13.5米,高9.4米,船体排水量为9500吨,下潜深度600米,水面最大航速为16节,水下最大航速为31节,人员编制为85人。它于1993年开始设计,受资金短缺及舱体建造等客观条件影响,直至2010年6月才完工下水,2011年10月完成首次试航,2012年接受国家验收,2014年1月通过海军测试。

美国总统奥巴马宣布在太平洋设大保护区。18日,美国总统奥巴马宣布扩大美国在太平洋中部的保护范围,形成世界最大的海洋保护区,把美国的"太平洋偏远岛屿海洋国家保护区"的面积从8.7万平方海里扩大到大约78.2万平方海里。新扩大的区域跟美国控制的岛屿和环礁相邻,包括从这些岛屿向外延伸的200海里水域。这些岛屿位于北太平洋的夏威夷群岛到南太平洋的美属萨摩亚之间,按此计划,美国将禁止在保护区进行捕鱼、能源勘探和其他活动。白宫发表声明说,该计划将在2014年晚些时候生效,届时将开辟一个广袤的海洋生物保护区,保护更多海洋领地。

太平洋岛国发展论坛第二届峰会召开。19日,为期两天的太平洋岛国发展论坛第二届峰会在斐济城镇楠迪开幕,来自斐济、瑙鲁、汤加、瓦努阿图等10多个太平洋岛国的首脑、高官以及私营领域、社会团体代表,共计400余人与会。这次峰会以"太平洋经济绿色增长:构建可持续未来和真正伙伴关系"为主题,会议致力于达到五大目标:一是就如何制定绿色经济增长政策向决策者提供指导;二是就创造绿色经济增长条件分享经验;三是介绍绿色经济增长的成功案例;四是探讨区域和国际合作如何向绿色经济增长方式转型;五是就全球在2015年后发展议程方面取得的进展提供最新信息。峰会特邀主宾印度尼西亚总统苏西洛作主旨发言时说，鉴于今天的世界正面临来自气候变化的巨大威胁，人们需要绿色经济。为建立绿色经济体系，需要健全的政策、对科技和本土知识的恰当选择，以及坚持满足需求而非贪欲。他表示，印尼愿同太平洋岛国发展论坛加强合作，扩大同论坛成员的经济联系。斐济总理姆拜尼马拉马致辞说，全球变暖导致海平面上升，正威胁着基里巴斯、图瓦卢、马绍尔群岛等太平洋岛国的生存。他认为，国际社会解决气候变化危机的意愿正在减退，希望太平洋岛国发展论坛为这些国家提供负担得起、可行且符合实际的经济发展模式。中国—太平洋岛国论坛对话会特使杜起文应邀出席峰会。太平洋岛国发展论坛是一个开放性的区域合作组织，其秘书处设在斐济首都苏瓦。2013年8月，论坛首届峰会在斐济楠迪举行。

第九届太平洋联盟首脑峰会举行。 20日，第九届太平洋联盟首脑峰会在墨西哥西部港口城市米塔角举行，墨西哥总统培尼亚、智利总统巴切莱特、哥伦比亚总统桑托斯和秘鲁总统乌马拉出席峰会，并签署了《米塔角联合宣言》。宣言承诺，将继续推动联盟各国间的商品、服务、资本和人员的自由流通，推进一体化进程。该组织还首度表示，将加强同南方共同市场的对话。太平洋联盟于2012年6月正式成立，是拉美地区一个新兴经济组织，成员国包括智利、墨西哥、秘鲁和哥伦比亚。目前，太平洋联盟一共拥有32个观察员国，中国于2013年9月成为观察员国。该联盟国内生产总值占拉美地区总量的37%，吸引了拉美地区46%的外国直接投资，其贸易总额占拉美地区50%。

首届联合国环境大会举行。 23日—27日，首届联合国环境大会在肯尼亚首都内罗毕举行。本次会议的主题是"可持续发展目标和2015年后发展议程，包括可持续消费和生产"，旨在商讨和确定一系列目标和指标，推动联合国千年发展目标的成功实现。中国环境保护部部长周生贤出席大会。28日，联合国环境规划署发布公告说，首届联合国环境大会达成16项决议，其中关注空气质量和打击野生动植物非法交易成为重点。根据世界卫生组织的报告，空气污染造成每年大约700万人死亡。空气质量因此成为大会重点议题之一。联合国副秘书长、联合国环境规划署执行主任阿希姆·施泰纳说，恶劣的空气质量已对人类发展形成挑战。参会代表一致同意，要积极鼓励各国政府为相关行业制定标准和政策，减少污染物排放，控制空气污染给健康、经济和可持续发展带来的负面影响。联合国环境规划署表示，将协助各国政府在控制空气污染方面进行能力建设，并提供相关数据和分析报告，供各国政府参考。大会还通过决议，敦促各国政府履行打击野生动植物非法交易的承诺，如在供应、中转运输和需求等环节采取必要行动。公告说，该决议体现了联合国对野生动植物非法交易"零容忍"的态度。联合国环境规划署将从三个方面推进相关工作，即加强研究野生动植物非法交易的影响、提高公共意识、支持各国政府制定相应法律。决议还包括应对海洋污染、化学制品管理和垃圾处理方面的内容，同时还敦促成员国加快落实2012年联合国可持续发展大会（"里约峰会"）取得的成果。施泰纳发表声明说，本届大会达成的决议有助于未来国际环保议程设置，有助于决定在环保和可持续发展的关键事务上各国该如何合作行动。他说，联合国环境大会已成为一个制定政策的平台，使环境问题成为可持续发展的重点。根据2012年联合国可持续发展大会的呼吁，联合国大会于2013年通过决议，把有58个成员国参与的联合国环境规划署理事会升级成普遍会员制的联合国环境大会，使联合国193个成员国共同在部长级层面商讨全球环境和可持续发展议题并作出决策。

南非铂金矿大罢工结束。23日，南非矿工和建筑工人联合会接受了铂金生产商开出的加薪条件，结束了整整为期5个月的大罢工。铂金行业排名世界前三的英美铂业、英帕拉铂金公司和隆明公司最终接受了工人加薪的部分要求，而工人也以5个月没有收入的代价"惨胜"。在过去的5个月中，南非的矿产出口受到很大影响，三大铂金生产商亏损240亿兰特（约合23亿美元），全球的铂金生产也锐减40%。南非有全球近80%的探明铂金储量，其铂金产量约占全球总量的40%。1月23日起，因劳资纠纷，南非三大铂金矿业企业工人开始罢工。

日本执政两党就修改宪法解释达成一致。24日，日本执政党自民党和公明党举行执政联盟安保政策第九次会议。执政两党就解禁集体自卫权达成基本共识。27日，安倍政府提交了解禁集体自卫权的内阁决议案最终版本，并计划于7月1日的内阁会议上正式通过。这份内阁决议案推翻了日本历届内阁遵守的"自卫权发动三条件"，出台了新的"武力行使三条件"——除了日本遭到武力侵犯外，还规定：当与日本关系密切的国家遭到武力攻击、从根本上对日本国民的生命和权利形成明确危险的情况下，允许日本行使"必要最小限度"的武力。同日，约600名日本民众举着"反对战争""反对解禁集体自卫权"的牌子,聚集在首相官邸前反对安倍内阁试图解禁集体自卫权。30日,约1万名日本东京民众在首相官邸前举行示威,抗议安倍试图修改宪法解释以解禁集体自卫权。

菲律宾总统阿基诺访日。24日,菲律宾总统阿基诺三世对日本展开了为期一天的工作访问。阿基诺表态称,支持日本解禁集体自卫权,以使日本在必要时出手援助区域内的盟友。他相信日本首相安倍晋三扩大日本军事作用的努力将有益地区稳定。阿基诺在东京与安倍晋三举行峰会之后联合召开的记者会上一致强调"法治的重要性",联合呼吁"依法"解决区域纠纷和主权争议。阿基诺说,此次日菲首脑会谈的主要议题是"通过强化法治来应对维护区域安全的挑战,保护我们(菲律宾和日本)在全球和区域内的共同利益"。安倍表示,将通过提供官方发展援助的方式,向菲律宾提供10艘海上巡逻艇。

非盟首脑会议召开。26日,为期两天的第二十三届非洲联盟首脑会议在赤道几内亚首都马拉博举行。本届会议主题是"农业和粮食安全"。来自非盟50多个成员国的国家元首和代表就非洲农业改革、粮食安全、地区安全局势、非洲"2063年愿景"等议题展开讨论。与会代表一致同意重新制定非洲农业转型战略,促进非洲大陆发展。非盟委员会主席祖马在发言中呼吁非洲国家建立现代农业体系,创新农业科技,发展农产品加工业。他说,现代化农业和农业科技的利用不仅可以提高农业生产率,也能提高农业抵御气候变化的能力。祖马表示,和平与稳定是非洲可持续发展的支撑。最近出现的一系列冲突和恐怖主义扭转了部分非洲国家的社会经济发展进程。他督促国际合作伙伴帮助非洲应对新安全威胁,建议非洲成立一支快速反应部队以加强应对新安全挑战。坦桑尼亚总统基奎特说,气候变化给非洲农业每年造成的损失高达3亿美元。基奎特表示,发达国家应在提供应对气候变化的资金方面承担更大责任。联合国秘书长潘基文在会上致辞说,非洲绝大部分地区近年来社会稳定、经济不断发展,在实现千年发展目标方面取得了巨大进步,在非洲实现"2063年愿景"的过程中,联合国愿与非盟共同推进非洲和平事业与可持续发展,携手建立一个统一、繁荣、和平的非洲。中国国家主席习近平致电,对会议的召开向非洲国家和人民表示祝贺。习近平在贺电中高度评价非洲联盟及其前身非洲统一组织为加强非洲国家团结合作、促进非洲经济振兴发展、维护地区和平稳定作出的重大贡献。习近平表示,中方坚定支持非洲联合自强和一体化进程,真心希望看到一个团结的非洲、强大的非盟,衷心祝愿非洲国家和人民在和平与发展的道路上不断取得新成就,非洲复兴的伟大梦想早日实现。习近平强调,中非友好合作事关23亿人口的福祉,也有利于促进发展中国家团结合作。无论国际形势如何变化,中国将永远做非洲的可靠朋友和真诚伙伴。当前,中非合作面临前所未有的机遇。中方将秉承真、实、亲、诚理念,弘扬传统友好,加强同非洲国家和非盟的合作,推动中非新型战略伙伴关系再上新台阶。

欧盟峰会举行。27日,欧盟夏季峰会在布鲁塞尔举行,通过投票产生欧洲人民党候选人让-克洛德·容克出任下一届欧盟委员会主席。在欧盟28个成员国首脑中,只有匈牙利总理欧尔班和英国首相卡梅伦投了容克的反对票。现任欧盟委员会主席巴罗佐的任期将于2014年下半年到期。欧洲议会将于7月中旬就容克的提名进行投票。同日,在欧盟峰会上,正式授权欧盟与乌克兰签署联系国协定的经济贸易部分,之前双方已于2014年3月签署了联系国协定的政治部分。现年59岁的容克曾任卢森堡首相,并被视为欧元的设计师之一。2014年5月,容克领导的欧洲人民党在欧洲议会选举中获胜,使他成为下届欧盟委员会主席的热门人选。欧盟委员会是欧盟常设执行机构,每5年在欧洲议会选举结束后的6个月内换届,欧盟委员会主席则是欧盟机构中权力最大的职位。过去,欧盟委员会主席人选由欧洲理事会和成员国政府首脑闭门决定,然后征得欧洲议会同意即可。但2009年12月1日生效的《里斯本条约》规定,任命欧盟委员会主席时应当考虑欧洲议会选举结果。这就为该职位的遴选增加了新的变量。2014年欧盟委员会主席换届,首次应用了这一规则。

泰国军方宣布7月实施临时宪法。27日,泰国陆军司令、"全国维持和平秩序委员会"主席巴育发表电视讲话说,该委员会已完成临时宪法的起草工作,计划7月份宣布实施。巴育说,维和委员会从5月22日开始已经工作了37天。在解决一系列问题的同时,委员会也一直在按此前公布的改革路线图进行各项改革准备工作。目前临时宪法的起草工作已基本完成,接下来只需用短暂的时间进行核查和补充,相信7月份即可宣布实施。巴育还公布了一系列时间表。他说,临时宪法开始实施约1个月后即可组建立法议会及过渡内阁,二者都将在9月份开始工作。随后将邀请全国各地、各组织有经验的人士组成国家改革委员会,并从10月初开始着手开展改革工作,改革的范围包括政治、经济、社会、环境、能源等。巴育说,改革将在 300 天内完成。改革过程中遇到的问题和总结的经验将为永久宪法的起草提供建议,预计 2015 年 7 月永久宪法将起草完成。等到永久宪法宣布实施,也就代表泰国恢复民主体制。随后临时政府需要用 3 个月的时间组织大选,而到 2015 年年底,一个完全通过民选产生的政府就可组建完成。巴育在讲话中希望民众保持耐心,配合维和委员会的工作。

7月

习近平访问韩国
习近平出席金砖国家领导人第六次峰会并访问拉美四国
金砖国家领导人举行第六次峰会
中美举行第六轮战略与经济对话和第五轮人文交流高层磋商
西非国家联手应对埃博拉病毒
朝鲜决定参加仁川亚运会

日本政府正式通过解禁集体自卫权的内阁决议。1日,日本政府召开临时内阁会议,正式通过修改宪法解释以解禁集体自卫权的内阁决议案。决议认为,在与日本关系密切的国家遭到武力攻击时,日本可行使武力。决议通过后,日本最大在野党民主党党代表海江田万里发表声明称,对无视立宪主义强硬通过的内阁决议,民主党表示坚决反对。自民党内部也出现强烈反对意见。同日,"日本记者会议"组织、"阻止战争千人委员会"均发表声明谴责政府的决定颠覆了日本和平宪法。同日,日本民众继续在首相官邸前举行示威抗议活动。同日,中国外交部发言人洪磊表示,日本执政当局一方面在历史问题上频造事端;一方面在军事安全领域采取前所未有的举措,使日本军事安全政策出现重大变化。人们不禁质疑日本是否要改变战后长期坚持的和平发展道路。中方敦促日方切实尊重亚洲邻国的正当安全关切,慎重处理有关问题,不得损害中国的主权和安全利益,不要损害地区和平稳定。2日,日本内阁官房副长官加藤胜信在记者会上称,国家安全保障局成立了由30人组成的工作小组,负责修改《自卫队法》和《联合国维和行动协力法》等,力争在秋季临时国会上审议。6日,日本民主党、共产党、生活党、社民党在电视中明确表示,反对修改宪法解释以解禁集体自卫权的内阁会议决定。9日,日本前防卫大臣森本敏在接受采访时称,只有在韩国或美国受到他国攻击并向日求援时,日才会行使集体自卫权。日本绝不会通过行使集体自卫权侵略他国。11日,韩国国会外交统一委员会通过决议案,谴责日本政府修改宪法解释解禁集体自卫权。20日,日本生活党党首小泽一郎称,安倍政府通过修改宪法解释解禁集体自卫权是倒行逆施,不应任由安倍政府随意操纵政治。在野党应联合起来,在下届众院选举中实现政权更迭。31日,美国副总统拜登与安倍通话,对日本解禁集体自卫权表示欢迎,称这项"新政策"将强化美日同盟,使日本能为地区和世界和平与安全作出更大贡献。双方还就美日在朝核等问题上继续合作达成共识。

美韩日举行首次总参谋长会议。1日，美韩日三国总参谋长以环太平洋军事演习为契机，在夏威夷举行会议。韩国联合参谋本部议长崔润喜、美军参谋长联席会议主席马丁·邓普西、日本防卫省统合幕僚长岩崎茂在会后发表联合新闻稿称，三方就朝核与导弹威胁等区域安全环境的变化进行了讨论，并就如何增进区域和平稳定交换了意见。三方还商讨了由三国海上战斗力参与的非军事性演习和继续实施定期举行搜救演习的方案。2日，韩国联合参谋本部的官员表示，朝鲜的核与导弹威胁逐步升级，三国有必要在监视朝方动向方面交流信息，为增强威慑力共同努力。

日本决定解除部分对朝鲜制裁。1日，日本外务省亚大局局长伊原纯一与朝鲜朝日邦交正常化谈判大使宋日昊在北京朝鲜驻中国大使馆举行局长级磋商。朝方向日方通报了重新调查被绑架者情况的特别调查委员会成员名单，日方就研究解除部分单独对朝经济制裁的内容进行说明。2日，日本首相安倍晋三听取了日朝绑架问题磋商情况汇报。4日，日本政府在内阁会议上正式决定解除部分对朝鲜的单边经济制裁，允许进行有限的两国间人员和物资往来。日本全面禁止对朝进出口的措施没有变化。同日，朝鲜政府成立"特别调查委员会"，启动对所有被绑架日本人的全面调查。该委员会被授权可调查一切机构。朝鲜国防委员会负责安全事务的参赞兼国家安全保卫部副部长徐大河担任该委员会的委员长，其核心成员由国防委员会干部担任，下设4个小组，并直接对朝鲜最高领导人金正恩负责。28日，日本绑架问题担当相古屋圭司与鸟取县知事举行会晤，就在朝鲜的日本绑架被害者如何回国及回国后的生活问题展开探讨，正式确定了最新的生活支援措施，并准备在2015年度预算的概算要求中加以反映。30日，在日本朝鲜人总联合会西东京本部委员长高德羽访问了朝鲜。这是日本解除部分对朝制裁后，该机构领导人首次访朝。

伊拉克国民议会选出新议长和新总统。1日，伊拉克新一届国民议会召开首次会议，但未能就新议长人选达成一致。大会主持人宣布，会议定于8日继续举行。4日，伊拉克上届国民议会议长乌萨马·努杰菲宣布退出新议长一职角逐，以此逼迫总理努里·马利基放弃谋求连任。7日，联合国伊拉克支助团负责人姆拉登诺夫呼吁伊拉克政治领导人在宪法规定的限期内，尽快完成对新议长候选人的提名，并达成一致。8日，原定开会的伊拉克国民议会因议员们无法就议长人选达致协议而被迫延期。13日，伊拉克国民议会召开第二次会议，仍未能就新议长人选达成一致。会议延迟至15日继续举行。15日，伊拉克国民议会选举。温和的伊斯兰逊尼派人士萨利姆·贾布里担任新议长，两位副议长分别为什叶派人士和库尔德人。22日，伊拉克国民议会议长称，截至当日，有超过100人报名参选伊拉克总统。23日，伊拉克国民议会召开第四次会议，但未能按计划进行总统选举。24日，伊拉克国民议会选举库尔德人政治家、议员福阿德·马苏姆担任新一届总统。现年76岁的马苏姆，出自伊拉克库尔德自治区两大执政党之一的库尔德斯坦爱国联盟，是伊拉克著名政治家。同日，正在巴格达访问的联合国秘书长潘基文在与马利基会谈后的记者会上表示，新成立的伊拉克政府必须能够处理全国各族群关心的问题，包括安全、政治、社会和经济等，使每个伊拉克人都能感到自己的利益在政府中得到代表。

阿富汗总统选举计票工作出现争议。1日，阿富汗官员称，由于近2000个投票中心因舞弊纠纷需重新计票，总统大选第二轮投票的初步计票结果将延迟几天公布。同日，美国国务卿克里与阿富汗总统卡尔扎伊通话，重申美国支持阿富汗大选，呼吁各方努力促成选举，选出有能力领导阿富汗的总统。2日，阿富汗独立选举委员会宣布，原定当天公布的阿富汗总统选举第二轮投票结果延迟至7日公布。5日，阿富汗总统候选人、前财长阿什拉夫·加尼说，各方应尊重总统选举日程安排，计票结果公布时间不应再有变化。加尼表示，他反对进行重新计票，呼吁另一名总统候选人、反对派领袖阿卜杜拉·阿卜杜拉尽快恢复与阿选举机构的合作。7日，独立选举委员会公布总统选举第二轮投票初步结果，阿什拉夫·加尼以56.4%得票率领先，阿卜杜拉·阿卜杜拉得票率为43.6%。阿卜杜拉竞选团队发言人表示，不接受选举结果。8日，阿卜杜拉自行宣布赢得阿富汗总统大选，指责舞弊行为使其得票率低于对手。10日，克里表示，阿富汗正处于过渡时期的"关键时刻"，美国希望两位总统候选人尊重计票过程。11日—12日，克里抵达阿富汗，与阿卜杜拉和加尼进行两次会面，调停阿富汗总统选举争议。当晚，克里在阿富汗首都喀布尔宣布，阿卜杜拉和加尼已就选举争议达成和解，表示支持最终审核结果，获胜者将就任阿富汗总统并组建新政府。13日，联合国阿富汗援助团发表声明，表示欢迎阿富汗第二轮总统选举的两名候选人就对选票进行审计达成协议，并将商定的审计框架与程序，包括审计清单，提供给了阿富汗独立选举委员会和投诉委员会。

乌克兰东部的武装斗争处于胶着状态。1日,乌克兰政府军动用坦克和轰炸机攻击东部武装分子。乌克兰总统波罗申科称,政府军重新控制了卢甘斯克边境地区。2日,乌、俄、法、德外长在柏林举行会晤,就采取措施使乌克兰东部停火达成一致,同意5日前在欧洲安全与合作组织监督下,就实现无条件的持续停火进行谈判。7日,乌克兰国家安全和国防委员会副秘书科瓦利在接受采访时称,乌、俄边境已被乌军方完全控制,包括此前有问题的卢甘斯克州地区的边境。科瓦利表示,自从乌方警告俄罗斯将对其越境直升飞机进行空中打击后,俄罗斯军机就没有侵犯过乌克兰领空。10日,乌克兰军队控制顿涅茨克州18个地区当中的13个,以及卢甘斯克州18个地区当中的10个。16日,顿涅茨克民间武装指挥官伊戈尔·别兹列勒在接受俄罗斯媒体采访时表示,证据显示乌克兰军使用了有强杀伤力的集束炸弹及包括多管火箭炮、航空火箭在内的其他重型武器。21日,顿涅茨克火车站附近受到炮弹猛烈袭击。22日,美国总统奥巴马指责俄罗斯资助乌克兰民间武装。27日,俄罗斯外长拉夫罗夫与美国国务卿克里通话,讨论乌克兰局势,双方认为乌克兰冲突地区应立即实现停火,并开启冲突各方对话。拉夫罗夫表示,俄方已邀请欧安组织观察员赴俄罗斯古科沃和顿涅茨克检查站考察,并称考察不受任何阻碍。28日,乌克兰军方发表声明称,乌克兰政府军在马航客机坠毁地附近与该国东部民间武装作战,争夺对当地的控制权。同日,卢甘斯克市委员会透露,自7月起,在乌克兰东部卢甘斯克地区进行的军事行动总共已造成93人死亡、400余人受伤。该委员会表示,除人员伤亡外,该地区有近100栋多层楼房民宅和近300栋私宅遭毁坏。已有20所学校和21个幼儿园被毁。据联合国人权办公室和世界卫生组织掌握的情况,自4月中旬至7月26日,乌克兰有1129名平民死亡,3442人受伤。29日,拉夫罗夫与克里通话,呼吁美国对乌克兰当局施加影响,促其尽快达成停火并与乌克兰东部地区进行对话。31日,乌克兰政府军宣布停止在东部的进攻行动,为期一天,以响应联合国秘书长潘基文对停止交火的呼吁。

世界经济形势预期下调。1日,国际货币基金组织发布报告称,美国和欧盟对俄罗斯实行经济制裁导致俄罗斯经济增长陷入停顿。3日,欧洲中央银行在货币政策会议后宣布,维持欧元区0.15%的主要再融资利率不变,维持负0.1%的隔夜存款利率与0.40%的隔夜贷款利率不变。10日,韩国银行行长李柱烈称,考虑到今后经济下行风险将增大,拟将今年韩经济增长预期从此前的 4.0% 下调到 3.8%。15 日，美国联邦储备委员会主席耶伦在美国国会参议院银行委员会听证会上表示，美国经济复苏仍不完全，就业市场复苏仍显乏力，美国仍将实行宽松的货币政策。同日，国际货币基金组织警告称，出现任何新的冲击都可能令欧元区经济复苏止步，欧元区经济在过去一年持续增长，但增速仍然过于疲弱。16 日，美联储公布的区域经济状况调查报告显示，2014 年夏季美国经济活动继续扩张，旅游支出增加，汽车销量和零售业销售额上升，全美就业增长。22 日，欧盟最新统计数据显示，2014 年第一季度欧元区的负债总额占其国内生产总值的 93.9%，整个欧盟的负债额也占到了国内生产总值总额的 88%。23 日，国际货币基金组织将美国 2014 年经济增长预期从 2% 下调至 1.7%。24 日，韩国经济副总理兼企划财政部长官崔炅焕公布"新经济小组的经济政策方向"。2014 年第二季度韩国国内生产总值环比增长 0.6%，经济情况较为低迷。30 日，阿根廷政府与美国"秃鹫基金"围绕债务违约进行的最后一轮谈判以失败告终，多家评级机构由此下调了阿根廷信用评级。

叙利亚局势僵持。2 日，一艘装载了数百吨叙利亚化学武器的丹麦籍船舶抵达意大利焦亚陶罗港，由美国"光芒角号"船运至地中海南部的公海上销毁。6 日，叙利亚反对派在土耳其伊斯坦布尔举行为期 3 天的会议，商讨叙利亚总统替代人选以及叙伊（拉克）边境伊斯兰武装分子活动等问题。7 日，叙利亚军队进军北部城市阿勒颇，试图把反对派武装赶出该市。8 日，美国五角大楼宣称，美国军方已开始对"光芒角号"货轮上的叙利亚约 600 吨化学武器进行销毁，预计需时两个月，之后废料将运往芬兰和德国做最后处理。9 日，叙利亚主要反对派"叙利亚反对派和革命力量全国联盟"宣布，"全国联盟"选出哈迪·巴赫拉为新任主席，取代已担任两届的贾巴。同日，美国政府决定加大对叙利亚企业的制裁力度，冻结一家叙利亚国有企业和两家"挂名"公司的资产，并禁止美国公民与这三家公司进行交易。同日，美国务院发表声明称，对哈迪·巴赫拉当选叙利亚境外主要反对派"全国联盟"新任主席表示欢迎。10 日，联合国秘书长潘基文宣布意大利前副外长斯塔凡·德米斯图拉为联合国秘书长叙利亚问题特使，接替原联合国—阿拉伯国家联盟叙利亚危机联合特别代表卜拉希米的工作。14 日，联合国安理会经过表决一致通过第 2165 号决议，授权联合国及救援机构跨越边界线和冲突线，为叙利亚人民提供紧急人道主义救援。16 日，叙利亚现任总统巴沙尔·阿萨德宣誓就任该国总统，正式开始其第三个总统任期。巴沙尔随后发表演讲称，叙利亚已赢得反恐战争胜利，任何支持叙利亚反对派的国家都将付出高昂代价。叙利亚应进一步推动国内民族和解，结束流血冲突。17日，叙利亚人权观察组织称，伊斯兰圣战组织攻占叙利亚霍姆斯省一处油田后，共击毙和处决270名叙利亚政府军士兵、民兵和企业员工。20日，联合国难民事务高级专员公署在贝鲁特宣布，迄今逃到黎巴嫩寻求难民身份的叙利亚人达112.97万。23日，叙利亚政府表示"欢迎"德米斯图拉出任联合国秘书长叙利亚问题特使，希望特使秉持客观正直。24日，禁止化学武器组织公告表示，运出叙利亚的化学武器已经销毁31.8%。30日，美国国务卿克里发表声明称，美国向叙利亚提供3.78亿美元人道主义援助，谴责巴沙尔政权在反对派控制地区实行的"挨饿或投降"策略，强调美国仍致力于政治解决叙利亚危机。美国对叙利亚援助累计达24亿美元。

巴以冲突持续升级。2日，以色列总理内塔尼亚胡下令执法机构尽快查清一名阿拉伯少年在东耶路撒冷遇害事件。巴勒斯坦政府谴责杀害巴勒斯坦青年的行为，称以色列政府需要对这一事件负责。7日，巴勒斯坦伊斯兰抵抗运动（哈马斯）组织称其7名成员在当日凌晨以色列发动的空袭中丧生。同日，美国总统奥巴马首次就巴以紧张局势公开发表评论，呼吁巴以双方克制，结束相互报复的行为。10日，联合国安理会就巴以冲突召开紧急会议。14日，在接连五天空袭后，以色列向加沙地带发动地面攻势，同哈马斯武装组织成员爆发枪战。15日，以色列安全内阁开会，同意接受埃及提出的停火协议。以巴高层代表随之于48小时内在埃及举行谈判，通过"建立互信的措施"以巩固停火协议。17日，以色列官员称，已与加沙达成全面停火协议。23日，联合国人权理事会在日内瓦通过一项决议，强烈谴责以色列在巴勒斯坦被占领土进行的军事行动，并决定成立独立国际调查委员会对当地所有违反国际人道法和人权法的行为进行调查。同日，加拿大外交部立即发表声明，对这一决议表示失望，继续力挺以色列。25日，以巴分别对外表示，接受联合国提议，同意在加沙地带进行12小时的人道主义停火。28日，联合国安理会召开紧急会议，一致通过由轮值主席国卢旺达提出的主席声明，要求以色列和巴勒斯坦哈马斯武装在伊斯兰教开斋节期间"及其后"停火，并寻求在加沙"可持续并受全面尊重地"终止敌对状态。巴以双方均对这份声明表示不满。30日，以色列军方发布声明称，同意对加沙地带实施4小时的人道主义停火。

停火时间为30日下午15时至19时。以色列当天炮击了加沙地带北部的一所联合国学校，导致20人遇难。同日，联合国方面就此发表声明，对袭击联合国驻地设施这种违反国际法的行径予以严词谴责，并敦促冲突双方停火止暴，确保国际救援人员的安全。截至31日，以色列对加沙发动的军事攻势造成巴勒斯坦1442人死亡，8200人受伤。31日，内塔尼亚胡在出席以色列内阁会议之前表示，在哈马斯修建的所有地下通道被摧毁之前，以色列不会停止在加沙的军事行动。

西非国家联手应对埃博拉病毒。2日—3日，为了尽快阻止西非地区埃博拉疫情进一步扩散，世界卫生组织在加纳首都阿克拉召开11个非洲国家卫生部长特别会议。科特迪瓦、刚果（金）、冈比亚、加纳、几内亚、几内亚比绍、利比里亚、马里、塞内加尔、塞拉利昂和乌干达的卫生部长，以及国际发展伙伴、航空公司和矿业公司代表和部分埃博拉幸存者与会。会议介绍了西非地区目前的埃博拉疫情形势和应对措施，面临的资金缺口和挑战，共同商讨制定地区行动计划以遏制正在蔓延的埃博拉疫情。29日，塞拉利昂从事埃博拉病毒防控工作的医生谢赫·奥马尔·汗因罹患此病死亡。他是该国唯一一位病毒性出血热专家。31日，塞拉利昂总统科罗马宣布全国进入紧急状态，以应对埃博拉病毒扩散。科罗马取消赴美国参加美非领导人峰会行程。美国疾控中心负责人称，鉴于埃博拉病毒的潜在威胁，中心对美国公民赴几内亚、利比里亚和塞拉利昂发出旅游预警。世卫组织发表声明称，该组织负责人与西非三国领导人8月1日将联合启动1亿美元紧急应对方案。

第六轮伊朗核问题谈判举行。2日—15日，伊朗与美、英、法、德、中和俄等六国在奥地利首都维也纳举行第六轮伊朗核问题全面协议谈判。欧盟外交和安全政策高级代表阿什顿和伊朗外长扎里夫与会。各方希望签订保障伊朗核计划和平性质，以换取撤销对伊国际制裁的协议。12日，伊朗副外长阿拉格奇称，伊朗核问题谈判双方仍存较深分歧。如因西方坚持过分要求而导致无法达成全面协议，伊朗将继续实施核项目。14日—15日，美国国务卿克里与扎里夫在维也纳举行会谈后向记者称，伊朗核问题全面协议谈判在关键问题上取得切实进展，但存在实质分歧。伊朗必须削减铀浓缩能力，其目前拥有的1.9万台离心机数量过多。他返美后将与奥巴马总统和国会领袖商讨达成全面协议的前景，以及如不能达成后的应对，包括是否延长谈判期限。18日，阿什顿和扎里夫在维也纳发表共同声明表示，伊朗和伊朗核问题六国的全面协议谈判在部分议题上取得了进展,但由于在一些核心问题上依然存在重大分歧,谈判限期将延长至11月24日。19日,克里称,美国将继续大力实施现有制裁措施,伊朗大部分石油收入依然被冻结。20日,伊朗与伊朗核问题六国在维也纳决定把谈判结束的最终期限延长至11月24日。同日,美国政府宣布解冻28亿美元伊朗资产。作为交换,伊朗需在今后数月内把25公斤纯度为20%的浓缩铀转变为更难提炼为武器级铀的核燃料。同日,联合国核监督机构每月更新的报告显示,在临时核协议下,伊朗已经着手消除浓缩铀气体储备。该报告表明伊朗遵守了为期6个月的临时协议,限制其原子能活动,以解除部分对其施加的经济制裁。23日,伊朗与伊朗核问题六国拟于9月初恢复谈判。

习近平访问韩国。3日,中国国家主席习近平和夫人彭丽媛抵达首尔,开始对韩国进行为期两天的国事访问。当日,习近平在首尔同韩国总统朴槿惠举行会谈。两国元首积极评价中韩合作,规划新形势下两国合作,达成许多新共识。并一致决定,进一步丰富中韩战略合作伙伴关系内涵,使两国成为实现共同发展的伙伴、致力地区和平的伙伴、携手振兴亚洲的伙伴、促进世界繁荣的伙伴。习近平指出,当前和今后一个时期,双方应该重点在以下几个方面作出努力。第一,做实政治安全合作。第二,做大经贸互利合作。第三,做活人文交流。第四,做深地区和国际事务合作。两国元首就朝鲜半岛形势深入交换意见。习近平强调,中方在半岛问题上秉持客观公正立场,坚定致力于实现半岛无核化目标,坚定致力于维护半岛和平稳定,坚定致力于通过对话协商解决问题。他强调,应该平衡解决各方关切,通过同步对等的办法把朝核问题纳入可持续、不可逆、有实效的解决进程。当前半岛形势仍存在许多不确定性,有关各方应共同妥善管控形势,避免紧张,防止失控,不再起大的波澜。中方积极评价朴槿惠倡导的半岛信任进程,支持南北改善关系,实现和解合作,最终实现自主和平统一。双方达成四点共识:一是实现半岛无核化,保持半岛和平稳定,符合六方会谈成员国共同利益,有关各方应该通过对话协商解决问题。二是六方会谈成员国2005年9月19日达成的共同声明和联合国安理会有关决议应予以切实履行。三是有关各方应该继续坚持不懈推进六方会谈进程,加强双边和多边沟通和协调。四是六方会谈成员国应凝聚共识,为重启六方会谈创造条件。双方支持六方会谈团长以多种形式进行有意义的接触和对话,为推动半岛无核化取得实质进展作出努力。

会谈后中韩两国发表联合声明。4日，习近平在韩国国立首尔大学发表题为《共创中韩合作美好未来，同襄亚洲振兴繁荣伟业》的重要演讲，强调中国始终做维护和平的国家、促进合作的国家、虚心学习的国家。习近平指出，面对中国发展，有些人认为发展起来的中国必然成为一种"威胁"，甚至把中国描绘成一个可怕的牛魔王。他称这看法是不正确的。习近平建议双方重点在以下几个方面作出努力。第一，构建开放融合发展格局，共同打造利益共同体。中韩应该争取在2014年年底前完成自由贸易区谈判，联手推动区域全面经济伙伴关系协定，为亚洲经贸合作注入强劲动力。第二，倡导合作发展理念，在国际关系中践行正确义利观。政治上要秉持公道正义，坚持平等相待，经济上要坚持互利共赢、共同发展，摒弃过时的零和思维。既要让自己过得好，也要让别人过得好。第三，妥善解决矛盾分歧，塑造和平稳定发展环境。中国希望朝鲜半岛南北双方改善关系，支持半岛最终实现自主和平统一。第四，加强人文交流，不断增进人民感情。中韩人缘相亲，文缘相通，两国开展人文交往具有得天独厚的优势。两国政府部门应该大力推动和引导，两国各界人士和广大民众要积极为此贡献力量。同日，习近平同朴槿惠共同出席中韩经贸合作高层论坛。当日，习近平会见了韩国总理郑烘原、国会议长郑义和。

"伊斯兰国"同伊拉克政府军强势对峙。4日，"伊斯兰国"极端组织领袖巴格达迪在伊拉克北部城市摩苏尔讲经时呼吁所有穆斯林服从其命令。7日，控制叙利亚和伊拉克部分地区的"伊斯兰国"极端组织打算发放"伊斯兰哈里发国"护照，并宣称伊叙边境居民中有1.1万人持有此护照。9日，伊拉克总理马利基指责北部的库尔德自治区为"圣战"分子提供基地。10日，伊拉克政府称，"伊斯兰国"极端组织已经获取了伊拉克一所大学中原本用于科学研究的40公斤铀化合物。伊拉克政府呼吁国际社会提供帮助，避免极端分子利用其造成威胁。11日，美国国务院称，自2011年起悬赏1000万美元缉拿伊拉克极端组织"伊斯兰国"首领巴格达迪的悬赏令仍然有效。18日，联合国伊拉克援助团和人权事务高级专员办事处联合发表报告称，2014年上半年，伊拉克全国（除安巴尔省外）至少有4410名平民在严重的武装冲突和恐怖袭击中丧生，另有7517人受伤。20日，联合国秘书长潘基文通过发言人发表声明，强烈谴责"伊斯兰国"极端组织逼迫基督教徒等离开家园。潘基文重申，任何有计划地针对平民的袭击，或基于种族、宗教信仰针对部分平民的袭击都可能构成反人类罪，必须追究责任。包括"伊斯兰国"在内的所有武装团体必须遵守国际人道主义法，保护其占领区内的平民安全。30日，联合国安理会通过决议，决定将联合国伊拉克援助团任期延长一年至2015年7月31日。同时谴责恐怖组织"伊斯兰国"的大规模进攻活动，并强烈谴责任何直接或间接参与有这些恐怖组织介入的伊拉克石油贸易。

德美"间谍门"事件再起波澜。5日，德国情报机构一名雇员被曝涉嫌为美国提供情报。德国外交部就此事召见美国驻德大使约翰·埃默森，要求埃默森尽快做出澄清。7日，德国总理默克尔在记者会上称，德国情报人员可能向美国特工部门传递机密文件的消息"很严重"。她表示，如果报道属实，这种事件不符合两个伙伴国家的合作水平。10日，德国政府已要求美国驻德情报战站长离境。15日，美国总统奥巴马与默克尔通话，两国领导人就美德情报合作问题交换了意见。奥巴马称，他就改善美德情报合作方式与德国保持密切沟通。两国还将继续参与乌克兰和伊朗等热点问题。这是美国中央情报局情报代表被德国驱逐后，两国领导人首次举行对话。18日，默克尔在新闻发布会上表示，因美国情报机构在德监听丑闻和间谍风波而损失的国家间信任只有通过对话和协商才能得以重建。默克尔强调，德美两国在情报机构合作以及如何处理安全保障和个人信息保护之间关系等问题上存在分歧。她认为两国应利用双边网络对话等渠道进行沟通，重建信任。默克尔同时强调了德美关系和合作的重要性。

利比亚公布国民代表大会选举最终结果。6日，利比亚最高国家选举委员会宣布，定于20日宣布利比亚国民代表大会最终选举结果。16日，利比亚的黎波里国际机场附近再次爆发武装冲突，民兵武装围绕夺取机场控制权展开激战。21日，利比亚国家最高选举委员会在首都的黎波里公布了6月举行的国民代表大会选举的最终结果，总共200个议席中的188个席位得以确认，剩余席位通过补选获得。23日，利比亚国民议会议长签署声明称，已确定在8月4日把权力移交给新选举出的国民代表大会，它将成为利比亚政治过渡期间新的最高立法机构。23日，联合国安理会发表声明说，尽管面临安全挑战，但利比亚人民和利比亚国家最高选举委员会成功举行了国民代表大会选举，安理会对此表示赞赏，敦促当选议员尽快担负起职责，着手建立利比亚人民的政治共识，就组建政府达成一致，并努力推进该国民主过渡进程。同时呼吁国际社会支持利比亚国民代表大会和政府努力实现国家和平与稳定。安理会再次谴责利比亚境内的持续暴力冲突，27日，利比亚卫生部统计，两派民兵武装为争夺的黎波里机场激烈对战，已超过97人死亡，400多人受伤。同日，鉴于安全形势恶化，美国、英国、法国、德国、荷兰外交部分别发布预警，呼吁本国公民撤离利比亚。28日，中国驻利比亚大使馆也发布安全提示，建议在利比亚中国公民尽快自行组织撤离。30日，为争夺的黎波里机场控制权的利比亚武装分子同意暂时停火，同时利比亚第二大城市班加西结束2天的战斗，找到至少75具遗体，多数为政府军士兵。

日本首相安倍晋三出访澳洲三国和中南美洲五国。6日—11日，日本首相安倍晋三启程前往新西兰、澳大利亚、巴布亚新几内亚进行为期一周的访问。7日，新西兰总理约翰·基与到访的安倍举行会谈，双方一致认为应尽快就"跨太平洋经济伙伴关系协定"谈判达成共识。8日，安倍在澳大利亚联邦议会发表演讲称，日本修订安保法律是为与各国共建尊重法治的国际秩序。同日，安倍与澳大利亚总理阿博特举行会谈，双方发表联合声明并签署经济伙伴关系协定和防卫装备合作协议。双方同意每年举行政府首脑会谈，推动日本自卫队与澳军达成合作协议。安倍谈及解禁集体自卫权，阿博特表示支持。10日，巴布亚新几内亚总理奥尼尔与到访的安倍举行会谈。双方确认，巴布亚新几内亚对日本提供液化天然气方面开展合作；日本在今后3年向巴布亚新几内亚提供200亿日元（约12亿元人民币）政府开发援助；反对强行改变海洋现状做法；力争尽早实现联合国安理会改革。11日，安倍在巴布亚新几内亚北部城市威瓦克向第二次世界大战战殁者纪念碑献花并默哀。15日，日本内阁官房长官菅义伟在记者会上宣布，安倍于25日至8月4日访问墨西哥等中南美洲五国并将参加在特立尼达和多巴哥举办的加勒比海十四国首脑会议。25日，安倍抵达首站墨西哥，与墨总统培尼亚就双边经济、政治关系举行会谈。双方在强化油田和天然气开发合作方面达成一致，并希望从墨西哥进口液化天然气。27日，安倍访问特立尼达和多巴哥。双方一致同意在经济、防灾等领域加强合作。28日，安倍与加勒比共同体轮值主席国安提瓜和巴布达总理布朗及牙买加总理米勒分别举行会谈，确认将在经济和资源领域促进双边合作，并对加共体14个成员国启动新一轮经济援助计划。同日，安倍在特立民达和多巴哥与加共体的海地、格林纳达等9国首脑举行双边会晤，确认日本将在经济及防灾方面提供支援，加勒比国家将在联合国等场合就各种问题与日本合作。30日，安倍与哥伦比亚总统桑托斯会谈，双方就共同开发石油和煤炭交换了意见。同日，安倍在智利首都圣地亚哥出席日本全资铜矿卡塞隆内斯铜矿项目启动仪式。31日，安倍与智利总统巴切莱特举行会谈。双方发表联合声明称，一致同意在资源开发和防灾领域加强合作。8月1日，安倍同巴西总统罗塞芙举行会谈，共同见证两国在基础设施建设、制药、能源、矿产及教育等领域合作协议的签署。在共见记者时，安倍表示，日本向巴西提供5亿美元贷款修建8座海洋石油平台，2亿美元贷款促进巴西对日本大豆和玉米出口。日巴银行将合作促进日本中小企业在巴西投资。2日，安倍在圣保罗发表演讲时称，日本与哥伦比亚签订经济伙伴关系协定（EPA）后，即可与由哥伦比亚及墨西哥、秘鲁和智利组成的"太平洋同盟"形成EPA网络。

朝鲜决定参加仁川亚运会。7日，朝鲜发布"共和国政府声明"，表示为改善朝韩关系，决定派遣体育代表团和啦啦队参加于9月19日至10月4日在韩国仁川市举行的第十七届亚运会。11日，韩国以仁川亚运会组织委员会的名义向朝鲜奥委会委员长发出通知，提议17日在板门店韩方一侧举行会谈，商讨朝鲜派遣运动员和啦啦队赴韩参加亚运会的事宜。17日，朝韩代表就朝鲜参加亚运会事宜举行工作会谈，提出了涉及参赛队和啦啦队的规模、交通方式和路线、住宿等问题的切实方案。因双方意见分歧较大，会议未取得任何成果。20日，朝鲜最高领导人金正恩在观看朝鲜男子国家足球队比赛时说，参加仁川亚运会有助于改善朝韩关系。希望他们为民族和解与团结、增进同世界各国的友谊与和平作出积极贡献。23日，朝鲜祖国和平统一委员会发言人发表讲话，呼吁韩国把握住即将到来的仁川亚运会作为改善北南关系的良机，为民族和解与团结作出贡献。29日，韩国统一部就朝鲜参加仁川亚运会一事表示，韩方暂无计划主动提议重启韩朝工作会议。

中美举行第六轮战略与经济对话和第五轮人文交流高层磋商。9日，第六轮中美战略与经济对话和第五轮中美人文交流高层磋商在北京举行。国务院副总理汪洋、国务委员杨洁篪作为习近平特别代表，与美国总统奥巴马特别代表国务卿克里、财长雅各布·卢共同主持战略与经济对话。国务院副总理刘延东与克里共同主持人文交流高层磋商，两国政府的高级官员出席了对话。对话的主题是"推进相互尊重、合作共赢的中美经济伙伴关系"，就涉及两国关系的战略性、长期性、全局性问题坦诚、深入地交换了意见，达成了广泛共识，取得了重要成果。磋商的主题是"缔结青年纽带，塑造和平未来"。国家主席习近平出席对话和磋商联合开幕式并发表《努力构建中美新型大国关系》的致辞。习近平表示，中美两国利益深度交融，历史和现实都表明，中美两国合则两利，斗则俱伤。双方应相互尊重彼此主权和领土完整，尊重彼此对发展道路的选择，不把自己的意志和模式强加于对方。美国国务卿克里表示，美国并不寻求遏制中国，而选择与中国共享和平、繁荣、合作甚至竞争，但不会冲突。10日，第六轮中美战略与经济对话在北京闭幕。对话结束后，习近平会见克里和雅各布·卢等美方代表团主要成员。习近平表示，中美双方应该坚持构建不冲突不对抗、相互尊重、合作共赢的新型大国关系。习近平强调双方要重点做好以下几方面工作。一是加强沟通交流。就共同关心的重大问题及时交换意见。同时还要加强其他领域对话和交往。二是促进合作。加快双边投资协定谈判，加强两军交往，在气候变化、绿色发展等领域力争达成合作共识和协议，在地区热点问题上保持沟通和协调，同其他各方一道，维护朝鲜半岛和平稳定。三是减少麻烦。双方要求同存异、求同化异。凡是有利于为两国关系注入正能量的，都要做"加法"；反之，都要做"减法"。克里称，美方绝对无意遏制中国，无意同中国对抗、冲突。同日，中国政府在对话后发表声明称，中美同意避免持续、无序、竞争性货币贬值。中方同意增加汇率灵活性以反映经济基本面。

佐科当选印度尼西亚新一届总统。9日，印度尼西亚举行总统选举，全国近1.9亿选民参加投票。总统候选人佐科·维多多及普拉博沃·苏比安托分别表示赢得选举。16日，在任总统苏希洛在出席开斋活动时称，防范外国势力插手干预，并呼吁双方保持克制，在选举委员会公布最终结果前避免各自支持者公开宣布"胜利"。22日，印尼选举委员会正式宣布，根据全国33个省和特区的计票结果，佐科及优素福组合共获7099万张选票，得票率为53.15%；另一位总统候选人普拉博沃·苏比安托及其竞选搭档哈达·拉查萨获6258万张选票，得票率为46.85%。总统候选人佐科·维多多及其竞选搭档优素福·卡拉获胜。普拉博沃表示不接受最终选举结果。同日，美国国务卿克里发表声明祝贺佐科胜选，并称美希与其合作进一步深化两国伙伴关系。23日，普拉博沃竞选团队发言人在记者会上称，其法律团队将在72小时内就总统选举结果向宪法法院提起上诉。同日，日本首相安倍晋三、韩国总统朴槿惠致电印尼当选总统佐科。

习近平出席金砖国家领导人第六次峰会并访问拉美四国。13日，中国国家主席习近平启程赴巴西出席金砖国家领导人第六次会晤,并对巴西、阿根廷、委内瑞拉、古巴进行国事访问。同日,习近平前往拉美途中在希腊过境访问。习近平抵达希腊罗德岛,在会见希腊总理萨马拉斯时指出,中方支持中国企业经营好比雷埃夫斯港项目,积极参与希腊铁路技术改造,使希腊成为中欧合作的重要桥头堡和中转站。习近平在会见帕普利亚斯总统时表示,中国政府鼓励更多有实力的中国企业到希腊投资兴业。14日,习近平分别会见俄罗斯总统普京、印度总理莫迪,并同美国总统奥巴马通话。15日,习近平出席金砖国家领导人第六次会晤,并发表重要讲话。16日,习近平在巴西国会发表题为《弘扬传统友好共谱合作新篇》的演讲。习近平强调,当今世界,互联网发展对国家主权、安全、发展利益提出了新的挑战,但每一个国家在信息领域的主权权益都不应受到侵犯,互联网技术再发展也不能侵犯他国的信息主权。17日,习近平和罗塞夫进行了亲切友好的交谈,就发展双边关系、推进中拉合作、加强金砖国家团结达成广泛重要共识。两国元首共同出席了中巴企业家委员会年会闭幕式。两国发表了关于进一步深化中巴全面战略伙伴关系的联合声明,并共同出席中巴建交40周年音乐会。同日,习近平和罗塞夫共同出席了一系列中巴经贸合作项目协议的签署仪式。18日,习近平抵达布宜诺斯艾利斯,开始对阿根廷进行国事访问。习近平同阿根廷总统克里斯蒂娜举行会谈,签署两国建立全面战略伙伴关系声明,见证中阿两国政府共同行动计划、中阿经济和投资合作协议、双边本币互换协议以及基础设施建设、核电、农业等领域20多项合作文件的签署,价值70多亿美元,共同出席阿根廷基什内尔和塞佩尼克水电站、贝尔格拉诺货运铁路改造项目视频开工仪式。19日,习近平会见了副总统兼参议长布杜和众议长多明格斯。习近平强调,双方坚持把对方视为重要发展伙伴和发展机遇,加强互利合作,促进共同发展。会见后,布杜向习近平赠送了阿根廷国家足球队10号球衣。20日,习近平在委内瑞拉首都加拉加斯同委内瑞拉总统马杜罗举行会谈。两国元首就中委关系及其他共同关心的问题深入交换意见,达成广泛共识,一致决定将中委关系提升为全面战略伙伴关系,在更宽领域加强两国合作。会谈后,双方共同会见了记者。同日,习近平在加拉加斯接受马杜罗代表委内瑞拉政府授予的"解放者"勋章。21日,习近平参谒查韦斯陵墓。同日,习近平和马杜罗共同出席中—委内瑞拉高级混合委员会第十三次会议闭幕式。当晚,习近平抵达哈瓦那,开始对古巴进行国事访问。22日,习近平在哈瓦那同古巴国务委员会主席兼部长会议主席劳尔·卡斯特罗举行会谈。两国元首共同回顾中古关系发展，规划两国关系未来，达成重要共识。同日，习近平在哈瓦那接受古巴政府授予的"何塞·马蒂"勋章。同日，习近平在哈瓦那探望古巴革命领袖菲德尔·卡斯特罗。两人在亲密友好的气氛中，就中古关系、国际形势等共同关心的问题进行了交谈。习近平还介绍了此次访问拉美并出席金砖国家领导人会晤和中拉领导人会晤情况。临别之际，习近平祝88岁生日之际的菲德尔健康长寿、万事如意。24日，习近平在葡萄牙特塞拉岛会见葡萄牙总统代表、副总理波塔斯。习近平指出，2015年是两国建立全面战略伙伴关系10周年，希望双方以此为契机，深化经贸、技术、投资、农牧业、旅游、海洋等领域务实合作，推动中葡关系再上新台阶。

韩国外交活动引人注目。15日，韩国成立统一准备委员会，朴槿惠任委员长。委员会下设4个小组委员会，分别负责外交安全、经济、社会文化和政治、法制领域的研究。16日，韩美在济州北部海域和木浦西南海域启动海上联合军演，演习持续到20日。美国第七舰队核动力航母"乔治·华盛顿号"参演。军演内容包括海上机动演习、航母护送作战和拦截飞机等。29日，第四届韩国—湄公河外长会议在首尔举行，韩国外交部长官尹炳世和泰国代理外长共同主持，老挝、越南、柬埔寨、泰国、缅甸等湄公河流域五国外交部长和副部长出席。会议重点讨论湄公河地区开发合作、经济与政治合作以及朝鲜半岛局势，通过了未来三年具体合作目标和方向的"行动计划"。与会国一致同意，作为基础设施长期合作项目，在湄公河地区设立交通研究所，传授韩国的交通政策经验；通过亚洲森林合作组织推进湄公河森林恢复和绿化项目；扩大韩国对湄公河地区的政府开发援助规模。与会国通过了联合主席声明。声明表示，与会国努力实现三大合作目标——与东盟的联系、可持续发展、以人为本的发展，并扩大在基础设施、信息通信技术、绿色增长、水资源开发、农业和农村开发、培养人才等六个领域的合作项目。

金砖国家领导人举行第六次峰会。15日—16日，金砖国家领导人第六次会晤在巴西举行，会晤由巴西总统罗塞夫主持，中国国家主席习近平、俄罗斯总统普京、印度总理莫迪和南非总统祖马与会，此外，阿根廷、玻利维亚、智利、哥伦比亚、厄瓜多尔、圭亚那、秘鲁、乌拉圭和委内瑞拉、苏里南等国家也应邀与会。会晤的主题为"实现包容性增长的可持续解决方案"，会议就当前世界经济形势、国际政治安全问题交换意见，达成广泛共识，取得重要成果。习近平在会上发表题为《新起点新愿景新动力》的讲话。习近平提出,要发扬金砖国家独特的"开放、包容、合作、共赢"的合作伙伴精神,坚定不移推动经济可持续增长,坚定不移形成全方位经济合作,坚定不移塑造有利外部发展环境,坚定不移提高道义感召力,推动走出一条大国合作共赢、良性互动的路子。同日,金砖国家在巴西发表《福塔莱萨宣言》,宣布成立金砖国家开发银行,建立金砖国家应急储备。金砖国家开发银行初始资本为1000亿美元,由五个创始成员平均出资,总部设在上海。首任行长由印度人担任,任期五年。同日,中国人民银行行长周小川代表中国政府与其他金砖国家代表在巴西福塔莱萨签署了《关于建立金砖国家应急储备安排的条约》。其目标是通过流动性工具和预防性工具提供一个支持的框架,以应对实际或潜在的短期国际收支压力。

欧美对俄罗斯进行制裁。16日,美国政府宣布了针对俄罗斯的新一轮制裁措施,以回应乌克兰边境紧张局势的升级。新制裁名单中包括俄罗斯国家石油公司、天然气工业银行、天然气供应商、俄罗斯国有开发银行、俄罗斯发展及对外经济事务银行,及多名俄罗斯政府官员。19日,俄罗斯外交部表示,俄罗斯对美国12位公民实施限制入境以回应华盛顿扩大制裁名单。23日,乌克兰总理亚采纽克表示,乌克兰决定对俄罗斯部分个人和企业实施制裁。28日,俄罗斯宣布从即日起禁止从乌克兰进口植物产品以及所有奶制品。29日,欧洲理事会主席范龙佩和欧盟委员会主席巴罗佐发表联合声明,宣布欧盟一致决定对俄罗斯实施更严厉经济制裁,包括武器禁运,禁止对俄罗斯出售军民两用敏感技术,禁止俄罗斯国有银行在欧洲资本市场发行债券和股票等。上述措施将于31日正式公布并立即生效。3个月后将重新评估制裁措施。同时,欧盟新增对俄罗斯8个个人和3家实体制裁。美国总统奥巴马宣布,美国将与欧盟一道对俄罗斯能源、国防及金融领域实施新的经济制裁。美国将禁止对俄罗斯出口能源行业特殊产品和技术,暂停为俄罗斯经济发展项目提供信贷和融资,扩大对俄罗斯银行和国防企业制裁。美国财政部宣布,美国将对俄罗斯国有外贸银行及其下属莫斯科银行和俄罗斯农业银行进行制裁,禁止任何美国公民或在美国管辖范围内的个人与这3家银行进行中长期融资交易。30日,俄罗斯外交部表示,美国宣布对俄罗斯实施进一步制裁将使俄美两国关系进一步复杂化。俄罗斯外交部当天还表示,行业性制裁违反了世贸组织相关规定,对俄罗斯金融领域的限制措施也将对在俄罗斯运营的欧盟成员国银行产生负面影响。

马航 MH17 航班在乌克兰东部坠毁。17 日，一架从阿姆斯特丹飞往吉隆坡的马来西亚航空公司 MH17 航班在乌克兰东部坠毁。马来西亚总理纳吉布对此表示震惊，称即刻展开调查。同日，欧盟、北约就马航客机坠毁发声明强调，应立即就此次事件展开全面调查，查出该事件的肇事者，并受到法律制裁。18 日，乌克兰总统波罗申科发表声明称，不排除飞机被击落，确认乌克兰部队未向空中任何目标开火。同日，联合国安理会在纽约联合国总部就乌克兰局势举行紧急会议。安理会成员国和空难相关国家代表出席会议并阐明各自立场。安理会就此事发表声明，呼吁根据国际民航准则对马航空难进行全面、彻底、独立的国际调查，并追究相关责任。同日，美国总统奥巴马在记者会上称，初步证据表明，马航 MH17 是遭到来自乌克兰东部亲俄武装分子控制区域发射的地对空导弹击中后不幸坠毁。他呼吁俄乌和亲俄势力三方尽快停火，确保事故调查顺利进行。同日，俄罗斯总统普京已下令彻底调查，坠机所在国须"对此悲剧负责"。19 日，马来西亚航空公司公布了坠毁的 MH17 航班上所有乘客和机组人员名单，共有 298 人，其中 193 人为荷兰籍乘客，没有中国乘客。马航表示将永久取消 MH17 航班号，更改为 MH19，相关赔偿事宜正在商讨。28 日，马来西亚政府称，乌克兰政府批准马航 MH17 航班飞越该国领空，但该客机却不幸遭击落，因此乌克兰必须对此空难负责。28 日，联合国称，导致 MH17 坠落的行为"可能构成战争罪"。30 日，马来西亚总理纳吉布抵达荷兰后会晤荷兰总理吕特，商讨如何争取在马航 MH17 坠机现场进行更安全的调查。31 日，欧洲安全与合作组织称，赴乌克兰对马航 MH17 客机坠毁事件进行调查的荷兰和澳大利亚调查员已抵达客机坠毁地点。

二十国集团贸易部长会议举行。19 日，二十国集团贸易部长会议在澳大利亚悉尼举行，与会代表探讨了贸易与投资对经济增长的重要性，以及未来如何营造更坚实的全球贸易体系。澳大利亚贸易与投资部长安德鲁·罗布在会议开幕时表示，未来世界需要新的收入来源，贸易与投资显然是拉动经济增长的重要因素。

泰国颁布临时宪法。23 日，泰国军方公布了已获国王批准并宣布实施的 2014 年临时宪法。临时宪法共 48 条，使用一年，直至永久宪法制定完成。临时宪法规定保留军方在政变后成立的"全国维持和平秩序委员会"（维和委员会），该委员会对即将成立的临时政府起监督、顾问作用，且主要负责国家安全事务。临时宪法要求成立不超过220人的立法议会，代替国会上下两院的工作，担任立法议会成员的人选需3年内未在任何政党中担任职务。此后，将由立法议会投票产生并由国王任命一名总理，成立不超过35名内阁成员的临时政府。临时宪法还规定成立不超过250人的改革委员会，负责国家政治、经济、法律等各方面的研究和改革工作。31日，泰国国王普密蓬批准了由军方主导、有200名成员组成的立法议会名单。

上合组织成员国外长理事会会议在杜尚别举行。30日—31日，上海合作组织成员国外交部长理事会例行会议在塔吉克斯坦首都杜尚别举行。哈萨克斯坦副外长穆西诺夫、中国外交部长王毅、吉尔吉斯斯坦外交部长阿卜杜勒达耶夫、俄罗斯外交部长拉夫罗夫、塔吉克斯坦外交部长阿斯洛夫、乌兹别克斯坦外交部长卡米洛夫出席会议。会议由阿斯洛夫主持。上合组织秘书长梅津采夫和上合组织地区反恐怖机构执行委员会主任张新枫出席会议。塔吉克斯坦共和国总统拉赫蒙集体会见了外长们。为筹备定于2014年9月11日—12日在杜尚别举行的上合组织成员国元首理事会会议，外长们研究了进一步完善和发展本组织框架内各领域合作、提升上合组织在国际和地区事务中的作用和地位等广泛问题，还就世界及上合组织地区形势发展，地区和国际重要问题，以及扩大上合组织与有关国家、其他国际组织和机构的联系问题交换了意见。

美国印度举行第五届战略对话。31日，第五届美印战略对话在印度首都新德里举行，会议由美国国务卿克里和印度外长斯瓦拉杰主持。对话讨论的议题包括经济振兴、国家安全、能源、贸易、教育、健康以及空间探索等高科技方面的合作。除经济合作外，双方还就两国间存在的分歧进行了讨论。此外，印度总理莫迪9月初赴美访问也是双方讨论的重中之重。克里在会谈中表示，美印是21世纪密不可分的合作伙伴。美国支持印度加入核供应国集团，支持印度成为联合国安理会常任理事国。斯瓦拉杰则表示，印度视美国为其全球伙伴，双方在多个领域存在巨大的合作潜力。会谈中双方讨论了美印两国在某些领域存在的分歧和不信任。斯瓦拉杰针对美国国家安全局长期监视现任执政党印度人民党一事表示不满。她表示对于两个彼此友好的国家，这种间谍行为是不被接受的。此外印方还提到了美方之前长期拒绝给现任印度总理莫迪发放签证一事。

8月

习近平访问蒙古
习近平、李克强分别出席南京青奥会开、闭幕式
埃博拉疫情肆虐西非多国
巴基斯坦政局出现动荡
多国开展行动打击"伊斯兰国"
美国密苏里州弗格森镇发生骚乱

巴以加沙冲突继续。1日,以色列与哈马斯达成的加沙地带72小时无条件人道主义停火正式生效。当日,以色列军方在一份声明中宣布,由于加沙地带武装人员重新向以军开火,终止此前与巴勒斯坦各派别达成的人道主义停火,全面恢复在加沙地带的军事行动。巴勒斯坦武装派别随后宣布72小时人道主义停火终止。当日,美国国会两院通过一项总额为2.25亿美元的法案,支持以色列充实"铁穹"导弹防御系统。3日,以色列军队空袭加沙南部一所联合国学校外难民营,造成至少10人死亡。美国就此事向以色列发出此次军事行动以来最严厉的批评,要求对此次事件及此前发生的多次炮击联合国学校事件进行全面调查。5日,以色列和哈马斯同意从当日开始,在加沙地带实行72小时停火。8日,以色列称在以巴72小时停火即将结束之际,两枚火箭弹从加沙地区发射,击中以色列南部,未造成人员伤亡;哈马斯则称以色列拒绝了他们的停战要求,哈马斯方面在72小时停火到期后将不会延长停火。9日,法国外长法比尤斯、英国外交大臣哈蒙德和德国外长施泰因迈尔发表联合声明,呼吁巴以双方立即回到停火状态,表示全力支持埃及为此作出的努力。声明说,要达成永久停火,必须确定一些措施消除以色列在安全方面的忧虑,并满足巴勒斯坦方面关于取消对加沙封锁的要求。10日,正在开罗就巴以停火问题与埃方会谈的巴勒斯坦代表团同意将停火再延长72小时。11日,以色列谈判代表团抵达开罗。11日,联合国人权理事会任命由三位独立专家组成的国际调查委员会,对加沙冲突爆发以来违反国际法和国际人权法的行为展开调查。以色列外交部对委员会人选表示不满。13日,正在开罗就停火问题谈判的巴勒斯坦代表表示巴以双方同意将加沙地带临时停火再延长5天。17日,巴以双方代表团在咨询各自国内意见后,返回开罗重启谈判。以总理内塔尼亚胡称,只有在以色列的安全需求得到明确保护的情况下,以色列才会同意达成协议。巴勒斯坦总统阿巴斯称,巴方致力于实现埃及的倡议，停止交战。哈马斯发言人则表示，他们不会撤回自己的要求，其中包括结束对加沙的封锁。18日，巴以双方同意将加沙地带临时停火再延长24小时。19日，内塔尼亚胡下令军方对加沙的火箭弹袭击进行报复。以色列军方当日称，在巴以临时停火期间，三枚来自加沙的火箭弹袭击了以色列南部。联合国秘书长潘基文当日通过发言人发表声明，强烈谴责违反加沙地带临时停火协议的行为，呼吁巴以双方尽快达成长期停火协议。26日，巴勒斯坦与以色列在埃及等方面的斡旋下达成长期停火协议。

阿齐兹就任毛里塔尼亚总统。2日，毛里塔尼亚当选总统阿齐兹在首都努瓦克肖特宣誓就任总统，开始他的第二个5年任期。塞内加尔总统萨勒、马里总统凯塔、乍得总统代比以及几内亚比绍总统瓦斯等30多位各国政要和代表出席就职典礼。中国国家卫生和计划生育委员会主任李斌作为国家主席习近平特使也出席了当天的仪式。

世界经济形势喜忧参半。2日，加纳政府表示将就近期严峻的宏观经济形势向国际货币基金组织寻求紧急债务救助。3日，葡萄牙央行公布一项计划，拟通过拆分以及注入数十亿欧元国有资金，来拯救该国第二大银行。葡萄牙央行称，根据这个49亿欧元（合66亿美元）的计划，这家银行的储户和优先债券持有人将免受损失，而次级债持有人和目前的股东将承担损失。13日，日本政府公布数据显示，日本第二季度国内生产总值环比下降1.7%，同比下降6.8%，创2011年"3·11"大地震以来最大降幅。14日，欧洲统计局公布数据显示，欧元区在第二季度陷入停滞局面，同比增速仅为0.2%。其中，德国第二季度国内生产总值环比下降0.2%，法国经济第二季度环比增长为零。14日，葡萄牙宪法法院裁决葡萄牙政府6月提出的征收可持续贡献税及永久性削减养老金两项紧缩措施违反宪法；宪法法院同时宣布，同意政府在今明两年继续执行降低公务员工资和削减养老金等措施，但从2016年起，任何继续减少养老金的措施均属违宪。28日，德国财长朔伊布勒在与法国财长萨潘召开会议后表示，地缘政治紧张局势令欧洲经济承受压力，欧洲国家将在加强投资，包括私营投资和公共投资方面共同努力。28日，美国商务部公布数据显示，美国第二季度经济增长4.2%，高于此前4%的预期。

埃博拉疫情肆虐西非多国。2日，第一位美国埃博拉感染者乘专机从利比里亚回美国接受治疗。4日，世界银行承诺拿出至多2亿美元紧急资金帮助几内亚、利比里亚和塞拉利昂三国抗击埃博拉病毒，用于购买医疗物品、支付相关薪水、购买稳定医疗系统所急需的其他物品。同日，塞拉利昂和利比里亚部署数百兵力，对出现埃博拉疫情的地区进行隔离。5日，第二位美国埃博拉感染者乘专机从利比里亚回美国接受治疗。7日，利比里亚总统瑟利夫宣布全国因埃博拉疫情进入为期至少90天的紧急状态。同日，西班牙从利比里亚接回一位感染埃博拉病毒的传教士，这也是第一位返回欧洲接受治疗的埃博拉病毒感染者。8日，尼日利亚总统乔纳森宣布全国因埃博拉疫情进入紧急状态，并拨款19亿奈拉（1160万美元）用于遏制埃博拉疫情在国内蔓延。8日，世界卫生组织在日内瓦宣布，西非地区持续蔓延的埃博拉疫情为国际公共卫生紧急状况。12日，在利比里亚感染埃博拉病毒的西班牙传教士在马德里死亡。19日，利比里亚总统瑟利夫宣布全国实施宵禁，并命令安全部队隔离一个至少住有5万人的贫民区。21日，美国从利比里亚接回的两名埃博拉病毒感染者先后痊愈出院。同日，南非宣布暂时禁止所有来自几内亚、利比里亚和塞拉利昂三国的非南非公民入境，并对来自尼日利亚、肯尼亚和埃塞俄比亚的人进行更严格的监测。23日，塞内加尔、乍得等多国宣布关闭同西非邻国的边界以防止埃博拉病毒传播入境。28日，世界卫生组织发表通报称，几内亚、利比里亚、塞拉利昂和尼日利亚已有3069人感染埃博拉病毒，其中1552人死亡；实际感染埃博拉人数可能已超过两万。

第一次世界大战百年纪念仪式举行。3日，法国总统奥朗德和德国总统高克出席了在法国上莱茵省第一次世界大战旧战场上举行的第一次世界大战百年纪念仪式，共同缅怀第一次世界大战中为了和平而牺牲的烈士，纪念两国和解，并呼吁巴以早日实现停火。4日，比利时东南部城市列日举行"第一次世界大战爆发100周年纪念"仪式。比利时国王夫妇、法国总统奥朗德、德国总统高克、欧盟领导人巴罗佐、英国王子威廉等欧洲王室和政要参加了仪式。

日本在解禁自卫权等问题上动作频频。4日，日本157名宪法学者联名发表声明，抗议安倍内阁修改宪法解释解禁集体自卫权的决定。5日，日本发布2014年版《防卫白皮书》，继续大肆渲染"中国威胁论"。当日，美国国务院发言人普萨基在记者会上证实，日本政府曾知会美方对包括钓鱼岛在内的158个岛屿命名一事。普萨基重申美方在有关钓鱼岛主权的问题上不持立场。韩国国防部就日本发布2014年版《防卫白皮书》发表立场，重申韩日争议岛屿（韩称独岛，日称竹岛）基于历史、地理和国际法都是韩国固有领土，严正敦促日政府立即中断主张独岛主权。5日，俄罗斯外交部发布消息称，由于日本对俄罗斯实施新制裁，原定8月底在莫斯科举行的、针对俄日争议领土的日俄副外长级磋商将延期。6日，日本民主党党首海江田万里在常任干事会上强调，民主党不允许变更宪法解释解禁集体自卫权。当日，4.5万人冒雨参加广岛"核爆遇难者慰灵式、和平祈念式"，美英法俄等68国驻日大使等政府相关人士出席，表明实现无核武世界的决心。当日，联合国人权事务高级专员皮莱发表声明，称日本政府未能全面、公正、永久地解决慰安妇问题，呼吁日本就慰安妇问题制定全面、公正和永久性的解决方案。这是联合国人权事务高级专员首次对日军慰安妇问题发表强烈谴责言论。7日，中国外交部称，日本2014年版《防卫白皮书》再次罔顾事实，对中国正常的军力发展和海洋活动说三道四，恶意渲染所谓"中国威胁"，人为制造紧张，中方表示强烈不满和坚决反对。15日，日本民主党、社民党等部分在野党议员组成的跨党派议员联盟"立宪论坛"发表规定禁止行使集体自卫权的"和平创造基本法案"草案，力争通过议员立法的形式于秋季临时国会上提交。但法案的受理需经过国会所属党团的批准，民主党内也存在认同解禁集体自卫权的意见，因此或将面临困难。15日，由日本自民党部分国会议员组成的"思考日本前途与历史教育之议员会"在自民党总部召开会议，确认将对《朝日新闻》撤销一部分随军慰安妇报道一事的来龙去脉进行调查，同时一致同意要求党对1993年时任官房长官的河野洋平进行询问调查，确认"河野谈话"是否以这些报道为依据。16日，日本民主党相关人士表示该党计划制定旨在与中国、韩国缓和紧张关系的外交建议"亚洲和平愿景"。21日，日本自民党就慰安妇问题和"河野谈话"举行会议，要求政府在2015年就慰安妇问题发表新的官房长官谈话。22日，日本首相安倍晋三在首相官邸与自民党外交兼经济合作本部长卫藤征士会谈，受理自民党抗议俄军在日俄争议岛屿军演决议。

伊拉克政治安全局势恶化。4日，"伊斯兰国"武装夺取伊拉克叙利亚边境城镇辛贾尔等多个伊北部城镇，20万人被迫逃离家园。7日，"伊斯兰国"武装分子突袭伊北部地区，逼近库尔德自治区首府，当地数万居民被迫逃离家园避难。10日，伊拉克总理马利基称将起诉新总统违宪，并下令在巴格达实施全面安全部署。11日，伊拉克总统马苏姆提名阿巴迪为新总理并授权其组阁。12日，伊朗最高国家安全委员会秘书沙姆哈尼对阿巴迪被任命为伊拉克新总理表示祝贺，同时呼吁伊拉克各政治派别团结起来，共同抵御外来威胁。这是伊朗官方首次在伊拉克总理之争问题上作出表态。20日，"伊斯兰国"武装公布一段录像，声称该组织已将一名美国记者"斩首"。

利比亚局势持续动荡。4日，利比亚新议会"国民代表大会"在东部城市托布鲁克召开了第一次正式会议，国会议员在会议中宣誓就职，阿拉伯联盟、联合国和伊斯兰合作组织的代表出席了仪式。6日，利比亚新议会表示，希望在联合国的监督下达成国内所有武装派别即刻停火的协议，以结束敌对武装派别之间长达三周的暴力冲突。13日，利比亚新议会在图卜鲁格举行会议，决定解散民兵武装。18日，利比亚世俗势力代表人物、退役将领哈夫塔尔控制的武装对首都的黎波里实施了空袭。但利比亚空军方面则称，执行此次空袭行动的应该是外国军机。联合国利比亚支助特派团表示，他们当天与法国和意大利进行了沟通，两国都否认参与了当天的空袭行动。21日，鉴于利比亚安全局势，突尼斯与埃及两国宣布关闭与利比亚的边界领空。25日，利比亚旧议会（国民议会）在首都的黎波里复会，通过投票宣布解除阿卜杜拉·萨尼的临时政府总理职务，并任命政治学教授、来自东部城市班加西的奥马尔·哈西为"救国政府"总理。利比亚出现两个议会、两个总理对立僵持局面。同日，萨尼在图卜鲁格召开记者会，称国民议会没有权力选举产生新的总理，解除其临时政府总理职务的决定是无效的。27日，联合国安理会通过决议，调整对利比亚制裁措施，并就武器禁运作出更严格规定。安理会还决定，向利比亚供应、销售或转移武器等装备必须事先得到有关委员会的批准；促请所有国家在有情报提供合理理由时，检查进出利比亚的货物，确保武器禁运规定得到严格执行。

巴基斯坦政局出现动荡。4日，巴基斯坦西北部德拉伊斯梅尔汗地区发生一起路边炸弹袭击，巴基斯坦主要反对党正义运动党地方领导人法基尔·贾姆希德在袭击中身亡。12日，巴基斯坦总理谢里夫公开拒绝辞职，表示现政府将按照宪法要求完成5年任期。谢里夫在向全国发表的电视讲话中说，巴基斯坦政府将请首席大法官任命3名法官组成委员会，彻查大选是否存在舞弊行为。他提议反对党通过对话解决分歧矛盾。14日，巴基斯坦两个反对党正义运动党和人民运动党的数万名支持者从拉合尔出发开始反政府游行，并于15日深夜抵达首都伊斯兰堡，在市区静坐抗议。16日，巴基斯坦一法院下令对一宗涉及22人的谋杀案立案调查，涉案人员包括现任总理谢里夫。当日，正义运动党领导人伊姆兰·汗表示，除非谢里夫辞职，否则抗议不会停止。人民运动党领袖卡德里则发布一篇包含10项要求的宣言,包括总理纳瓦兹·谢里夫及其胞弟、旁遮普省首席部长沙赫巴兹·谢里夫立即辞职,将两人纳入限制出境名单,组建联合政府,在现有行政区划基础上增加23个省,选举地方政府等。16日,执政党穆斯林联盟(谢里夫派)强调,政府提出通过对话解决分歧,但反对派没有接受,其提出的总理辞职、解散国民议会等要求都是违背民主、违反宪法的。30日,抗议者在巴基斯坦首都伊斯兰堡与警察爆发冲突,造成300多人受伤。

美非峰会举行。4日—6日,首届美国—非洲领导人峰会在美国首都华盛顿举行,美国总统奥巴马和来自非洲的近50位国家元首和政府首脑出席会议。经贸方面,美国与非洲达成逾330亿美元的合作大单,其中有140亿美元是美国企业签署的合作协议。美国还表示将延期《非洲发展与机遇法》,帮助美非继续向对方扩大市场,帮助非洲国家降低区内贸易壁垒,并表示将在未来2年为美国企业对非出口和投资提供70亿美元融资支持。地区和平安全方面,美国承诺在未来3到5年内每年出资1.1亿美元帮助非洲军队加强维和能力,并将先期向加纳、肯尼亚、马里、尼日尔、尼日利亚和突尼斯6国投入6500万美元,帮助它们建设强有力的职业化安全部队,以应对恐怖主义和人口贩卖等威胁。

各方就乌克兰问题继续博弈。5日,美国能源部和美国国家航空航天局表示将禁止工作人员进入俄罗斯领土,俄美科学家单独合作的每个项目都需个别审查。6日,俄罗斯总统普京签署总统令,未来1年内禁止或限制从对俄制裁国家进口部分农产品、原材料及食品。7日,俄罗斯政府网站公布限制进口商品清单,涉及美国、欧盟各国、加拿大、澳大利亚和挪威。7日,加拿大宣布向乌克兰提供非杀伤性军事装备,以帮助乌克兰保卫其东部边境。13日,乌克兰政府宣布同意俄罗斯人道主义援助物资进入乌克兰,但必须先通过乌克兰官员和欧洲安全与合作组织观察员检查。13日,俄罗斯总统普京开始对克里米亚进行两天的工作访问。普京当日在黑海舰队指挥部与联邦安全委员会常委举行委员会工作会议,讨论克里米亚共和国和塞瓦斯托波尔的安全保障等问题。同日,乌克兰外交部对普京访问克里米亚表示强烈抗议。14日,普京在雅尔塔与俄罗斯国家杜马各政党党团举行会晤,并就俄罗斯与西方国家关系、乌克兰问题以及俄罗斯军队建设等发表讲话。16日,乌克兰政府宣布承认俄罗斯提供物资的人道主义援助属性,表示俄罗斯运输车队可在红十字国际委员会的监督下把物资分发到乌克兰东南部地区。17日，德国、法国、俄罗斯和乌克兰四国外长在柏林会晤，商讨停火、乌俄边境检查及向冲突地区平民提供人道援助等问题。20日，俄罗斯总理梅德韦杰夫签署命令，部分撤销对西方国家产品的进口限制。20日，俄罗斯国防部宣布，俄军正在俄罗斯南部进行新一轮军事演习。当地距离乌克兰东部战场仅有数百公里。22日，俄罗斯外交部表示，由于乌克兰政府一再拖延俄方人道主义援助车队入乌，决定让车队进入乌克兰境内，前往东部城市卢甘斯克；对此乌克兰外交部表示，俄方此举没有获得乌方和红十字国际委员会许可，"是对国际法的粗暴破坏"。23日，载有人道主义救援物资的俄罗斯车队将物资运至卢甘斯克，并于当天返回俄罗斯境内。同日，乌克兰总统波罗申科与来访的德国总理默克尔举行会晤。波罗申科重申赞成和平解决乌克兰东部问题，表示外国武装人员妨碍了和平计划的实施。默克尔表示，应通过谈判和外交途径解决问题，德国支持乌克兰领土完整，不承认克里米亚并入俄罗斯。24日，乌克兰在首都基辅市中心举行独立日阅兵式。总统波罗申科在阅兵式上宣布2015年至2017年间向乌克兰军队拨款400多亿格里夫纳（约31亿美元），用于军备更新。26日，乌克兰外交部证实乌克兰已收到俄罗斯打算向乌克兰东部地区运送第二批人道主义救援物资的照会，表示俄罗斯如要继续运送物资，须遵守相关规定。26日，俄白哈关税同盟—欧盟—乌克兰三方会谈在明斯克举行，俄罗斯总统普京、白俄罗斯总统卢卡申科、哈萨克斯坦总统纳扎尔巴耶夫、乌克兰总统波罗申科、欧盟外交和安全政策高级代表阿什顿出席。尽管会议未达成任何书面协议，但各方对会谈本身给予了积极评价。28日，联合国安理会就乌克兰局势召开紧急会议，乌克兰代表指责俄罗斯对该国发动了"直接侵略"，俄罗斯代表则予以否认，联合国官员呼吁立即设法扭转局势升级的趋势。

黎巴嫩军队同叙反对派武装协议实施24小时停火。5日，黎巴嫩高级安全官员称，黎巴嫩军队与叙利亚反对派武装达成协议，从当地时间5日19时开始在黎巴嫩东部与叙利亚接壤的阿尔萨勒镇实施24小时停火。根据这一协议，在停火期间，食品等人道主义物资将被允许运进武装分子占据的阿尔萨勒镇，并从该镇撤出伤员；武装分子释放扣押的黎巴嫩军队和安全部队人员，并撤出阿尔萨勒镇。

多国开展行动打击"伊斯兰国"。7日，法国总统奥朗德表示法国准备为在伊拉克北部同"伊斯兰国"极端组织作战的力量提供援助。8日，美军向"伊斯兰国"极端组织在伊拉克北部的目标发动第二波空袭。10日，英国向伊拉克北部遭极端武装围困的平民空投人道主义救援物资。13日，法国宣布将向伊拉克库尔德武装提供武器，协助其与伊斯兰激进分子作战；法国还表示将向伊拉克北部提供第二次人道主义援助，帮助受到"伊斯兰国"极端组织迫害的宗教少数派。13日，联合国秘书长伊拉克问题特别代表姆拉德诺夫和有关冲突中性暴力问题特别代表班古拉在一份联合发表的声明中对"伊斯兰国"武装组织针对妇女和儿童实施的野蛮暴力行径予以"言辞最强烈的"谴责。14日，联合国将伊拉克人道主义危机的紧急程度提升至最高级。姆拉德诺夫表示，此举将帮助动员更多物资和资金，确保更有效应对族群被迫流离失所造成的人道主义需求。15日，联合国安理会就"恐怖主义行为对国际和平与安全的威胁"举行会议并通过第2170号决议，决定采取措施切断伊拉克和叙利亚极端组织的资金和外来武装分子来源，并制裁有关人员。16日，伊拉克库尔德部队在美军战斗机支援下，向北部摩苏尔大坝附近的"伊斯兰国"极端组织阵地发动攻击。19日，伊拉克政府军与结盟的民兵组织发起大规模攻势，试图从逊尼派叛军手中夺回提克里特市。21日，奥朗德证实法国数月前已向叙利亚反对派提供武器；法国支援伊拉克库尔德武装与"伊斯兰国"极端组织作战的首批装备也已交付。24日，埃及、沙特阿拉伯、约旦、卡塔尔和阿联酋五国外长齐聚沙特吉达市，表示应联合打击地区的恐怖主义和极端主义思想，并通过政治途径解决最尖锐的地区冲突。26日，沙特外交大臣费萨尔与到访的伊朗副外长侯赛因·阿米尔·阿卜杜拉希安在吉达举行会谈，双方主要就双边关系、伊拉克问题和共同面临的恐怖主义威胁等问题进行了磋商。

柬埔寨红色高棉前高官被判刑。7日，在联合国支持下设立的柬埔寨特别战争罪法庭以战争罪和反人道罪判处现年88岁的红色高棉前二号人物农谢和83岁的前国家元首乔森潘终身监禁。

美国防长哈格尔访问印度。7日，美国国防部长哈格尔抵达印度开始为期3天的访问。访问期间，哈格尔与印度总理莫迪、印度防长贾特里举行了会晤，还会见了印美两国防务公司高管。莫迪表示欢迎美国与印度新政府持续的高层次接触，希望看到两国防务关系的深入发展。哈格尔表示美印两国的防务产业合作应当由简单的买卖转向共同生产、共同开发，并提高技术交流的自由度；同时两国还应扩大军事演习的规模，提高军事演习的复杂性。

法国政府小幅改组。7日，因不满法国政府近期的领土规划改革方案，执政党社会党仅剩的盟友左翼激进党威胁退出政府。23日，法国经济部长蒙特布尔在媒体上对政府减赤政策公开提出异议，对总统奥朗德保持既定改革路线不变的立场唱起了反调。25日，奥朗德要求总理瓦尔斯组建一个新的政府，以与"他为国家所设定的方向"保持一致。26日，法国总统府秘书长让·皮埃尔·茹耶在爱丽舍宫宣布新政府组成名单，蒙特布尔、前国民教育部长阿蒙和文化部长费利佩蒂因为公开批评政府经济政策而离职。瓦尔斯表示希望打造一个"明朗内阁"，即内阁成员应态度明确地支持奥朗德制定的方针政策，以便顺利推行既定的改革路线，完成平衡公共财政、恢复经济增长的目标。

美越关系升温。8日，美国国会参议院议员麦凯恩抵达越南开始为期3天的访问。麦凯恩在与越南国会主席阮生雄会面时表示，美国愿与越南在国防安全、经贸、网络安全、水电工程建设等领域加强合作，期盼双方早日谈妥"跨太平洋经济伙伴关系协定"，并将提请美国国会取消"不得向越南出售杀伤性武器"的禁令，期盼进一步加强两国合作。13日，美国参谋长联席会议主席邓普西率领美军高级代表团开始对越南进行为期4天的访问，这是1971年以来美军参联会主席首次访越。期间，越南总理阮晋勇会见了邓普西。阮晋勇表示，越南希望与美国在政治、外交、经济、贸易、投资、文化、教育和培训、科技、环境以及应对气候变化等方面进行更有效的合作。他还对包括越南军官英语培训、协助越南参加联合国维和行动及尽早取消对越杀伤性武器销售禁令在内的越美防务合作的五项内容表示支持。邓普西肯定了美方对美越防务合作五项内容的承诺，表示美国支持越南参加联合国维和行动，希望与越南就海上安全问题进行合作，为尽早取消对越杀伤性武器销售禁令寻求路线图。

东盟系列外长会举行。8日—10日，第47届东南亚国家联盟外长会议、东盟—中国（10+1）外长会、东盟—中日韩（10+3）外长会、东亚峰会外长会和东盟地区论坛外长会等东亚合作系列外长会议在缅甸首都内比都举行，东盟各国与中国、日本、韩国、印度、新西兰、俄罗斯、美国、澳大利亚、加拿大等国外长及欧盟等组织外交代表出席。会议围绕东盟2015年如期建成共同体和"后2015年东盟愿景"展开，就促进东盟原则与核心作用、缩小发展差距、促进地区融合、有效改革东盟体制、东盟与各对话伙伴关系以及南海等国际和地区问题等展开了讨论。缅甸总统吴登盛在会议开幕式上致辞说，东盟首要目标是在2015年成功建立东盟共同体，把繁荣带给人民的同时确保和平与稳定。9日，中国外交部长王毅在东盟—中国（10+1）外长会上表示，中国坚定支持东盟2015年建成共同体，中国—东盟战略伙伴关系经历了"黄金十年"，正在步入起点更高、内涵更广、合作更深的崭新阶段。东盟秘书长黎良明表示，中国已成为东盟不可或缺的战略伙伴。同日，王毅还分别会见了美国、韩国、蒙古、越南、缅甸、马来西亚、老挝等国外长，并与日本外相进行了非正式会谈。10日，东盟外长会议发表联合公报，对南海紧张局势上升表示关切，呼吁有关各方克制，避免导致局势复杂化以及破坏南海地区和平、稳定和安全的行为。

埃及法院宣布解散穆兄会下属政党。9日，埃及最高行政法院裁定解散穆斯林兄弟会下的自由与正义党。这一裁定是针对负责审核新成立政党资格的政党事务委员会的起诉作出的。埃及国家安全委员会经调查认为，自由与正义党违反了有关政党成立条件的法律规定。最高行政法院同时还裁定没收该党全部党产。

美国密苏里州弗格森镇发生骚乱。9日，美国密苏里州弗格森镇非洲裔青年布朗被警察射杀。10日，当地民众开始举行抗议活动，并在当晚升级为骚乱。11日，警察使用催泪瓦斯等驱散示威人群，并逮捕至少5人。15日，警方迫于压力公布涉事警察身份。16日，鉴于事态严重，密苏里州州长宣布弗格森镇进入紧急状态，并实施宵禁。18日，密苏里州州长下令派遣国民警卫队进驻弗格森镇，以恢复当地秩序。18日，美国总统奥巴马中断休假返回华盛顿，与白宫高级顾问商议平息骚乱事件。

埃尔多安当选土耳其总统。10日，土耳其正义与发展党候选人、现任总理埃尔多安在土耳其第12任总统选举中获胜。根据非官方统计结果，埃尔多安的得票率是51.8%，共和人民党和民族行动党联合提名的伊赫桑奥卢得票率为38.5%，亲库尔德的人民民主党推举的德米尔塔什得票率为9.8%。21日，埃尔多安在首都安卡拉正义与发展党党部宣布，土耳其外长达武特奥卢将接替他，出任新总理和正义与发展党新主席。28日，埃尔多安在大国民议会宣誓就职，正式出任土耳其共和国第12任总统。90多名来自不同国家和地区的领导人和代表出席了就职典礼。土耳其主要反对党共和人民党全体议员对埃尔多安的就职典礼进行了抵制。埃尔多安在就职讲话中表示将努力促进经济快速发展,增加社会福利和国民收入,继续推行和平、团结和繁荣的外交政策,推动加入欧盟的谈判进程。埃尔多安,1954年出生于土耳其伊斯坦布尔,毕业于马尔马拉大学。曾任美德党伊斯坦布尔省党部主席、伊斯坦布尔市市长。2001年,埃尔多安创建正义与发展党并任主席。2003年3月,埃尔多安出任土耳其政府总理,并于2007年和2011年两次连任总理。

印巴两国摩擦不断。10日,巴基斯坦驻印度高级专员邀请印控克什米尔地区分离主义领导人赴新德里,就即将举行的印巴外交秘书级会谈进行咨询。18日,印度外交部宣布取消原定于8月25日在伊斯兰堡举行的印巴外交秘书级会谈。当日,巴基斯坦外交部表示,巴驻印高级专员上述行为是巴印举行外交会谈前的一个惯例;印度取消印巴外交秘书级会谈,使巴基斯坦领导人发展与印度睦邻友好关系的努力受挫。19日,巴驻印高级专员在新德里会见三名印控克什米尔地区分离主义领导人。20日,巴驻印高级专员就其会见印控克什米尔地区分离主义领导人进行解释,称对话是寻求永久和平的唯一方式。24日,印度官员称,印度和巴基斯坦军队在边境的交火加剧,导致至少4人死亡。

朝韩双方频繁互动。11日,韩国政府以青瓦台国家安保室第一次长金奎显的名义向朝鲜发去通知,提议于19日在韩朝边界板门店朝方一侧的"统一阁"举行高层会谈,就离散家属团聚等双方共同关心的问题进行磋商。12日,俄罗斯总统普京向朝鲜最高领导人金正恩发去贺电,对朝鲜解放日表示庆祝。金正恩13日回电,表示朝俄友好的历史和传统在抗日战争烈火中形成并不断传承,相信两国友好合作关系将在各领域得到进一步加强和发展。13日,朝鲜人民军西南战线司令部表示,韩军前日对西南海域正常作业的朝鲜渔船胡乱发炮射击是严重的军事挑衅。18日,韩美"乙支自由卫士"联合军演正式启动。韩国军方表示,军演期间将加强对朝监视,防范朝鲜"挑衅"。18日,朝鲜外务省发言人对美韩开始进行"乙支自由卫士"联合军演予以谴责,称朝鲜的自卫回应将年例化、定期化,并升级到"任何人都不可预测"的更高阶段。19日,朝鲜代表团一行8人抵达韩国,参加仁川亚运会相关学术会议和体育项目的比赛抽签。22日,朝鲜通知韩方称,将派遣由273人组成的代表团参加仁川亚运会,其中包括150名运动员。韩国统一部发言人表示,朝鲜通过参加亚运会比赛抽签活动的代表团向韩方传达了上述消息。朝鲜提议用书面形式商讨亚运会相关事项,韩方将接受该提议,并与朝方进行必要的协商。27日,朝鲜人民军军人誓师大会在位于人民武力部的金日成和金正日铜像前举行。朝鲜人民军青年同盟委员长严向哲致辞时表示,全体军人衷心拥护最高司令官金正恩的先军领导。27日,朝鲜祖国和平统一委员会官方网站发表评论文章,首次提及韩国政府有关举行高层会谈的提议内容。文章称,最近韩国政府表示愿意就朝鲜关心的任何问题进行协商,如果韩国确有诚意,就不应当只在口头上强调对话与合作,而是要付诸于实际行动。28日,朝鲜任命前外务省副相金衡俊出任驻俄大使。

美澳签署军力部署协议。12日,美国和澳大利亚在悉尼举行年度部长级定期磋商会议,正式签署了一项军力部署协议,允许约2500名美国海军陆战队队员轮驻澳大利亚北部城市达尔文。澳大利亚方面称澳美军事合作是两国作为盟友的自然产物,并不针对第三国。

俄罗斯宣布在俄日争议岛屿军演。12日,俄罗斯开始在俄日争议岛屿(俄称千岛群岛,日本称北方四岛)举行军事演习。俄国防部称,参与军演的包括部署在千岛群岛的军事单位,主要涉及滨海边疆区的空降师、陆军航空兵和太平洋舰队的行动小组。此次军演投入千余兵力、5架直升机和百余武器装备。在演习实操阶段,应用了俄罗斯制造的最新无人机,空降兵还在直升机协助下在千岛群岛中的某个岛屿进行了登陆演练。

也门路边炸弹爆炸致14人死亡。13日,3名拆弹专家在也门南部拉赫季省拆除一处路边炸弹时被炸身亡,另有11名平民丧生。随后,也门安全部队士兵与不明身份武装人员在爆炸地点附近发生激烈交火。

习近平、李克强分别出席南京青奥会开、闭幕式。16日,第二届夏季青年奥林匹克运动会开幕式在南京奥林匹克体育中心体育场举行,中国国家主席习近平出席开幕式并宣布南京青奥会开幕。应习近平之邀前来参加开幕式的外国政要有新加坡总统陈庆炎、摩纳哥国家元首阿尔贝二世亲王、布隆迪总统恩库伦齐扎、斐济总统奈拉蒂考、马尔代夫总统亚明、黑山总统武亚诺维奇、瓦努阿图总理纳图曼和联合国秘书长潘基文等。同日,习近平在南京举行宴会,欢迎前来出席青奥会开幕式的国际贵宾。习近平代表中国政府和人民,对各位嘉宾莅临南京青奥会表示热烈欢迎,对国际奥委会和国际奥林匹克大家庭以及各国政府和人民给予的支持和帮助,表示诚挚的谢意。他强调青奥会不仅是展示和切磋运动技艺的体育赛事,更是促进文化交流融合的重要平台，是属于全世界青少年的青春盛会。参与青奥会的每一位青少年都将成为加深了解、传播友谊、促进合作的奥运大使、和平大使、亲善大使。这将极大夯实各国友好交往的民意基础，推动建设持久和平、共同繁荣的和谐世界。28日，中国国务院总理李克强在南京举行宴会，欢迎出席第二届夏季青年奥林匹克运动会闭幕式的国际贵宾。国际奥委会主席巴赫、国际奥委会名誉主席罗格、安提瓜和巴布达总理布朗、吉布提总理卡米勒、马达加斯加总理库卢、克罗地亚议长莱科等出席。李克强在致辞中代表中国政府感谢国际奥委会和国际奥林匹克大家庭对南京青奥会的支持、配合和帮助，祝贺各国和地区运动员取得优异成绩。他指出，南京青奥会的成功举办，将更加有力地促进中国青年同世界青年的交流与合作，更加广泛地促进中国人民同世界各国人民的了解和友谊，更加深入地促进建设持久和平、共同繁荣的和谐世界。同日，第二届南京青年奥林匹克运动会闭幕，李克强出席了当晚的闭幕仪式。

缅甸全国停火协议谈判取得多项共识。17日，缅甸政府与少数民族武装组织关于全国停火协议草案的第五轮谈判结束。双方表示已就全国停火取得多项共识，即将完成协议文本谈判，并同意在9月就余下几点协议草案内容继续进行谈判。

伊朗拒绝将导弹项目列入核谈判内容。17日，伊朗总统鲁哈尼对到访的国际原子能机构总干事天野之弥表示，伊朗的导弹项目不会出现在任何层级的谈判中。鲁哈尼还表示，伊朗对核谈判的态度是严肃的，伊朗不追求和平使用铀浓缩以外的核能力。

亚太经合组织第三次高官会在北京举行。20日—21日，2014年亚太经合组织第三次高官会在北京举行。此次高官会是领导人会议周前各经济体高官最后一次全体会议，核心工作是为11月举行的领导人非正式会议做好全面准备。在为期两天的会议中，21个成员的高官在"共建面向未来的亚太伙伴关系"主题下，围绕区域经济一体化，经济创新发展、改革与增长，全方位互联互通与基础设施建设等重要议题进行深入讨论，进一步凝聚共识，落实合作倡议，为领导人会议取得重要成果作好准备。2014年亚太经合组织会议筹委会主任、国务委员杨洁篪出席开幕式并致辞。高官会主席、外交部副部长李保东主持会议。包括21个经济体、秘书处、工商咨询理事会及观察员的高官和代表出席会议。

印尼宪法法院维持总统选举结果。21日，印度尼西亚宪法法院驳回了败选总统候选人普拉博沃·苏比安托的所有诉求，为当选总统佐科·维多多组建新政府铺平了道路。宣判当天，印尼政府出动5.2万名军警维持秩序，数千名普拉博沃的支持者在宪法法院外示威并与防暴警察发生冲突，警方使用高压水枪和催泪瓦斯驱散了抗议示威者。根据印尼法律，宪法法院的判决为终审结果。普拉博沃团队当晚已经表态接受这一判决。而当选总统佐科在赞扬宪法法院审判专业、透明的同时，表示将着手组建新一届政府。

加拿大宣布新的北极研究项目。21日，加拿大总理哈珀在其第九次夏季北方巡视的第一站加拿大育空地区怀特霍斯市，宣布了加拿大国家研究委员会新的北极项目。新的北极项目的焦点集中在四个方面，包括资源开发、北方地区的交通运输、航海安全技术和北方社区的基础设施。在未来8年中，这个国家研究委员会的北极项目预计耗资1700万加元，吸引6500万加元的工业领域投资。

习近平访问蒙古。21日，中国国家主席习近平抵达蒙古国首都乌兰巴托，对蒙古国进行国事访问，同蒙古国总统额勒贝格道尔吉举行会谈，两国元首共同总结中蒙关系发展，规划各领域交流合作，达成一系列重要共识，一致决定将中蒙关系提升为全面战略伙伴关系，坚持睦邻友好、守望相助、增进互信、深化合作，共谱中蒙关系发展新的历史篇章。额勒贝格道尔吉表示，今年是蒙中建交65周年，习近平主席对蒙古国进行国事访问具有重要历史意义。习近平指出，中蒙建交65年来，友好和合作是两国关系主流。双方都真诚尊重对方根据自己国情选择的政治制度和发展道路，都真诚照顾彼此核心利益和重大关切，都真诚视对方发展为自身发展的重要机遇。这一局面来之不易，值得珍惜。中方愿意同蒙方增进睦邻互信，深化互利合作，实现共同发展繁荣。这次双方决定将两国关系提升为全面战略伙伴关系，具有重要战略意义，符合两国和两国人民根本利益。22日，习近平在蒙古国国家大呼拉尔发表题为《守望相助，共创中蒙关系发展新时代》的重要演讲，强调中蒙要做守望相助的好邻居。不论国际风云如何变幻，双方都要牢牢把握两国关系大方向，站在战略伙伴的角度多为对方着想，在涉及彼此主权、安全、领土完整等重大核心利益和重大关切问题上相互予以坚定支持。习近平指出，当今世界，亚洲是经济发展最具活力的地区，同时也是热点敏感问题较多的地区，亚洲国家如何正确处理同邻国关系，实现邻国间和睦相处、共同发展，妥善解决彼此间的争议和矛盾，是一个重大课题。要破解这一课题，关键在于要顺应时代潮流和民心所向，坚持相互尊重、求同存异、面向未来、合作共赢的原则，更多用东方智慧来解决问题、化解矛盾、促进和谐。当日，习近平还分别会见了蒙古国国家大呼拉尔主席恩赫包勒德和蒙古国总理阿勒坦呼亚格。

泰国陆军司令巴育当选临时总理。21日，泰国国家立法议会召开会议选举临时总理，泰国陆军司令、"全国维持和平秩序委员会"主席巴育获得了立法议会197名成员中191人支持，当选临时总理。当天有3名国家立法议会成员因缺席会议未能投票，另有3人弃权，无人投反对票。

美国众议院正式起诉奥巴马。25日，美国国会众议院行政委员会主席康迪斯·米勒表示她已签署一份聘请美国贝克豪斯律师事务所为院外法律顾问的合同，由该律所代表起诉奥巴马。米勒表示，众议院请求司法部门来审查总统是否忠诚执行法律，众议院将继续以公开透明的方式捍卫美国宪法。根据合同规定，众议院在诉讼期间支付的律师费价格为每小时500美元，但总体费用不得超过35万美元，合同到期时间是2015年1月。

塔吉克斯坦就边境交火事件向吉方表示强烈抗议。25日，塔吉克斯坦与吉尔吉斯斯坦边防军在边境发生交火，导致了4名塔吉克斯坦公民受伤，2人死亡。26日，塔吉克斯坦外交部发表声明称，塔方已就日前发生的边境交火事件向吉尔吉斯斯坦外交部发出照会，对吉方的行为表示强烈抗议；塔方认为吉方破坏双方此前共同达成的协议和企图以武力方式解决问题的方式不可接受，若今后再有类似事件发生，塔方将保留使用一切手段保护本国公民和领土安全的权利。26日，吉尔吉斯斯坦国家边防局表示，此次边境交火的原因是塔吉克斯坦边防军欲在两国边境有争议地段设立边境检查站；塔吉克斯坦边防军不仅首先开火，还在交火中使用了迫击炮。

日本与湄公河流域五国召开部长级会议共商合作。27日，泰国、缅甸、柬埔寨、越南和老挝等湄公河流域五国在缅首都内比都召开与日本之间的经济部长会议。日本经济产业相茂木敏充出席会议，强调湄公河流域国家具有巨大潜能，呼吁通过包括五国在内的东亚区域全面经济伙伴关系等平台来统一投资和服务规则，让区域内制造业零部件供应网得以发展。

阿根廷爆发24小时大罢工。27日，阿根廷全国总工会宣布于28日举行24小时的全国各行业总罢工，以要求政府降低个人纳税比率、提高退休金和劳工报酬、改善现行经济和社会政策以缓解物价飞涨和高通胀率。这是 2014 年以来阿根廷发生的第二次全国性大罢工。同日,零星抗议示威活动已在首都布宜诺斯艾利斯和周边省份中心城市进行,示威者一度用路障阻塞了多条重要高速公路。但 28 日总罢工开始后,除示威人数大幅增加和发生更多断路事件,抗议者并未采取过激行为,也未与警方发生严重冲突。阿根廷全国总工会主席玛亚诺表示,参与此次罢工的人数占全国劳动行业从业人员的 80%到 90%。28 日上午,阿根廷政府首席内阁部长卡皮塔尼奇代表政府与工会组织代表进行谈判。双方就提高政府对公共服务、公共工程及其相关行业的补贴达成一致。阿根廷政府当即宣布,将对上述行业追加约 1 亿美元的财政补贴和投资预算。

印尼与澳大利亚签署防止监听行为准则协议。28 日,澳大利亚外长毕晓普和印度尼西亚外长马尔迪在印尼巴厘岛签署一项协议,印尼总统苏西洛出席签字仪式。该协议旨在重建因监听丑闻而遭到破坏的双边关系,两国承诺不使用各自的情报机构从事对对方构成伤害的活动,并在目前"伊斯兰国"武装分子威胁增加的情况下,加强两国的合作。

9月

习近平出席上合组织峰会并访问塔吉克斯坦等四国
李克强出席第八届夏季达沃斯论坛
英国苏格兰地区独立公投未获通过
第七轮伊朗核问题全面协议谈判举行
联合国气候变化峰会开幕

日本与印度建立特别战略伙伴关系。1日，日本首相安倍晋三与到访的印度总理莫迪在东京举行会谈。日印首脑在会谈后发表的联合声明称，日印将建立"特别战略全球合作伙伴关系"，加深在经济、政治、文化、安保等领域的合作。莫迪在会后的联合记者会上说："全世界都知道21世纪是属于亚洲的，但其结构和质量还不明朗。这要看日本和印度怎样一起合作。……我想我们的关系正朝向一个新的层级。"安倍在联合记者会上发言时表示，日本与印度的联系是"世界上最具潜力的之一"。他和莫迪将携手合作，"我要从根本上加强我们在每一个领域的关系，将我们的关系提升为一个特别的战略和全球性伙伴关系。"

安倍改组内阁并调整自民党高层人事。3日，日本首相安倍晋三进行了第二次执政后的首次内阁改组，同时也对自民党高层人事作出了调整。此次内阁改组，12人被替换，8人首次入阁。内阁改组新设了"地方创生大臣"及"安保法制大臣"，分别由备受关注的石破茂和兼任防卫大臣的江渡聪德出任。包括首相安倍晋三在内，安倍新内阁19名成员中，15名是右翼团体"日本会议"成员，比改组前还多了两人。同日上午还敲定了自民党副总裁、干事长、政务调查会长、总务会长等自民党内四大要职的人事安排，自民党新领导班子由此成立。

俄蒙元首表示将加强两国各领域合作。3日，应蒙古国总统额勒贝格道尔吉邀请，俄罗斯总统普京对蒙古国进行工作访问。普京此访主要目的是参加俄蒙联军哈拉哈河战役胜利75周年庆典活动。访问期间，额勒贝格道尔吉与普京举行了正式会谈，就深化和发展两国经贸关系、恢复传统友好关系交换了意见。在会谈后举行的联合记者会上，额勒贝格道尔吉表示，双方解决了基础设施、过境运输、公民互免签证等重要问题。普京表示，俄方愿意将两国贸易关系恢复到传统水平，在卫生检疫条件许可条件下，可从蒙古国进口肉类产品。访问期间，蒙俄两国政府、部委和企业间共签署15份协议、意向书和备忘录，内容涉及司法、基础设施、通信、森林防火和航空运输等。

美欧继续与俄就乌克兰问题较量。3日，正在蒙古国访问的俄罗斯总统普京提出解决乌克兰危机的七点建议。第一，乌克兰政府军和东部民间武装都应停止进攻性军事行动；第二，乌克兰政府军应撤退至一定的安全距离，以避免政府军炮火对乌克兰东部居民点造成破坏；第三，乌克兰冲突双方应创造条件以保证国际社会对乌克兰东部停火局势进行全面和客观监控；第四，禁止空袭冲突区域内的平民和居民点；第五，冲突双方不预设任何条件地交换全部战俘；第六，为难民开辟人道主义通道并向乌克兰东部地区城市和居民点提供人道主义救援物资；第七，向东部地区遭破坏的居民点派遣救援队，以恢复当地基础设施，帮助当地民众准备过冬。5日，乌克兰官方代表同乌克兰东部民间武装代表在白俄罗斯首都明斯克举行的会谈上签署停火协议，决定从当地时间5日起在乌克兰东部顿巴斯地区实现停火。停火协议包括14项内容，涉及双方对停火的有效监控措施、交换战俘等。8日，乌克兰和美国海军在黑海西北部举行"海风—2014"演习。除了乌克兰和美国，参加演习的还有西班牙、加拿大、罗马尼亚和土耳其。演习海上部分总共包括12艘军舰和护卫船，其中包括5艘乌克兰海军舰船。乌克兰海军司令部表示，演习目的是"采取国际行动确保危机地区行船安全"。8日，欧洲理事会主席范龙佩发表声明说，欧洲理事会通过了欧盟对俄罗斯进一步制裁方案。11日，范龙佩发表声明说，欧盟对俄罗斯新制裁方案将于12日生效。欧洲理事会相关文件显示，新制裁方案加强了对俄罗斯进入欧盟资本市场的限制，包括：欧盟公民和公司将可能不再向5家俄罗斯主要的国有银行提供贷款；禁止交易这5家俄罗斯银行发行的期限超过30天的债券、股权等类似金融工具；禁止对3家俄防务公司和3家俄能源公司提供债务融资，同时禁止交易以上公司发行的期限超过30天的债券和股权；禁止对上述金融工具的发行提供相关服务。此外，在深水石油开发、北极石油勘探、俄罗斯页岩油项目上，欧盟将可能不再提供有关钻探、试井、测井等服务。制裁还涉及对俄罗斯出口军民两用产品和军事用途技术的禁令。同时，新增24名人员禁止入境欧盟，并冻结其在欧盟的资产。12日，美国政府宣布对俄罗斯国防、金融和能源行业采取进一步制裁措施，包括把俄罗斯最大银行纳入制裁范围。美国公布的主要制裁措施包括：禁止美国公民或公司就期限超过30天的债务与"俄罗斯技术公司"实施交易，或者买卖俄罗斯储蓄银行、莫斯科银行和俄罗斯农业银行等6家银行发行的期限超过30天的债务，或者买卖俄罗斯天然气工业石油公司和俄罗斯石油管道运输公司期限超过90天的新债；冻结5家俄罗斯国有国防技术企业在美国境内的资产；禁止向俄罗斯天然气工业股份公司等5家能源企业出口可用于深海和北极石油以及页岩气钻探和生产的商品、服务或技术。19日，在俄罗斯与欧安组织代表的斡旋下，乌克兰政府与反对派在白俄罗斯首都明斯克签署备忘录，内容包括：双方全面停火、设置30公里缓冲区等九项要求。21日，欧盟对外行动署发表声明，对乌克兰冲突有关各方签署文件以落实停火协议表示欢迎。声明说，各方应该全面落实最新的协议和以前达成的停火协议，持续停火对实现政治解决乌克兰问题具有关键作用。25日，美国驻乌克兰大使杰弗里·派亚特表示，美国在安全领域对乌援助增加了4600万美元，一批美国顾问将很快抵达乌克兰帮助乌军现代化建设。

泰国新一届政府宣誓就任。4日，泰国第29任总理巴育率领新内阁在泰国国王普密蓬的见证下宣誓集体就职，标志着泰国新一届政府正式成立。按照计划，泰国国会将于2016年初举行新一轮大选。受此轮政治风波的影响，2014年泰国国内生产总值增长仅为2%。泰国副总理比迪亚通表示，新政府在经济领域最关注的六大议题分别是税务改革、预算管理、基础设施投资、国企重组、能源改革和提高农产品附加值。12日，巴育向泰国国家立法议会阐述了施政纲领。巴育的施政纲领涵盖11个领域，强调恢复泰国经济，进行政治改革；只有在具备向民选政府顺利过渡政权的条件后，才会举行大选；将于10月底成立"国家改革委员会"推行全面改革。

北约峰会召开。4日—5日，北约峰会在英国威尔士召开。本次峰会规模空前，除了28个成员国政府首脑，还特别邀请了27个伙伴国的领导人以及欧盟和国际组织代表，出席会议的各国政要超过60位。北约秘书长拉斯穆森发表声明说，这次首脑会议对于北约来说是"一个重要的机遇"。首先，北约将于2014年年底前结束在阿富汗的军事行动，并与阿富汗展开新的合作。其次，北约领导人将推进北约现代化，让这一组织保持"强大、灵活，准备好应对任何安全挑战"。5日，拉斯穆森在英国威尔士纽波特市宣布了北约在阿富汗撤军后未来的非战斗任务计划。他说，北约在2014年年底撤军后将致力于三个方面的任务：一是短期内在北约领导的"支援阿富汗任务"框架下，由北约盟国及其他参与方一道承担向阿富汗安全部队提供培训、咨询和协助等的非战斗任务；二是中期内向阿富汗安全部队提供资金援助，北约重申将在 2017 年前向阿富汗政府提供用于维持军事力量的援助资金；三是长期目标，即按照 2010 年北约峰会上签署的协议构建北约—阿富汗持久伙伴关系。拉斯穆森还说，阿富汗与美国达成《双边安全协议》是实现"支援阿富汗任务"的前提，由此北约才能完成必要的法律程序。

安倍访问孟加拉国及斯里兰卡。6 日，日本首相安倍晋三前往孟加拉国和斯里兰卡进行正式访问。当天下午，安倍与孟加拉国总理哈西娜在孟加拉国首都达卡市举行了会谈。哈西娜表示孟加拉退出 2015 年 10 月联合国安理会非常任理事国的竞选，支持日本担任非常任理事国。7 日下午，安倍晋三与斯里兰卡总统贾帕克萨在斯里兰卡首都科伦坡会谈，双方就加强在海洋安全领域的合作达成一致。由于斯里兰卡位于日本从中东运输石油的印度洋海上要道，安倍表示将启动调查为提供巡逻船作准备。会谈后，双方签署了写入上述内容的联合声明。

朝鲜展开一系列外交活动。6 日，朝鲜劳动党中央委员会分管国际事务的书记、政治局委员姜锡柱率领代表团启程访问德国、瑞士等欧洲四国和蒙古国。8 日，姜锡柱访问德国，会见德国社会民主党国际委员会委员长尼尔斯·安南，双方就深入发展两国关系交换了意见。9 日，朝鲜劳动党中央政治局委员兼朝鲜内阁总理朴凤柱在庆祝建国 66 周年中央报告大会上说，在朝鲜最高领导人金正恩领导下，共和国政权将全面贯彻金日成、金正日遗训，沿着自主、先军、社会主义道路前进。朴凤柱说，朝鲜将为打破民族面临的困局、改善北南关系、开创自主统一新局面竭尽全力。朴凤柱表示，朝鲜今后将继续坚持自主、和平、亲善的对外政策理念，不断拓展与尊重朝鲜自主权、与朝鲜和谐相处的所有国家的友好合作关系，为世界和平与安全、人类共同繁荣作出积极努力。14 日—16 日，以姜锡柱为团长的朝鲜劳动党代表团对意大利进行访问，分别会见了意大利参议院副议长、北方联盟党团主席等议会有关人士和意大利综合投资集团董事长。姜锡柱还同意大利民主党领导成员和意大利共产党总书记分别举行了会谈。17 日，朝鲜发布人权报告，称朝鲜对人权问题的立场来源于"主体思想"，这是以人为主的科学思想。报告详细介绍了朝鲜保护和增进人权的历史和现状，以及朝鲜对国际人权公约的履行情况等。28 日，朝鲜外长李洙墉在联合国大会第六十九届会议一般性辩论会议上表示：安理会必须改革了。安理会不应该忽视以色列在一个常任理事国的庇护下对巴勒斯坦的占领。本世纪最大的谎言就是一个常任理事国说伊拉克有大规模杀伤性武器。如果安理会不能改革，联合国可以考虑不要这么一个不符合时代的理事会。李洙墉还强调，朝鲜半岛需要统一，但这种统一并不是用一种制度取代另一种制度，而是在一个国家允许两种制度并存。这是防止战争、维护和平的唯一方式。

伊拉克新政府宣誓就职。8 日，伊拉克国民议会表决通过候任总理海德尔·阿巴迪提交的新一届内阁大部分成员名单，批准阿巴迪正式出任总理。根据这份名单，逊尼派人士、现任副总理萨利赫·穆特拉克，什叶派人士巴哈·阿拉吉以及库尔德人、现任外长马哈茂德·兹巴里被任命为副总理；前总理易卜拉欣·贾法里出任外交部长；前副总统阿迪勒·阿卜杜勒-迈赫迪出任石油部长，现任副总理鲁什·努里·沙维斯出任财政部长。10 日，美国国务卿克里访问伊拉克，会见新总理阿巴迪。克里当天还宣布，美国将额外对伊拉克提供近 4800 万美元的援助。二人会后对新闻界谈及打击"伊斯兰国"极端组织。阿巴迪表示，许多"伊斯兰国"极端组织成员从叙利亚一侧进入伊拉克，伊拉克只能自卫，无法越境打击。他呼吁国际社会承担起打击"伊斯兰国"极端组织的重任，共同抑制这颗"毒瘤"的蔓延。克里首先祝贺阿巴迪领导的新政府成立，并称对新政府为应对当前局势所做的努力感到"鼓舞"。他说，美国将与国际社会一道，帮助伊拉克打击"伊斯兰国"极端组织。克里表示，就伊拉克当前局势而言，成立包容性的新政府只是第一步，新政府必须进一步凝聚伊拉克国内各派力量，进行有效施政。

习近平会见美国总统国家安全事务助理赖斯。9 日，中国国家主席习近平在北京人民大会堂会见美国总统国家安全事务助理苏珊·赖斯。习近平请赖斯转达对奥巴马总统的问候和祝愿。习近平强调，在当前复杂多变的国际形势下，加强中美合作愈显重要。中方愿意同美方一道，构建中美新型大国关系，使中美关系沿着不冲突、不对抗、相互尊重、合作共赢的轨道持续健康发展。习近平指出，构建中美新型大国关系就像建造一座大厦，首先要夯实战略互信基础。中国人民正在为实现中华民族伟大复兴的中国梦而奋斗。使 13 亿中国人民过上幸福美好的生活，是我们的所思所想。我们比任何时候都需要一个和平稳定的外部环境，中国坚定不移走和平发展道路。中美要加强对话，增进了解，尊重和照顾彼此核心利益和重大关切，妥善处理分歧、减少摩擦。习近平强调，构建中美新型大国关系大厦需要不断添砖加瓦。中美两国拥有广泛共同利益，对世界和地区和平、稳定、繁荣都肩负重要责任。两国应该合作、可以合作的领域很多。双方要扩大和深化经贸、金融、基础设施建设、安全、人文等领域交流合作，加快双边投资协定谈判，发展两军关系，加强在气候变化、反恐以及重大国际地区热点问题上的沟通与协调。习近平表示：我期待奥巴马总统11月来华出席亚太经合组织领导人非正式会议并访华，愿同他就中美关系及共同关心的重大问题深入交换意见。相信在双方共同努力下，奥巴马总统此行将会取得积极成果。赖斯向习近平转达了奥巴马总统的问候。赖斯表示：奥巴马总统坚信，美中关系是当今世界最重要的双边关系之一。解决当前各种全球性问题和挑战，离不开美中合作。美方坚定致力于加强美中合作，推进新型大国关系建设。我非常赞同习近平主席将美中新型大国关系比喻为一座大厦，美方愿意同中方一道，为这座大厦打牢地基、添砖加瓦。美方希望同中方进行坦诚的对话，增进互信，管控好分歧和摩擦，不让它们妨碍两国合作。美方希望同中方促进两国人民交往，深化经贸关系和其他各领域务实合作，加强在重大国际和地区问题上的沟通与协调。奥巴马总统非常期待11月来华出席亚太经合组织领导人非正式会议并访华，期待同习近平主席进行会晤。相信这次访问将进一步加强和深化美中建设性合作，为两国人民和世界人民带来更多福祉。

联合国秘书长叙利亚问题新特使访问叙利亚。9日，新任联合国秘书长叙利亚问题特使德米斯图拉访问叙利亚。11日，叙利亚总统巴沙尔·阿萨德在叙利亚首都大马士革会见了德米斯图拉，表示叙利亚政府将支持并配合德米斯图拉的工作。巴沙尔说，叙利亚政府希望德米斯图拉在确保叙利亚人民利益的前提下圆满完成任务，叙利亚政府期待一个能够消除所有恐怖主义的解决方案。巴沙尔说，有目共睹的是，现在打击恐怖主义已成为最重要的事，因为恐怖主义在地区内的泛滥已成为一个严重的危害，并威胁到所有人。德米斯图拉表示将不遗余力与叙利亚问题有关各方进行会谈，努力寻找一个和平解决叙利亚危机的方案。他同意叙利亚政府的观点，即打击恐怖主义已成为重中之重。

奥巴马全面阐述打击"伊斯兰国"战略。10日，美国总统奥巴马在首都华盛顿发表电视讲话，全面阐述美国打击"伊斯兰国"极端组织的战略。他表示，美国将通过发动空袭和支持合作伙伴地面作战部队的方式来"削弱并最终摧毁'伊斯兰国'"，现决定加大对伊拉克空袭力度，同时将"毫不犹豫"对叙利亚境内的"伊斯兰国"武装采取行动。奥巴马说，在伊拉克新政府已经产生的前提下，美国将带领一个广泛的国际联盟打击"伊斯兰国"，目标是通过全面、持续的反恐战略来削弱并最终摧毁这一极端组织，但美国作战部队不会重返外国战场。他强调，不管"伊斯兰国"极端组织身在何处，美国都将通过"发动空袭和支持合作伙伴作战部队"的手段进行不懈打击。美方这一做法曾被应用于对付也门和索马里的恐怖分子，被证明是成功的。奥巴马从四个方面具体阐述了美方战略。第一，加大对伊拉克空袭力度，不局限于目前实施的"保护美方设施人员"和"人道主义救援"两项任务，而是对伊拉克境内极端组织目标发动直接打击。与此同时，美方不会容忍"伊斯兰国"在叙利亚境内拥有"安全港"，将"毫不犹豫"对其采取空袭行动。第二，美国将加大对地面合作伙伴的支持，美国决定再派475名军事人员前往伊拉克，他们将被部署到巴格达和埃尔比勒的两处联合行动中心。美方还将向伊拉克政府和库尔德武装提供2500万美元军事援助。奥巴马同时请求国会授权向叙利亚反对派提供装备和训练支持，称迄今美国尚未向叙利亚反对派提供军事援助，但考虑到叙利亚反对派目前是对抗巴沙尔政权和"伊斯兰国"的重要力量，美国需加大支持力度。第三，美国致力于切断"伊斯兰国"组织外部资金来源，同时积极应对加入"伊斯兰国"的欧美国家公民的威胁。奥巴马表示，他将出席联合国会议，希望各国能加大执法和情报合作，阻止这些欧美国家公民出入"伊斯兰国"所在地区。第四，美国将与国际社会合作加大对伊拉克人道主义援助，帮助流离失所的逊尼派、什叶派以及少数宗教派别民众。

李克强出席第八届夏季达沃斯论坛。10日，第八届夏季达沃斯论坛开幕式在天津梅江会展中心举行。世界经济论坛主席施瓦布、马里总统凯塔、塞尔维亚总理武契奇、阿尔巴尼亚总理拉马、丹麦首相托宁－施密特等各国政要以及来自世界90多个国家和地区各界代表2100多人出席会议。中国国务院总理李克强出席开幕式，并发表致辞。李克强指出：创新是经济社会发展的不熄引擎，世界经济稳定复苏要靠创新，中国经济近年来能够持续健康发展，主要动力也来自改革创新。2014年以来，中国经济下行压力加大。我们坚持稳中求进工作总基调，保持定力，主动作为，不搞"强刺激"，而是强力推改革，大力调结构，着力惠民生，保持了经济平稳运行。李克强说：中国经济运行能够实现总体平稳，重要的是在区间调控下实施了定向调控，这也是一种结构性调控。我们将继续创新宏观调控思路和方式，更多运用改革创新的办法，聚焦"激活力、补短板、强实体"，推动牵一发而动全身的重点领域改革，把"改革的红利"转化为"发展新动能""民生新福祉"。我们有信心有能力实现今年经济社会发展的主要预期目标。李克强强调：着眼未来，我们要进一步加快转变经济发展方式，以结构性改革促进结构调整，用好创新这把"金钥匙"，使中国经济保持中高速增长、迈向中高端水平，打造中国经济升级版。李克强表示，我们要加快体制创新步伐。创新不单是技术创新，更包括体制机制创新、管理创新、模式创新。按照"法无授权不可为""法无禁止皆可为""法定职责必须为"的原则，拿出"权力清单"，讲清政府应该干什么；给出"负面清单"，指明企业不能做什么；理出"责任清单"，维护公平竞争的市场环境。李克强指出：我们要加大科技创新力度，更多地依靠科技进步调整结构。培育壮大新产品、新业态，加快发展服务业、高技术产业、节能环保等新兴产业；积极化解产能过剩矛盾，走创新驱动和内生增长之路。只要大力破除对个体和企业创新的种种束缚，形成"人人创新""万众创新"的新局面，中国发展就能再上新水平。李克强最后说：中国坚定走和平发展道路，是国际体系的积极参与者、建设者和贡献者，致力于维护和平稳定大环境和睦邻友好大局。我们反对各种形式的保护主义，倡导开放公平的全球统一大市场，推动多边自贸安排和双边自贸区建设"两个轮子"一起转。坚持实行更加积极主动的开放战略，优化和规范营商环境，继续吸引外国企业来华投资兴业。中国永远做一个开放的大国、学习的大国、包容的大国，从中国国情出发，努力建成一个创新的大国。

习近平会见俄罗斯总统普京。11日，中国国家主席习近平在塔吉克斯坦首都杜尚别会见俄罗斯总统普京。习近平指出：近期，我们在上海和巴西福塔莱萨两次会晤，达成一系列重要合作共识，两国政府各部门和各地方正在积极落实，中俄关系和各领域合作势头强劲。本月初，你亲自出席中俄东线天然气管道俄罗斯境内段开工仪式，体现了你对两国能源合作的重视，对深化双方各领域务实合作起到了带动和示范作用。目前双方正在积极探讨高铁合作，卫星导航系统合作已经启动，联合研制远程宽体客机和重型直升机等大项目合作又取得新进展。我愿意继续同你保持密切沟通，推动双方加大相互支持，扩大相互开放，相互给力借力，共同抵御外部风险和挑战，实现各自发展振兴。关于两国务实合作，习近平强调，双方要继续促进两国战略性大项目合作，特别是尽早启动中俄西线天然气管道项目，推动两国能源合作迈上新台阶。双方还要扩大金融合作，推动双边本币互换，共同建设好金砖国家开发银行。普京表示：当前，俄中关系发展势头良好，各领域合作正在按照我们达成的共识和协议顺利向前推进。我同习近平主席在出席本次上海合作组织峰会期间再次会晤，就重大问题和两国合作进行沟通，对推动俄中关系下一步发展非常重要。我对当前两国经贸合作表示满意，希望双方继续着力推进油气、核能、航空、金融、基础设施建设等领域重大项目。俄中西线天然气管道项目是互利共赢的，我本人高度重视，要加快建设。我们还要充分发挥两国间100多对友好省州、城市关系的作用，促进地方合作和人文交流。当前国际和地区形势不稳定、不确定因素增多，俄中要加强在国际和地区事务中的协调和协作。两国元首还就即将举行的上海合作组织杜尚别峰会交换了意见，认为当前形势下，本组织成员国要加强团结、互信、合作，推动安全和经济"两个轮子"同步发展，坚决打击"三股势力"，大力推动各领域务实合作，使本组织成为成员国稳定和发展的可靠保障。中俄双方要加强沟通协调，加大投入，引导上海合作组织始终朝着服务本地区国家共同利益的方向发展。习近平表示，中方支持俄方接任上海合作组织主席国并办好2015年乌法峰会。普京介绍了俄方对当前乌克兰危机的看法和立场。习近平强调，有关方要追根溯源，从根本上去理顺和解决矛盾。中方主张政治解决乌克兰危机，呼吁乌克兰方面尽早开启包容性对话，达成全面解决危机的政治方案。普京表示，俄方重视和赞赏中方在乌克兰问题上的立场和主张，愿同中方保持沟通。两国元首还就阿富汗、西亚北非形势等交换了看法。

习近平出席中俄蒙三国元首会晤。11日，中国国家主席习近平在塔吉克斯坦首都杜尚别同俄罗斯总统普京、蒙古国总统额勒贝格道尔吉举行中俄蒙元首会晤。习近平强调，中俄蒙三国是好邻居、好伙伴。在当前复杂多变的国际和地区形势下，三国元首首次举行会晤，就彼此关切的合作问题进行沟通，可以增进三方互信，促进互利共赢合作，实现优势互补，共同发展，推动东北亚区域合作进程，很有必要，也具有重要意义。良好的开始是成功的一半。相信这次会晤将为今后三方更加紧密的关系发展打下良好基础。习近平指出，中俄蒙三国发展战略高度契合。中方提出共建丝绸之路经济带倡议，获得俄方和蒙方积极响应。我们可以把丝绸之路经济带同俄罗斯跨欧亚大铁路、蒙古国草原之路倡议进行对接，打造中蒙俄经济走廊，加强铁路、公路等互联互通建设，推进通关和运输便利化，促进过境运输合作，研究三方跨境输电网建设，开展旅游、智库、媒体、环保、减灾救灾等领域务实合作。三方可以深化在上海合作组织框架内合作，共同维护地区安全，实现共同发展。三方还要加强国际合作，共同维护国际关系基本准则，共同倡导互信、互利、平等、协作的新安全观，共同推动以和平方式，通过对话谈判，政治解决国际争端和热点问题。中方支持蒙方积极参与地区事务。明年是世界反法西斯战争暨中国人民抗日战争胜利70周年，也是联合国成立70周年。中俄将举办一系列庆祝和纪念活动，我们欢迎蒙方参加有关活动。普京表示，俄中蒙三国地理相邻，要加强交往、对话、协调。中方共建丝绸之路经济带的倡议为三国合作提供了新的重要机遇。三方要把各自发展计划结合起来，在能矿、交通基础设施建设等领域建立长期稳定合作关系。三国都主张世界多极化，应该共同努力，维护地区安全稳定。额勒贝格道尔吉表示，蒙古国从战略高度重视同中国和俄罗斯发展更加紧密的睦邻友好合作关系。前不久，习近平主席和普京总统分别访问蒙古国，推动了蒙中、蒙俄关系发展。蒙方希望加强同中、俄的合作，拉动交通基础设施互联互通和跨境运输。蒙方希望加强同亚太经合组织等机制的合作，积极参与地区事务。三国元首认为，这次会晤非常有益，将分别责成各自有关部门落实三国元首达成的共识，研究有关合作建议，及时向三国元首汇报。建立三国副外长级磋商机制，统筹推进三国合作。三国元首同意，今后将根据需要继续举行三国元首会晤。

习近平出席上合组织峰会并访问塔吉克斯坦等四国。11日，中国国家主席习近平抵达塔吉克斯坦首都杜尚别，应塔吉克斯坦总统拉赫蒙邀请，出席上海合作组织成员国元首理事会第十四次会议并对塔吉克斯坦进行国事访问。12日，上海合作组织成员国元首理事会第十四次会议在杜尚别举行。中国国家主席习近平、哈萨克斯坦总统纳扎尔巴耶夫、吉尔吉斯斯坦总统阿坦巴耶夫、俄罗斯总统普京、塔吉克斯坦总统拉赫蒙、乌兹别克斯坦总统卡里莫夫出席会议。习近平在会上发表重要讲话，强调要牢固树立同舟共济、荣辱与共的命运共同体、利益共同体意识，凝心聚力，精诚协作，以维护地区安全稳定为己任，以实现共同发展繁荣为目标，以促进民心相通为宗旨，以扩大对外交流合作为动力，全力推动上海合作组织朝着机制更加完善、合作更加全面、协调更加顺畅、对外更加开放的方向发展，为本地区人民造福。拉赫蒙主持会议。与会元首共同签署并发表了《上海合作组织成员国元首杜尚别宣言》。13日，习近平在杜尚别同塔吉克斯坦总统拉赫蒙举行会谈，两国元首就深化中塔关系达成重要共识，批准了中塔战略伙伴关系未来5年发展规划，一致决定全面加强务实合作，实现共同发展、共同繁荣、共同安全。习近平祝贺塔方成功举办上海合作组织杜尚别峰会，强调中塔双方要共同推动本组织发展及成员国团结合作，并在联合国、亚信等框架内就国际和地区热点问题保持沟通协调。会谈后，习近平和拉赫蒙共同签署《中塔关于进一步发展和深化战略伙伴关系的联合宣言》，见证了经贸、农业、能源、基础设施建设等领域多项合作文件的签署。14日，习近平抵达马累，开始对马尔代夫进行国事访问。15日，习近平同马尔代夫总统亚明在马累举行会谈。两国元首在亲切友好的气氛中就双边关系和共同关心的问题交换意见，一致同意建立中马面向未来的全面友好合作伙伴关系。会谈后，两国元首共同出席了外交、经贸、基础设施建设等领域合作文件签字仪式，并为中方参与建设的马尔代夫拉穆环礁连接公路项目和民用住宅项目揭牌。16日，习近平抵达科伦坡，开始对斯里兰卡进行国事访问。同日，斯里兰卡总统拉贾帕克萨在科伦坡为习近平主席举行盛大欢迎仪式。两国元首在亲切友好气氛中举行会谈，高度评价中斯友谊，共同规划两国合作，宣布启动中斯自由贸易谈判，推动中斯战略合作伙伴关系深入发展。会谈后，在两国元首见证下，双方签署《中斯关于深化战略合作伙伴关系的行动计划》以及经贸、基础设施建设、海洋科研、文化、教育等领域合作协议。17日，习近平抵达古吉拉特邦艾哈迈达巴德市，开始对印度进行国事访问。同日，习近平在古吉拉特邦进行访问。印度总理莫迪全程陪同，共同参观甘地故居和河岸公园发展项目。在习近平和莫迪共同见证下，双方签署了关于设立输变电设备产业园区，中国广东省和古吉拉特邦、广州市和艾哈迈达巴德市结为友好省邦、友好城市的协议。18日，习近平在新德里同莫迪举行会谈。两国领导人一致同意，携手构建更加紧密的发展伙伴关系，抓住发展机遇，实现各自发展目标，促进亚洲和平、稳定、繁荣，推动国际秩序朝着更加公正合理的方向发展。会谈后，习近平和莫迪共同出席了经贸、金融、交通运输、海关、文化等领域双边合作文件的签字仪式。同日，习近平在印度世界事务委员会发表题为《携手追寻民族复兴之梦》的重要演讲。习近平阐述中印友好合作，强调中印两国要做更加紧密的发展伙伴、引领增长的合作伙伴、战略协作的全球伙伴。习近平介绍中国发展目标，阐述中国和平发展道路，展望中国同南亚合作前景，表示中国愿同南亚各国和睦相处，为南亚地区发展贡献更大力量。

美国宣布与"伊斯兰国"处于"战争状态"。12日，美国白宫发言人欧内斯特说："美国和'伊斯兰国'正处于战争之中，就如同美国与'基地'组织及其在全球的分支所处的（战争）状态一样。""人们要明白的第一件事就是，总统已清楚解释，他的伊拉克和叙利亚战略将如何削弱并最终铲除'伊斯兰国'，这同美国在之前的伊拉克战争中所采取的策略是不一样的。"17日，美国国会众议院表决通过一项修正案，批准美军为叙利亚反对派提供装备和训练支持，帮助叙利亚反对派对抗"伊斯兰国"极端组织。为加强国会监督职能，修正案提出，国防部和国务院必须至少提前15天向国会提交装备和训练叙利亚反对派的详尽报告，写明行动计划、审核叙利亚反对派的程序、向叙反对派提供哪些装备和训练、行动计划如何与美方打击"伊斯兰国"总体战略相适应等内容。

法国主办伊拉克和平与安全国际会议。15日，关于伊拉克和平与安全的国际会议在法国首都巴黎召开。有近30个国家和国际组织出席会议，就打击极端组织"伊斯兰国"进行磋商。会议发表联合声明称，对伊拉克新政府成立表示祝贺，全力支持伊拉克政府为打击"伊斯兰国"极端组织和其他恐怖组织所采取的举措；将为伊拉克政府提供一切必要手段打击恐怖组织，其中包括伊拉克政府需要的"适当军事援助"，该援助应符合国际法和伊拉克人民的安全利益。支持联合国在协调帮助伊拉克政府问题上起主导作用，感谢阿盟和欧盟对此发挥的积极作用；应尊重伊拉克主权、独立和领土完整。呼吁国际社会对伊拉克提供人道援助，以支持伊拉克重建和该地区经济发展。法国外长法比由斯会后向记者表示，会议探讨的焦点在于如何切断"伊斯兰国"的资金渠道以及如何防止外国好战分子前往叙利亚和伊拉克。

第六十九届联合国大会开幕。16日，第六十九届联合国大会在纽约联合国总部开幕。第六十九届联大主席萨姆·库泰萨主持联大首次全体会议。库泰萨表示，本届联大一般性辩论的主题设定为"落实和执行2015年后发展转型议程"，将审议振兴联大、气候变化、加强联合国同区域及次区域组织合作、推动和平解决争端和建设和平、推动性别平等和妇女赋权等重要问题。

英国苏格兰地区独立公投未获通过。18日，苏格兰就是否从大不列颠及北爱尔兰联合王国独立展开公投。共有约420万苏格兰人注册参与独立公投，占全部可投票人口的97%。这是苏格兰史上最大规模的投票。此次投票规定：

只有16岁以上、居住在苏格兰及出生在英国的其他地区、现已成为苏格兰居民的人才有权投票。出生在苏格兰,但现居英国其他地区的人则不能投票。19日,苏格兰独立公投落下帷幕。据官方数据,本次公投中,共有2001926人(55.3%)投票反对独立,1617989人(44.7%)投票赞成独立。在约420万登记选民中,超过360万参与了投票,投票率高达84.6%,创下英国投票率的纪录。本次公投的投票率是英国1918年开始普选以来最高的一次。投票率纪录保持者是1950年大选中的84%。苏格兰首席部长萨蒙德发表讲话承认失败,并宣布辞去政府和党内的领导职务,称接受苏格兰人民的意愿。同时表示,希望英国政府遵守给与苏格兰更多的承诺。

第七轮伊朗核问题全面协议谈判举行。18日,伊朗核问题六国(美国、法国、德国、英国、中国和俄罗斯)及欧盟与伊朗在纽约举行第七轮伊朗核问题全面协议谈判。欧盟外交与安全政策高级代表阿什顿、伊朗外长扎里夫及六国相应官员与会。26日,伊朗核问题六国第七轮伊朗核问题全面协议谈判结束,并未取得突破。伊朗总统鲁哈尼当天表示,希望谈判能够"提速"。伊朗和伊朗核问题六国此前为伊朗核问题谈判设置新的最终期限,规定各方在2014年11月24日前就伊朗核问题达成一项全面协议。根据协议,伊朗需缩减该国核活动,以换取各国逐步解除对伊制裁。

也门政府变更。21日,因也门国内政治危机持续恶化,也门总理巴桑杜宣布辞职。同日,也门政府与胡塞武装组织在首都萨那签署停火协议,结束了在萨那市近一周的武装流血冲突。在签字仪式上,联合国也门问题特使贾迈勒·本·奥马尔宣读了协议内容。也门政府和胡塞武装组织同意立即在萨那市停止交火,总统哈迪将在近期任命新总理,然后在一个月内组建专家型政府,并降低汽油和柴油价格。该协议同时赋予胡塞武装组织在组建内阁和未来军队改革中更大的权力。22日,联合国秘书长潘基文发表声明,欢迎也门政府与胡塞武装组织签署停火协议,并希望该协议立即得到全面执行。声明说,潘基文一直密切关注也门近期事态发展,认为也门各方当天作出的停止敌对行动和共同努力建设国家的承诺是朝着实现该国政治稳定与和平迈出的积极一步。声明说,潘基文希望停火协议立即得到全面执行,呼吁也门政治领导人确保其具有控制权或影响力的军队停止一切暴力,不再参与冲突。

阿富汗公布大选结果。21日,阿富汗独立选举委员会宣布,前财长阿什拉夫·加尼在总统大选中获胜。当天早些时候,加尼和参加最终角逐的反对党领袖阿卜杜拉·阿卜杜拉签署协议，同意组建团结政府，并确定新政府的执政框架。根据协议，设立"政府长官"一职，阿卜杜拉将任此职。"政府长官"将作为政府部长会议的主席，行使相关职权，而内阁依旧由总统领导。同日，联合国秘书长潘基文通过发言人发表声明，欢迎阿富汗结束总统选举进程，同时祝贺阿什拉夫·加尼当选阿富汗新总统。声明说，安理会强调，阿富汗各方应在团结政府的框架内开展工作，为全体阿富汗人民创造一个团结、和平、繁荣的未来。安理会期待与阿富汗团结政府合作。声明说，安理会重申其支持阿富汗走向和平、和解、民主和发展的承诺，呼吁阿富汗新政府有效应对该国面临的问题，包括安全、经济复苏和打击毒品等。声明说，安理会谴责塔利班、"基地"组织及其他极端组织旨在破坏阿富汗稳定的暴力和恐怖活动。

利比亚新内阁产生。22日，利比亚国民代表大会在东部小城图卜鲁格通过了临时政府总理阿卜杜拉·萨尼提出的新内阁名单。在当天与会的112名议员中，110人对新内阁名单投了赞成票。除萨尼外，新内阁共有13名成员，包括3名副总理和10名部长，但国防部长一职暂时空缺。此外，新内阁没有设立石油部长一职，石油领域的事务将由利比亚国家石油公司负责。

美国等多国首次对叙境内"伊斯兰国"目标发动空袭。22日，美国国防部发言人柯比表示，"我可以确认，美国及多个伙伴国家出动了战斗机和轰炸机对叙利亚境内的'伊斯兰国'目标进行了空袭。此次袭击还使用了'战斧'式导弹。"他表示，美军中央司令部于当天早些时候作出了对叙利亚空袭的决定。

国际原子能机构第五十八届大会召开。22日，国际原子能机构第五十八届大会在维也纳召开，来自全球100多个国家和地区的代表参加本届大会。中国国务院总理李克强致贺信，李克强表示，当前中国政府正在着力推进绿色、循环、低碳发展，建设美丽中国。我们坚持推进能源节约、控制能源消费总量、优化能源结构、提高清洁能源比重，在确保安全的基础上高效发展核电。中国愿同国际原子能机构及其他成员国一道，拓展合作范围，提升合作水平，携手应对挑战，共同推进人类和平利用核能事业。26日，由澳大利亚、加拿大、法国、德国、日本、韩国、英国、美国共同提交的关于在朝鲜执行核保障监督问题的决议草案在大会上一致获得通过，决议敦促朝鲜遵守2005年9月达成的关于朝鲜半岛无核化的六方会谈共同声明，并执行联合国安理会通过的多项决议，停止一切核活动，不再开展核试验，放弃发展核武器。根据此次提交国际原子能机构大会讨论的报告，自2013年8月开始，该机构通过卫星图像发现，有蒸汽和冷却水从朝鲜宁边核设施一个5兆瓦的核反应堆向外排出，反应堆可能正在运行。但由于朝鲜已经驱逐了国际原子能机构核查人员，该机构不清楚反应堆的具体运行情况。

联合国气候变化峰会开幕。23日，为期一天的联合国气候变化峰会在纽约联合国总部举行。本次气候变化峰会是联合国秘书长潘基文倡议举行的，目的是为2015年在巴黎举行的《联合国气候变化框架公约》第二十一届缔约国会议达成协议进行政治动员。来自200多个国家和国际组织的代表出席峰会。此次峰会是有史以来规模最大的专门讨论气候变化问题的国际会议，同时也是2015年巴黎气候大会前最重要的一次会议。中国国家主席习近平特使、国务院副总理张高丽出席联合国气候变化峰会，在峰会全会上发表题为《凝聚共识，落实行动，构建合作共赢的全球气候治理体系》的讲话。张高丽在讲话中说，中国高度重视应对气候变化，愿与国际社会一道，积极应对气候变化的严峻挑战。中国是13亿人口的发展中国家，发展经济、改善民生、保护环境任务艰巨。作为一个负责任的大国，今后中国将以更大力度和更好效果应对气候变化，主动承担与自身国情、发展阶段和实际能力相符的国际义务。张高丽强调，中国坚定支持2015年巴黎会议如期达成协议。他提出三点倡议：一要坚持公约框架，遵循公约原则。2015年协议的谈判进程和最终结果必须坚持共同但有区别的责任原则、公平原则和各自能力原则，加强公约规定和承诺的全面、有效和持续实施。二要兑现各自承诺，巩固互信基础。各方要落实已达成的共识，特别是发达国家要提高减排力度，落实到2020年每年向发展中国家提供1000亿美元资金支持和技术转让的承诺。三要强化未来行动，提高应对能力。无论发达国家还是发展中国家，都需要走符合本国国情的绿色低碳发展道路，从实际出发研究提出2020年后的行动目标，采取更加有力的应对措施，切实加强务实合作，为应对气候变化作出新的努力和贡献。张高丽最后表示，应对气候变化是人类共同的事业。中国愿与各国加强沟通，凝聚共识，同舟共济，负起责任，构建合作共赢的全球气候治理体系，有效应对气候变化，共创人类美好明天。美国总统奥巴马、坦桑尼亚总统基奎特、瑙鲁总统瓦卡、联合国秘书长潘基文等也在全会上发表讲话。

联合国安理会召开反恐峰会。24日，联合国安理会召开反恐峰会。这次峰会由安理会本月轮值主席、美国总统奥巴马主持，多国国家元首和政府首脑与会并讲话，联合国秘书长潘基文出席并发言。峰会一致通过第2178号决议，要求采取措施打击外国战斗人员前往叙利亚和伊拉克加入当地极端组织。决议还要求各国通过法律阻止本国国民加入"伊斯兰国"等极端组织。

朝鲜举行第十三届最高人民会议第二次会议。25日，朝鲜第十三届最高人民会议第二次会议在平壤万寿台议事堂举行。会议通过"全面实施12年制义务教育，提高教育质量"的决议。朝鲜最高领导人金正恩未出席会议。朝鲜内阁总理朴凤柱在会议上作了关于实施12年制义务教育的报告。朴凤柱指出，要扩大和加强教师队伍，提高教师水平；做好试办技术高中的筹备工作；积极推动中等教育向更高层次发展；巩固教育科研机关的研究力量，强化其责任和作用等。26日，在朝鲜中央电视台播放的有关朝鲜最高领导人金正恩指导活动的纪录片中，提及金正恩"虽然身体不适，但仍以如火般热情行进在领导人民的道路上"。这是金正恩20多天未露面以来，朝鲜官方媒体首次提及其身体不适。

联合国呼吁国际社会携手抗击埃博拉。25日，联合国埃博拉疫情防控高级别会议在纽约联合国总部召开，联合国秘书长潘基文呼吁国际社会同几内亚、利比里亚与塞拉利昂团结在一起，共同行动阻止疫情蔓延。世界卫生组织总干事陈冯富珍表示："埃博拉是全世界应当应对的疾病，需要更快的国际回应。"塞拉利昂总统科罗马在会议上表示，塞拉利昂等国需要国际社会支持，"尤其需要更多治疗中心、实验室与设备，需要更多医务人员在治疗中心工作，当地医务人员需要得到更多培训，需要改变航班停飞的状况，需要大批物资支持"。为帮助几内亚、利比里亚与塞拉利昂应对疫情蔓延，世界银行25日宣布在之前承诺出资2.3亿美元的情况下，补充1.7亿美元的资金支持。这4亿美元中，2.3亿美元将用于疫情应急响应，余下1.7亿美元则会在中长期发挥作用，帮助疫区国家改善医疗卫生体系状况。联合国埃博拉应急特派团已向西非派出先遣队，首批成员已抵达加纳首都阿克拉。特派团的主要任务包括阻止疫情暴发、治疗感染者、确保基础服务、维持稳定、预防疫情在其他国家爆发等。中国外交部长王毅在出席联合国埃博拉疫情防控高级别会议时指出，中国始终同疫区人民站在一起，先后有170多名医务人员坚持在一线与当地共同抗疫，第一时间向几内亚等4国提供防控救治物资，8月再次向利比里亚等3国提供价值3000万元人民币的人道主义物资，向塞拉利昂派出两批移动式生物安全实验室。中国将进一步向非洲有关国家提供总价值2亿元人民币紧急现汇、粮食和物资援助,向世卫组织和非盟各提供200万美元现汇援助。

西非埃博拉疫情继续蔓延。26日,世界卫生组织发布报告称,截至9月23日,几内亚、利比里亚、塞拉利昂3国在2014年埃博拉疫情中累计报告6553人确诊或疑似感染埃博拉病毒,其中3083人死亡。世卫组织的报告称,利比里亚仍是疫情最严重的国家,共报告有3458名感染者,其中1830人死亡。利比里亚感染者数量、死亡病例数量都高于几内亚与塞拉利昂两国的总和。进入2014年9月以来,利比里亚首都蒙罗维亚新增感染者数量已超过全国新增病例的50%。世卫组织的报告还指出,塞拉利昂是区域内感染者数量第二多的国家,塞拉利昂整体上疫情在加重,疫情最严重的凯拉洪区和凯内马区疫情趋于稳定,但是首都弗里敦及周边区域疫情仍在蔓延。

欧俄乌就俄罗斯向乌克兰供气问题达成初步一致。26日,欧盟、俄罗斯和乌克兰代表在德国首都柏林就俄罗斯向乌克兰输送天然气事宜达成初步一致,以确保今冬俄罗斯向欧盟国家和乌克兰供应天然气。三方谈判代表在闭门会谈后先后出席新闻发布会。欧盟委员会负责能源事务的委员奥廷格说,三方经过"紧张的谈判",初步同意签署一项临时协议,乌克兰在年底前向俄罗斯支付31亿美元天然气欠款,其中20亿美元需在10月底前支付;俄罗斯在10月底收到20亿美元后,向乌克兰输送50亿立方米天然气。奥廷格说,谈判分歧在于价格,而非是否供气。三方将于下周再次会面,讨论落实细节并最终签署协议。他没有说明下轮会面的具体时间和地点。俄罗斯能源部长诺瓦克说,三方会谈的主要目的是保证即将到来的冬天欧盟国家及乌克兰供气安全,三方就签订"冬季供气解决方案"达成初步一致,这项协议有效期为6个月。乌克兰能源和煤炭工业部长普罗丹对乌克兰年底前向俄罗斯支付31亿美元天然气欠款表示认同。但他强调,支付首笔20亿美元必须以俄罗斯保证乌克兰供气安全为前提。他说,三方下周会拿出最终解决方案。

联合国举行维和行动问题高级别会议。26日,联合国就维和行动问题举行高级别会议。联合国秘书长潘基文宣布将任命一个高级小组,对联合国维和行动及政治特派团进行评审。中国外交部长王毅出席会议并发言。王毅强调,中国是联合国维和行动的坚定支持者和积极参与者,是安理会5个常任理事国中派遣维和人员最多的国家,共向联合国维和行动派出2.5万多人次维和人员。目前仍有2100多名中国维和人员正在冲突地区为和平值守。中国将继续坚定支持并扩大参与联合国维和行动，即将向联合国驻南苏丹特派团增派700人的维和步兵营，正积极考虑向联合国维和行动派遣直升机和更多维和民警。此前，25日，中国国防部新闻发言人耿雁生表示，根据联合国安理会关于调整联合国南苏丹特派团兵力和授权问题的2155号决议，应联合国邀请并经国务院、中央军委批准，中国军队决定派遣一个700人的维和步兵营赴南苏丹执行维和任务。

阿富汗与美国签署双边安全协议。30日，阿富汗和美国代表在阿富汗首都喀布尔签署阿美《双边安全协议》，协议将递交阿富汗国民议会审议。该协议生效后将为美国2014年后继续在阿富汗驻军提供法律依据。阿富汗新任总统加尼表示，该协议的签署有助于维护阿富汗和地区的和平稳定。

奥巴马与莫迪会谈。30日，美国总统奥巴马和到访的印度总理莫迪在白宫举行会晤，讨论了贸易、气候变化和安全等问题，寻求重振两国伙伴关系。奥巴马表示，印度的崛起符合美国的利益。他和莫迪都同意，首要目标是改善美印两国的教育与职业培训。奥巴马说，莫迪与他有着同样的愿景，要改善仍然生活在贫困中很多印度人的生活。莫迪说，他有信心印度将出现快速经济增长与转型，印美经济合作伙伴关系将在未来几年里得到急速发展。他说，他寻求奥巴马的支持，对那些在美国市场的印度服务公司继续实行开放与易于进入的政策。两国发表的联合声明说，两位领导人承诺启动以发展资本市场和为基础设施建设筹资为主的美印投资倡议，以推动机构投资者和企业增加投资；同时采取措施，把两国的贸易额从当前的约1000亿美元提高5倍。联合声明还说，莫迪在会晤中强调将把与美国的伙伴关系置于优先位置，以实现印度作为一个"负责任和有影响力的世界大国"崛起的目标。奥巴马则认可印度作为"一位朋友和伙伴"的崛起符合美国的利益，重申支持印度成为安理会常任理事国。

10月

李克强访欧并出席第十届亚欧首脑会议等活动
朝鲜高级别代表团出席仁川亚运会闭幕式并访韩
巴西总统罗塞夫连任
国际社会联手应对埃博拉出血热持续蔓延疫情
美联储宣布结束量化宽松政策
阿富汗问题伊斯坦布尔进程第四次外长会举行

俄联邦委员会批准《欧亚经济联盟条约》。 1 日，俄罗斯联邦委员会（议会上院）批准了《欧亚经济联盟条约》，该条约由俄罗斯、白俄罗斯、哈萨克斯坦三国总统今年 5 月 29 日签署。欧亚经济联盟由俄罗斯、白俄罗斯、哈萨克斯坦三国关税同盟发展而来，根据条约，欧亚经济联盟将于 2015 年 1 月 1 日起正式启动，三国将在 2025 年前实现商品、服务、资本和劳动力的自由流动，终极目标是建立类似于欧盟的经济联盟，形成一个拥有 1.7 亿人口的统一市场。21 日，俄罗斯联邦委员会主席马特维延科在吉尔吉斯斯坦首都比什凯克表示，俄罗斯将再向吉尔吉斯斯坦提供 3000 万美元帮助其发展经济，并在两年内向吉尔吉斯斯坦提供 2 亿美元帮助其实施加入欧亚经济联盟的相关措施。

美欧等国持续加大打击"伊斯兰国"力度。 1 日，法国总统奥朗德召开小型国防会议，讨论打击"伊斯兰国"极端组织及相关恐怖组织问题，决定加强在伊拉克实施军事行动的部署。2 日，丹麦议会表决通过了政府派战斗机参与空袭极端组织"伊斯兰国"的军事行动计划。同日，土耳其议会通过一项动议，授权政府采取越境行动打击活跃在叙利亚和伊拉克的恐怖组织。7 日，加拿大议会投票表决，决定加入空袭伊拉克极端组织"伊斯兰国"国际联盟的行列。同日，联合国秘书长叙利亚事务特使德米斯图拉就持续遭到"伊斯兰国"武装进攻的叙北部城市科巴尼局势发出紧急呼吁，要求国际社会为保护科巴尼及其居民立即采取行动。伊拉克政府 7 日发表声明说，伊拉克总理阿巴迪 6 日晚在与土耳其总理达武特奥卢通电话，强调任何外国军队在伊拉克土地上的存在都是不被允许的。达武特奥卢表示，在得到伊方许可之前，土耳其没有也不会采取任何越境军事行动。9 日，美国警告称，需要采取"紧急与迅速的"行动，制止极端组织"伊斯兰国"的猛攻。11 日，针对"伊斯兰国"正与库尔德人在土叙边境重镇科巴尼激战，欧盟外交事务和安全政策高级代表阿什顿发表声明,呼吁国际社会在打击极端组织方面开展更广泛的合作。17日,安理会15个成员国一致发表的声明称,安全理事会的成员呼吁国际社会按照国际法,加强与扩大给予伊拉克政府以及其安全部队的支持,协助它对付"伊斯兰国"与附属的武装组织。20日,库尔德武装发言人称,已在叙利亚城镇科巴尼收到美国空投的大量军火,这些军火将被用于打击"伊斯兰国"。同日,土耳其外长恰武什奥卢在安卡拉对媒体说,土耳其政府已同意伊拉克库尔德地区武装过境进入叙土边境城市艾因阿拉伯。同日,法国国防部发布公报说,法军19日再次对极端组织"伊斯兰国"在伊拉克的目标发动空袭。29日,俄罗斯外交部长拉夫罗夫表示,俄罗斯主张国际社会共同努力打击恐怖主义,但要建立在坚实的国际法基础之上。在打击恐怖主义的斗争中,既要考虑使用军事手段,同时也要排除产生极端主义问题的根源。

销毁叙利亚化武联合国联合代表团结束使命。1日,联合国秘书长发言人迪雅里克说,负责销毁叙利亚化学武器的禁止化学武器组织—联合国联合代表团已结束使命。联合国秘书长潘基文同日发表声明,向联合代表团特别协调员卡格及代表团工作成员表示感谢,认为其在极具挑战且复杂的情况下成功完成了工作。潘基文也向为之提供支持的广大会员国及组织表示感谢,强调我们需要一个没有化学武器的世界,他再次呼吁有关国家加入《禁止化学武器公约》。

日本安倍政权继续右倾化。1日,日本首相安倍晋三在参议院全体会议上接受各党代表质询时强调,7月作出的解禁集体自卫权的内阁决议使强化日美合作成为可能,威慑力也将有飞跃性的提高。日本民主党前防卫相田中直纪第一个进行质询,指出7月内阁决议实际上为自卫队的海外派兵开了绿灯,将增加危险性。15日,日本在纽约要求联合国删除关于二战日军随军慰安妇报告的部分内容。17日,靖国神社举行例行秋季大祭活动,110名"大家都来参拜靖国神社国会议员之会"会员前往参拜;正出访意大利的安倍以"内阁总理大臣"名义供奉祭品。18日,安倍内阁总务大臣高市早苗、国家公共安全委员会委员长山谷惠里子、女性活跃担当大臣有村治子参靖。20日,安倍决定任命两名自民党议员分别出任经济产业大臣和法务大臣,替代当天早些时候因政治资金丑闻而辞职的两名女性阁僚。安倍表示,他对两人辞职负有任命责任,但当前政治和行政课题堆积如山,不能因两人辞职影响政治日程。21 日，日本内阁官房长官菅义伟在国会问询中表示，1993 年时任日本官房长官河野洋平承认日本军强征慰安妇问题的发言，"有很大问题，我们否认那个发言。政府将为恢复日本的名誉和信任努力申诉。" 27 日，安倍接见韩国国会议长时称，无意修改"河野谈话"。

美国拟取消对越南武器销售禁令。2 日，美国政府宣布，美方正在采取措施以部分取消已对越南实施长达 30 年的杀伤性武器销售禁令。美国国务院发言人普萨基在例行新闻发布会上说，国务卿克里当天告诉到访的越南副总理兼外长范平明，美国国务院正在采取措施，以允许今后向越南转让与海上安全相关的国防用品。这一政策支持越南为提升其海域预警能力和海上安全能力所采取的努力。

朝鲜高级别代表团出席仁川亚运会闭幕式并访韩。4 日，由朝鲜人民军总政治局局长黄炳誓、朝鲜劳动党中央委员会书记崔龙海、朝鲜劳动党中央书记金养健、祖国和平统一委员会书记局副局长孟庆日等组成的朝鲜高级别代表团抵达韩国仁川，出席亚运会闭幕式。当天，韩国总理郑烘原在仁川亚运会主体育场会见该代表团。朝鲜高级别代表团与青瓦台国家安保室室长金宽镇、统一部长官柳吉在等韩国高层官员举行"午餐会谈"。朝方同意于今年 10 月底至 11 月初期间举行第二次南北高级别会谈，并表示将进一步讨论相关具体事项。朝方还表示，举行第二次高级别会谈，就是今后要继续举行南北间对话。6 日，韩国总统朴槿惠主持召开首席秘书会议，在谈到朝鲜高级别代表团近日访韩一事时说，韩朝双方就举行第二次高级别会谈达成一致，这为今后南北关系改善带来了转机，意义重大。希望以此为契机，韩朝能通过对话开启和平之门。14 日，朝鲜劳动党机关报《劳动新闻》在第一到第三版刊登了朝鲜最高领导人金正恩视察新建成的卫星科学家居住区的照片。这是金正恩自 9 月 3 日观看牡丹峰乐团的音乐会后时隔 40 多天首次在公开场合露面。15 日，韩国国防部发布正式通告称，韩朝当日举行了军事会谈，这是韩朝自 2011 年 2 月以来时隔 3 年 8 个月再次举行军事会谈。17 日，正在意大利进行访问的韩国总统朴槿惠在出席亚欧首脑会议的自由讨论会时强调，最近韩朝就举行高层会谈达成协议，而之后不久韩朝在半岛西部海域发生交火，这使朝鲜半岛安全再次陷入危险局面。韩方从没有放弃与朝鲜进行对话，将通过不懈的努力和忍耐实现朝鲜半岛和平，构建和平统一的基础，希望亚欧首脑会议与会国能为韩方的努力提供支持。22 日，朝韩高级别接触北方代表团发表声明,称当前北南关系正处于对话和战争的十字路口,呼吁韩国不要采取挑衅行为。声明说,朝鲜最高领导人金正恩在复杂形势下,为了民族和解与团结、开创祖国和平与统一新局面,派出前所未有的高规格代表团于本月4日闪电访问仁川。此后,朝方要求韩方停止中伤诽谤,采取措施防止军事冲突。但是,韩方却依然采取对决言行,来之不易的朝韩关系改善气氛正由于韩国当局一味的挑衅行为急速冷却。韩国应摆脱狭隘的对决观念,走上改善朝韩关系的道路。

新西兰议会选举结果正式公布。4日,新西兰选举委员会在首都惠灵顿公布9月20日举行的议会选举正式结果,执政党国家党最终获得议会121个议席中的60席,主要反对党工党获得32席,绿党获得14席,均未获得过半议席。14日,由约翰·基担任总理的新西兰新一届联合政府宣誓就职,新政府由国家党、联合未来党、行动党和毛利党组成。约翰·基1961年8月出生于新西兰奥克兰,1990年加入国家党,2002年当选议员,2006年当选国家党领袖,2008年11月率国家党赢得大选并出任总理,2011年12月、2014年10月连任。

叙利亚局势继续胶着。4日,叙利亚总统巴沙尔·阿萨德到叙利亚首都大马士革西郊的一座清真寺,参加伊斯兰教重要节日宰牲节的聚礼,这是巴沙尔数周内首次在公众场合现身。20日,欧盟28国外长在卢森堡作出决定,加强对巴沙尔政府的制裁,涉及211人和63个企业和组织。16人在欧盟内的银行账户被冻结,同时被禁止进入欧盟境内。欧盟外长们还就禁止向叙利亚出口飞机燃油达成一致,声称只有这样才能避免叙利亚政府军使用飞机进攻反对派武装。21日,俄罗斯外交部长拉夫罗夫与联合国叙利亚问题特别代表斯特凡·德米斯图拉举行会谈时表示,取得成功的关键条件,是首先需要保障叙利亚反对派代表团的全面性和代表性,其次,保障外界所有国家的代表性。首先叙利亚的所有邻国应当无一例外地出席帮助叙利亚各方的谈判。拉夫罗夫强调,俄方曾呼吁恢复叙利亚问题调解进程。俄方对任命德米斯图拉为联合国叙利亚问题特使表示欢迎。德米斯图拉称中东日益增长的恐怖主义威胁让调解叙利亚危机更加具有现实性。

巴西总统罗塞夫连任。5日,巴西举行总统选举。当日晚,最高选举法院宣布,在首轮投票中,没有任何总统候选人获得超过半数的选票,现任总统、劳工党候选人迪尔玛·罗塞夫将和社会民主党候选人阿埃西奥·内韦斯进入本月 26 日举行的第二轮投票。据巴西最高选举法院对 99.97% 选票的统计，在 26 日举行的巴西大选第二轮投票中，罗塞夫获得 51.64% 的选票，内韦斯得票率为 48.36%。罗塞夫击败内韦斯，成功连任。

保加利亚进行议会选举。5 日，保加利亚进行第 43 届议会提前选举，共有 18 个政党、7 个政党联盟角逐议会 240 个议席。9 日，保加利亚中央选举委员会公布选举正式结果：此次选举投票率为 48.66%，有 8 个政党进入议会，分别是：争取欧洲进步公民党，获 84 席；以社会党为主的为了保加利亚联盟，获 39 席；争取权利和自由运动党，获 38 席；改革者阵营，获 23 席；爱国阵线党，获 19 席；"保加利亚无审查"党，获 15 席；"阿塔卡"党，获 11 席；保加利亚复兴第二条道路，获 11 席。

伊朗称与六国就核协议原则达成一致。5 日，根据欧盟法院裁决，英国将解除对伊朗 5 家相关机构和伊朗商人的制裁。8 日，伊朗总统鲁哈尼称，伊朗与世界大国就伊朗核问题最终协议的原则达成一致，但各方仍在"细节"方面存在分歧，需要继续谈判。13 日，鲁哈尼表示，即将与西方国家就核问题达成协议，他认为能够在 11 月 24 日最后期限前达到目标。鲁哈尼说，核问题肯定能够解决，伊朗将为达到这个目标付出所有努力。14 日，俄罗斯外长拉夫罗夫表示，与伊朗达成核协议的 11 月 24 日最后期限"并不是神圣的"，各方希望在这个日期前取得结果，但这不是人为设定的最后期限，协议的本质、质量才是最重要的。20 日，伊朗副外长阿拉格希向议会报告说，美国愿意就伊朗核问题作出让步，接受伊朗保留 4000 台离心机。伊朗目前有约 19000 台离心机，其中 9400 台正在运转。23 日，美国副国务卿谢尔曼称，如果无法达成以限制伊朗核项目换取放松对伊制裁的协议，外界将广泛认为责任在伊方。伊摆脱经济制裁的最佳机会是在截止日期前达成协议。

肯尼亚总统肯雅塔在国际刑事法院出庭。6 日，肯尼亚总统肯雅塔宣布，将以个人而不是国家元首身份出席国际刑事法院针对其指控的听证会，并任命副总统鲁托为其出国期间的代理总统。7 日，肯雅塔自费购买机票、乘坐民航班机而不是总统专机，启程前往国际刑事法院所在地荷兰海牙。8 日，听证会举行。9 日，肯雅塔返抵肯尼亚首都内罗毕。国际刑事法院指控肯雅塔和肯尼亚政府其他高级官员为 2007 年大选暴力事件的幕后嫌疑人，称肯雅塔犯有谋杀、驱逐、反人类罪等 5 宗罪。肯雅塔对此予以否认，表示针对自己的指控是政治迫害，相关案件应该被撤销。2007 年肯尼亚大选后出现全国性骚乱和流血事件，造成1000多人死亡。

经合组织启动"非洲行动计划"。6日，经济合作与发展组织发展中心在法国首都巴黎召开第十四届非洲经济论坛，启动"非洲行动计划"，与非盟国家合作促进非洲的包容性增长。根据该计划，经合组织发展中心将与非盟共同发展国际性的高级别对话平台，推动非洲各国就融入全球价值链、改变资源出口型经济结构、完善税收数据等议题进行交流沟通，也将为非洲各国启动一系列跨部门研究，以帮助各国落实发展战略规划。

也门总理曲折产生。7日，也门总统哈迪颁布总统令，任命艾哈迈德·阿瓦德·本·穆巴拉克为新总理并着手组建政府，反对派什叶派胡塞武装组织拒绝承认提名，誓言抵制新总理组阁。穆巴拉克此前为总统办公室主任，同时是也门萨那大学教授。9日，穆巴拉克向哈迪递交辞呈，表示作出这一决定是为了维护民族团结，避免国家分裂，对不能接受任命表示歉意。哈迪接受了穆巴拉克的辞职请求。13日，哈迪任命巴哈为新总理并责成他立即着手组建政府。此项任命获得了也门所有政治派别的认同。

朝鲜开展人权外交。7日，朝鲜常驻联合国代表团在纽约联合国总部召开了关于朝鲜人权状况的特别说明会，多国外交官及媒体出席了会议。8日，联合国非公开传阅了欧盟提出的"朝鲜人权决议案"草案，内容包括将朝鲜最高领导人金正恩等"触犯反人类罪"的朝鲜相关人员推上国际刑事法院接受审判。15日，朝鲜驻联合国官员在纽约联合国总部举行非公开会议，在会议上发放了本国拟定的"朝鲜人权决议草案"，呼吁联合国摒弃偏见，重新评估朝鲜人权现状。朝鲜还欢迎各国代表就草案发表看法。联合国成员国约60名外交人员出席了会议。同日，朝鲜发表《朝鲜人权研究协会报告》，称朝鲜通过宪法建立了民主的人权法制度。报告谴责美国在政治、军事和经济上孤立朝鲜，对朝鲜发动核威胁。报告称，朝鲜将"以核还核"，用枪杆子捍卫国家主权，进而改善人权。朝鲜将坚持自主、和平的外交理念。美国还从军事上压迫朝鲜，与韩国在朝鲜半岛及其周边海域进行"关键决心""秃鹫""乙支自由卫士"战争演习，还给韩国提供大量现代化的战争装备和武器。30日，朝鲜外务省发言人发表谈话，称美国在人权问题上持续对朝鲜采取敌视政策，若欧盟强行通过涉朝鲜人权决议，将永远失去在人权问题上与朝鲜对话的机会。

国际社会联手应对埃博拉出血热持续蔓延疫情。7日，西班牙首都马德里的一名护士被发现感染埃博拉病毒,她因此成为首例在欧洲境内感染该病毒的患者。同日,联大主管行政和预算事务的第五委员会就埃博拉疫情通过一项决议,同意在今后三个月里为联合国埃博拉应急反应特派团提供总额近5000万美元的预算资金。8日,美国白宫证实,美国计划在华盛顿、纽约、纽瓦克、芝加哥以及亚特兰大等地的五座机场加强监控,严防旅行者携带埃博拉病毒入境美国。9日,有关埃博拉的高级别国际会议在华盛顿举行,联合国秘书长潘基文、几内亚总统孔戴、利比里亚总统约翰逊·瑟利夫、塞拉利昂总统科罗马、世界银行行长金墉、国际货币基金组织总裁拉加德参加。潘基文在会上指出,埃博拉疫情在得到有效遏制之前仍将会继续朝坏的方向发展,但到底恶化到什么程度,取决于国际社会如何努力加以应对。17日,世界卫生组织在日内瓦发布声明,正式宣布塞内加尔的埃博拉疫情结束。世卫组织正重点关注包括塞内加尔在内的15个非洲国家,努力防止埃博拉疫情扩散到这些医疗设施落后、疾病防控能力薄弱的国家。24日,中国国家主席习近平在北京同坦桑尼亚总统基奎特会谈时指出,西非地区埃博拉疫情持续蔓延,对非洲人民生命安全、经济社会发展和全球公共卫生构成现实威胁。埃博拉疫情暴发后,中国政府和人民对疫区国家人民的遭遇感同身受,在国际上率先紧急驰援,已经向有关国家实施了3轮援助,以实际行动展示了患难与共的中非真挚情谊。考虑到当前埃博拉疫情发展和疫区国家需要,中国政府决定启动第4轮紧急援助,再向利比里亚、塞拉利昂、几内亚3国和有关国际组织提供总价值为5亿元人民币的急需物资和现汇援助,派出更多中国防疫专家和医护人员,并为利比里亚援建一个治疗中心。中方还愿意同国际社会积极开展合作,帮助疫区国家早日战胜埃博拉疫情。

比利时各党派就新一届联邦政府组阁达成协议。7日,经过百余天的磋商协调之后,比利时法语革新运动党与新弗拉芒联盟党、荷语基督教民主党及荷语开放自民党就新一届联邦政府组阁达成协议。39岁的法语革新运动党主席查尔斯·米歇尔当晚宣布,四个党派一致同意由他出任新一届联邦政府首相,他将于13日宣誓就职。查尔斯·米歇尔于1975年12月21日在那慕尔出生。1998年,他开始在布鲁塞尔担任律师。2011年1月28日,他当选为法语革新运动党主席。

日美出台防卫指针报告。8日,日本和美国两国政府出台《日美防卫合作指针》中期报告,"专守防卫"和"无核三原则"仍然是日本方面行动的基本准则。但在自卫队大幅扩大对美军支援方面,报告中明确表示为所谓"地区全球的和平与安全,强化日美后方支援及海上安保合作",删除假设在日本周边支援美军的"周边事态"概念。在自卫队活动方面,去掉了地理约束。当日,韩国政府就《美日防卫合作指针》中期报告出台表示,给朝鲜半岛安全及韩国国家利益带来影响的日本集体自卫权的行使等行动决不能在没有韩国政府同意或要求的情况下进行。26日,安倍晋三在日本航空自卫队百里基地出席自卫队成立60周年纪念阅兵式,表示从应对尚未发展成他国武力攻击阶段的"灰色地带事态"到行使集体自卫权,日本将完善"无缝应对"的新安全保障法制,以"保障日本国民生命安全、确保和平生活"。

欧盟失业峰会举行。8日,欧盟失业峰会在意大利米兰举行。欧洲理事会主席范龙佩、欧盟委员会主席巴罗佐、欧洲议会议长舒尔茨、德国总理默克尔、法国总统奥朗德、意大利总理伦齐等出席。舒尔茨强调,青年失业不仅对青年自身是一场灾难,对其亲人亦如此,需要进一步扩大对科研和基础设施投资,鼓励创业。

李克强访欧并出席第十届亚欧首脑会议等活动。9日,中国国务院总理李克强开始对德国进行正式访问。10日上午,李克强在柏林会见德国总统高克。当日下午,李克强在柏林总理府与德国总理默克尔共同主持第三轮中德政府磋商,两国总理一致表示将中德全方位战略伙伴关系推向新高度,促进世界和平与繁荣。11日,李克强出席中欧论坛汉堡峰会并会见卢森堡首相贝特尔、欧洲议会议长舒尔茨、汉堡市长肖尔茨。12日,李克强开始对俄罗斯进行正式访问并举行中俄总理第十九次定期会晤。13日下午,李克强在莫斯科同俄罗斯总理梅德韦杰夫共同主持中俄总理第十九次定期会晤。中俄两国总理举行了务实深入的会谈,共同规划两国下一阶段全面合作。同日,李克强会见俄罗斯国家杜马主席纳雷什金。14日,李克强与梅德韦杰夫共同参观"开放式创新"莫斯科国际创新发展论坛展览。当日下午,李克强在克里姆林宫会见俄罗斯总统普京。李克强首先转达了习近平主席对普京总统的亲切问候和良好祝愿。李克强表示,中俄始终相互尊重、平等相待,尊重彼此走符合本国国情的发展道路,在涉及核心利益和重大关切的问题上相互支持,两国全面战略协作伙伴关系不断取得新发展。同日,李克强抵达意大利首都罗马,在总统府会见意大利总统纳波利塔诺。15日,李克强会见意大利众议长博尔德里尼。当日上午,李克强在罗马会见联合国粮农组织总干事格拉齐亚诺。

李克强积极评价粮农组织工作，希望粮农组织继续充分发挥作用，完善全球粮农治理体系，加强政策协调和资源整合力度，促进国际农业合作。16日，李克强在米兰会见法国总统奥朗德，表示中法之间有着良好的政治互信，两国关系正进入全面提速的新阶段。当日下午，李克强在米兰出席第十届亚欧首脑会议全会并作引导性发言。李克强表示，亚欧会议创立18年来，成员国间政治对话不断加深，合作日趋广泛，利益共同体正在形成。中方愿同亚欧各国一道，培育和凝聚亚欧共同体意识，倡导和促进亚欧团结协作，开放兼容，同舟共济，积极构建面向和平与发展的亚欧新型全面伙伴关系。李克强就促进亚欧合作提出三点建议：共同维护亚欧和平安全与稳定发展，共同推进亚欧互联互通和贸易投资自由化，共同促进亚欧人文交流和社会发展。会前，李克强会见泰国总理巴育、越南总理阮晋勇。18日，李克强圆满结束访问回到北京。

独联体峰会举行。10日，独立国家联合体国家元首理事会会议在白俄罗斯首都明斯克举行，除乌克兰总统之外的独联体其余10国总统出席，乌克兰驻白俄罗斯大使代表总统出席。会议讨论了在独联体国家间进一步发展人文、安全和经济等领域的合作，通过了15项合作文件。白俄罗斯总统卢卡申科在开幕致辞时强调了安全问题，呼吁乌克兰冲突各方应设法结束流血冲突，落实好在明斯克达成的协议。俄罗斯总统普京表示，在独联体框架内开展多方面合作是俄罗斯外交的优先方向，俄罗斯从来不反对独联体国家与欧盟加强合作，但与此同时应同包括俄罗斯在内的其他独联体国家协调立场，充分考虑由此可能在独联体国家市场内造成的风险和损失并加以避免。此次会议还将2015年定为伟大卫国战争老战士年，独联体国家将举行一系列活动纪念卫国战争胜利70周年。当天，负责俄罗斯、白俄罗斯、哈萨克斯坦三国一体化进程的欧亚经济委员会最高理事会会议也在明斯克举行。会议签署了2015年1月1日欧亚经济共同体停止存在的协定，讨论了启动欧亚经济联盟的相关问题。

玻利维亚举行总统选举。12日，玻利维亚举行总统选举。根据多项出口民调显示，玻利维亚现任总统、争取社会主义运动候选人莫拉莱斯获得约60%选票，连任总统已无悬念。

国际社会继续呼吁巴以继续和谈。12日，加沙重建国际会议在埃及首都开罗举行。美国国务卿克里在会上呼吁巴以继续进行和谈。克里说，巴以人民的诉求其实殊途同归。以色列人需要得到安全保障，巴勒斯坦人需要自由、尊严和一个属于他们的国家，巴以人民都需要和平与繁荣。美国将追加 2.12 亿美元捐款用于加沙重建。巴以冲突爆发后，美国已向加沙提供了 1.18 亿美元的人道主义援助。当日，挪威外交大臣布伦德在会上宣布，国际社会承诺为巴勒斯坦经济发展和加沙重建提供约 54 亿美元的援助款项。与会各方对巴勒斯坦联合政府 9 日在加沙举行首次会议表示欢迎，认为这是巴勒斯坦政府接管加沙迈出的积极一步。各方还对埃及为推动巴勒斯坦内部和解所作出的努力表示肯定。20 日，联合国秘书长潘基文在纽约联合国总部会见以色列国防部长摩西·亚阿隆，强调巴以双方重返谈判桌的极端重要性。潘基文对以色列为设立临时机制促进加沙重建所提供的支持表示欢迎，并希望这些积极行动能够得以持续。29 日，应约旦要求，联合国安理会临时增加议程，就中东问题，特别是以色列在被占东耶路撒冷新建 1000 套犹太定居住宅召开公开会议。联合国负责政治事务的副秘书长费尔特曼向安理会表示，潘基文对于以色列的这一新举动表示强烈关注。30 日，瑞典外交部发表声明，宣布正式承认巴勒斯坦国家地位，并启动一项为期 5 年总金额达 15 亿瑞典克朗（约合 2 亿美元）的援助计划，以支持巴勒斯坦建国。对此，以色列立即召回驻瑞典大使以表示抗议。

英国公布向苏格兰放权时间表。13 日，英国政府正式提出向苏格兰下放更多权力的时间表，承诺在 2015 年 1 月 25 日公布给予苏格兰议会对税收和社会福利更大权力的法律草案，这一天是苏格兰诗人罗比·彭斯的诞辰日。这也是英国政府执行权力下放过程的第一步。该草案的正式批准将在 2015 年 5 月新一届议会选举结束之后。

莫桑比克举行大选。15 日，莫桑比克举行总统、国家及省级议会选举，将选出该国 1975 年独立后的第四位总统。这是莫桑比克内战结束以来举行的第五次大选。根据莫桑比克宪法规定，现任总统格布扎已连任一届，不能再寻求连任。新任总统将从执政党莫桑比克解放阵线党（莫解阵）总统候选人纽西、最大反对党莫桑比克全国抵抗运动（莫抵运）总统候选人德拉卡马、反对党莫桑比克民主运动党（莫民运）总统候选人西曼戈三人中选出。选举还将产生新一届国家议会和省级议会。

亚欧首脑会议举行。16 日—17 日，第十届亚欧首脑会议在意大利米兰举行，中国国务院总理李克强、欧洲理事会主席范龙佩、欧盟委员会主席巴罗佐等领导人出席。会议发表主席声明,同意加强政治对话、经贸合作、教育与文化三大支柱,认为亚欧首脑会议能够对快速变化的全球环境作出回应。范龙佩在闭幕式上强调了亚欧互联互通的重要性。

联合国安理会选出非常任理事国。16日,第六十九届联合国大会举行全体会议,选举2015—2016年度安理会非常任理事国。马来西亚、安哥拉、新西兰、委内瑞拉和西班牙当选。

印度人民党赢得重要地方邦议会选举。19日,印度金融中心孟买所在的马哈拉施特拉邦、地域覆盖新德里首都圈的哈里亚纳邦议会选举结果揭晓,印度总理莫迪所属的印度人民党均高票胜出。

《联合国气候变化框架公约》谈判会议举行。20日,《联合国气候变化框架公约》谈判会议在德国波恩举行,25日结束。195个《联合国气候变化公约》缔约方讨论了2020年《京都议定书》到期后新气候体制协定的主要组成因素、各国在2020年后温室气体减排范围和提出减排目标的时间、2020年前加强气候变化应对行动的方案等。

印度尼西亚总统佐科宣誓就职。20日,佐科就职。26日,经过印尼肃贪委审核,佐科正式宣布34名内阁成员名单。佐科原计划于22日宣布内阁名单,但由于上报肃贪委的内阁成员中,有8名人选有问题,以致26日才公布正式的合格内阁成员名单。27日,新内阁正式成员就职典礼举行。

加拿大提高国内恐怖主义威胁级别。20日,一名加拿大男子在魁北克省开车冲撞两名加拿大士兵,造成一死一伤后逃逸,最后被警方击毙。21日,加拿大公共安全部发表声明说,由于"伊斯兰国"、"基地"组织和索马里"青年党"等恐怖组织对加拿大人构成威胁,加拿大已决定将国内恐怖主义威胁级别从轻微调高到中度。22日,加拿大首都渥太华议会大楼附近一处战争纪念碑及议会大楼内发生枪击事件,一名执勤士兵身亡,一名枪手被击毙。27日,加拿大公共安全部长布兰尼提出"捍卫加拿大远离恐怖主义行为"法案,以扩大加拿大安全情报局职权,应对具有双重国籍的恐怖主义罪犯。

俄乌欧盟三方就天然气展开艰难谈判。21日,俄罗斯、乌克兰和欧盟负责能源事务的官员在布鲁塞尔举行会谈,未能就天然气价格达成协议。会谈结束后,欧盟负责能源事务的委员京特·奥廷格对记者说,他们将在10月29日再次开会,以期达成最后协议。乌克兰请求欧盟追加25亿美元的贷款,用来支付拖欠俄罗斯的天然气款项,并满足乌克兰冬季对天然气的需求。30日晚间，新一轮三方天然气问题谈判终于达成协议。协议分债务和下一步天然气供应两部分，在2015年3月底前都将有效。根据协议，乌克兰将分两笔向俄罗斯偿还31亿美元的天然气欠款，第一笔欠款14.5亿美元将立即偿付，第二笔欠款16.5亿美元年底支付。在下一步供气方面，俄罗斯将按照乌克兰先付款、按月结算费用的方式送气。

美欧与俄继续就乌克兰问题展开制裁与反制裁斗争。21日，俄罗斯总统普京同乌克兰总统波罗申科通电话，双方主要讨论了乌克兰东南部局势和俄罗斯向乌克兰供应天然气问题，强调了遵守乌克兰东南部停火协议的重要性。普京表示，各方在明斯克达成的停火协议并没有得到完全遵守，俄罗斯不是乌克兰东南部冲突的参与者，俄罗斯只是帮助冲突双方解决问题。22日，俄罗斯联邦动植物卫生监督局表示，俄罗斯将自即日起开始对乌克兰植物产品实施进口限制。22日，美国国务卿克里表示，美国没有寻求与俄罗斯发生冲突，相反的是，美国希望共同解决国际问题，落实调解乌克兰危机的明斯克协议。同日，美国白宫发言人欧内斯特在新闻发布会上表示，关于"对俄罗斯经济制裁能否改变俄罗斯在乌克兰问题上的态度"一事，还有待进一步观察。同日，俄罗斯方面集中进行了反击。俄罗斯总统办公厅第一副主任沃洛金认为，西方制裁在俄罗斯发挥了团结的作用，那些企图通过制裁分裂俄罗斯社会、使俄罗斯士气沮丧的人大错特错了。最近一次民调结果显示，普京政策的支持率达到84%。俄罗斯国家杜马（议会下院）副主席热列兹尼亚克接受《俄罗斯报》采访时表示，西方政治家通过制裁追求经济目的和政治目的，试图分裂俄罗斯社会，但他们失算了，俄罗斯社会反而因制裁团结起来。俄罗斯经济发展部长乌柳卡耶夫则称，俄罗斯依然不会放弃在世界贸易组织框架下对西方国家制裁提出异议，目前正在就这一方向开展综合工作。24日，德国总理默克尔表示，乌克兰军队和乌克兰东部武装分子达成的停火协议并没有得到完全遵守，因此欧盟针对俄罗斯的制裁必须保持不变。同日，俄罗斯总统普京在"瓦尔代"国际辩论俱乐部会议上讲话时称，美国试图将自己的意志强加给其他国家，按自己的利益重塑世界，动摇了全球的稳定。伊拉克、利比亚和叙利亚的战争能证明他的说法，美国一直在这些地区"与自己政策导致的结果斗争"。国际和地区政治、经济和文化相互协作机制正在经历艰难时期。

拉脱维亚议会选举结果正式公布。22日，拉脱维亚中央选举委员会公布第十二届议会选举正式结果，6个政党或政党联盟获得5%以上选民支持，从而进入新一届议会。这6个政党或政党联盟是：由里加市长乌沙科夫斯领导的"和谐"社会民主党获得24个议席，排名第一；由第十一届议会议长阿博尔京娜领导的统一党获得23个议席，名列第二；"绿党"和农民联盟获得21个议席，排名第三。另外3个进入议会的政党或联盟分别是祖国与自由联盟、拉脱维亚地区联盟和一心为拉脱维亚党。此外，7个政党的支持率低于5%，无缘新一届议会。

美韩关系继续深化。23日，正在美国访问的韩国外交部长官尹炳世会见美国总统国家安全顾问苏珊·赖斯，双方就近期朝鲜动向、东北亚局势、埃博拉疫情和极端组织"伊斯兰国"等全球性问题深入交换了意见。赖斯重申美国对朝鲜政策毫无变化，并强调在韩美合作的基础上，(六方会谈的)五国对朝鲜问题进行协调与合作十分重要。双方同意再次推迟原定于2015年底的战时作战指挥权移交时间。

欧盟秋季峰会举行。23日，为期两天的欧盟秋季峰会举行，重点是如何应对气候变化和重振欧洲经济，同时就埃博拉疫情、乌克兰局势等问题交换看法。24日凌晨，欧盟领导人艰难达成了《2030年气候与能源政策框架》，按照框架设定的目标，在欧盟范围内，到2030年温室气体排放要比1990年减少至少40%，可再生能源将占欧盟能源使用总量的27%，能效将至少提高27%。欧盟领导人还承诺加强跨疆连结，增进成员国间的能源供应链。此外，因欧盟会计规则发生改变、英国经济增长势头超过预期，欧盟表示英国需要在今年12月1日前向欧盟增付21亿欧元预算费用，这笔费用相当于英国向欧盟缴纳预算份额的20%，而法国和德国则将分别获得大约10亿欧元和8亿欧元退款。此举引起英国不满，英国首相卡梅伦此次峰会上，打断峰会议程，要求就这一议题紧急举行欧盟财长会议，表示英国"不会付钱"。卡梅伦警告欧盟这种做法可能威胁到英国留在欧盟的前景。25日，欧洲议会副主席兰布斯多夫强调，如果英国尝试"赖账"，那么整个欧盟都将震怒。此次峰会还正式任命了此前22日欧洲议会以423票赞成、209票反对、67票弃权的投票结果通过的新一届欧盟委员会名单，使容克团队能够在11月1日按期就任，任期5年至2019年10月31日。

哈萨克斯坦参议院批准哈俄睦邻友好同盟条约。23日，哈萨克斯坦参议院批准了《哈萨克斯坦俄罗斯21世纪睦邻友好同盟条约》。哈萨克斯坦外长伊德里索夫当天在参议院发言时说，哈萨克斯坦视俄罗斯为欧亚地区关键的政治和经济合作伙伴，与俄罗斯展开多方位合作符合哈萨克斯坦长期战略利益。该条约是两国合作的基础性文件之一，文件体现了哈俄合作的基本原则。条约将强化两国在热点问题上的政治对话，为两国进一步发展战略合作伙伴关系奠定基础。

苏丹总统呼吁各派政治力量参与对话。23日，苏丹执政的全国大会党第四次全国代表大会在喀土穆开幕。总统巴希尔在会上说，他将继续致力于完成民族和解和团结进程，并推进全民政治对话。他还表示，自南苏丹2011年从苏丹分离导致苏丹失去很多资源以来，苏丹一直面临巨大的经济挑战，必须找到实现经济复兴的出路，赶上地区经济发展的步伐。巴希尔对苏丹与其他国家的关系表示满意，特别是在本地区正在经历剧烈政治动荡和政权更迭的情况下。他说："我们在对外关系方面依然面临一些挑战，我们希望在尊重各国主权和互利互惠原则的基础上向国际社会敞开大门。"

太平洋岛国论坛恢复斐济参会资格。24日，太平洋岛国论坛宣布，因斐济已成功举行议会选举，论坛决定恢复该国的参会资格。太平洋岛国论坛设于斐济首都苏瓦的秘书处当天发表声明，宣布了由太平洋岛国论坛主席、帕劳总统汤米·雷门格绍代表论坛作出的这一决定。斐济2006年发生政变。2009年5月2日，太平洋岛国论坛以斐济政变领导人姆拜尼马拉马没有在5月1日前公布2009年底举行大选的日期为由，中止斐济参会资格。

英国结束在阿富汗军事行动。26日，英国驻阿富汗部队向阿军移交最后一个军事基地，美军同时也移交作为驻阿富汗北约联军西南地区总部的一个基地，三方举行了简短的移交仪式。驻阿富汗北约联军西南地区总部副官、英军官员汤姆森表示，英军正式结束在阿富汗长达13年的军事行动，为阿富汗安全部队更好地履行职责提供空间。

乌克兰举行议会选举。26日，乌克兰举行最高拉达（议会）大选。同日，联合国安理会就乌克兰局势召开会议，听取负责政治事务的助理秘书长塔兰科和负责人权事务的助理秘书长西蒙诺维奇就9月5日明斯克停火协议达成以来乌克兰局势的发展所作的报告，二位助理秘书长均对停火协议的脆弱性和当地不断恶化的人道局势表达了担忧，呼吁国际社会共同努力，帮助乌克兰达成稳定和可持续的和平协议。27日，乌克兰中央选举委员会对198个地区信息的处理结果显示，乌克兰最高拉达（议会）非例行选举的投票率为52.42%，低于前两次议会选举投票率。在对超过30%的选票进行统计后，总理阿尔谢尼·亚采纽克领导的"人民阵线"以21.71%的支持率领先，"波罗申科联盟"获得21.59%的选票。同日，俄罗斯外长拉夫罗夫表示，俄罗斯准备承认乌克兰26日举行的议会选举结果。对俄罗斯来说，重要的是希望乌克兰最终产生一个不搞内斗、不"东倒西歪"、而是解决国家实际问题的政权。

突尼斯举行议会选举。26日，突尼斯议会选举投票开始，选民将在约1.3万名候选人中选出217人组成国民代表大会，取代现有的制宪议会。按照突尼斯官方公布的时间表，投票从当地时间7时开始至18时结束。28日，突尼斯最大反对党突尼斯召唤党宣称，初步的选举投票计票显示，该党将在议会选举中获得胜利。他们将赢得217个议席中的80个，遥遥领先其他政党。突尼斯执政党复兴运动党已承认选举失败，并对召唤党党魁表示祝贺。

博茨瓦纳执政党大选获胜。26日，南部非洲国家博茨瓦纳公布大选结果，执政的民主党再度赢得大选胜利，该党总统候选人、现任总统伊恩·卡马获得连任。非洲联盟和南部非洲发展共同体派出的观察团一致认为，本次大选公平、透明、可信。卡马于28日宣誓就职。卡马在就职演说中说，他和新当选的国会议员、地方议会议员将把国家利益放在首位，政府将把创造就业、食品安全、扩大土地和住房所有权、提供优质教育、发展经济和减贫作为执政重点。

日本绑架问题调查团与朝方代表举行会谈。27日，以外务省亚洲大洋洲局长伊原纯一为团长的日本政府代表团抵达平壤，开始对朝鲜进行为期4天的访问。这是2004年11月以来，日政府代表团首次访问朝鲜。28日上午，日朝双方谈判代表在平壤举行会谈。朝鲜国防委员会负责安全事务的参赞、国家安全保卫部副部长兼"特别调查委员会"委员长徐大河向日方介绍了根据朝日政府间斯德哥尔摩协议，朝鲜对境内所有日本人进行调查的情况。访问于30日结束。

法亚阿三国总统共商解决纳卡冲突问题。27日，法国总统奥朗德、亚美尼亚总统萨尔基相和阿塞拜疆总统阿利耶夫在法国首都巴黎举行三方会谈，讨论纳戈尔诺—卡拉巴赫（纳卡）地区冲突问题。法国总统府当晚在会谈结束后发布新闻公报说，今年夏天，纳卡地区武装冲突事件增多，造成众多人员伤亡，其中包括平民。此次巴黎三方首脑会谈使亚阿两国总统恢复直接对话。奥朗德呼吁两国总统努力争取通过谈判使纳卡地区冲突问题得到彻底解决，并建议开始起草一项全面和平协定。

联大决议第23次要求美国停止封锁古巴。28日，第六十九届联合国大会第三十次全体会议以压倒性多数投票赞成通过决议，要求美国立即停止对古巴超过50年的经济封锁。联合国193个成员国中，有188个投下赞成票，仅美国和以色列反对，帕劳、马绍尔群岛、密克罗尼西亚弃权。

美联储宣布结束量化宽松政策。29日，美国联邦储备委员会结束例行货币政策会议后宣布，将在10月末停止购买国债和抵押贷款支持证券，标志着这项被称为量化宽松政策的经济刺激计划已经落幕，美国开始进入货币政策正常化时代。美国劳动力市场和经济形势的改善，成为美联储作出当天决定的主要依据。美国商务部经济分析局公布的初步估计值显示，2014年三季度美国国内生产总值增长3.5%。这是继2014年二季度增长4.6%之后，美国经济再次取得强劲增长，同时失业率已降至5.9%。美联储如期结束量化宽松政策，显示对美国经济复苏的信心增强，符合外界普遍预期。2008年国际金融危机发生后，美联储在把基准利率降至0—0.25%的区间后，启动了第一轮量化宽松政策。因美国经济陷入深度衰退，失业率上升至接近两位数，美联储2010年实施第二轮量宽，2012年秋季启动第三轮债券购买计划。随着美国经济向美联储设定的充分就业目标迈进，2013年12月，美联储前任主席伯南克开启了逐步削减量化宽松政策的进程，2014年1月接任的耶伦继续这一进程。

赞比亚总统萨塔逝世。29日，赞比亚政府宣布，总统迈克尔·萨塔在伦敦逝世，享年77岁。大约一周前，萨塔飞往伦敦接受治疗，并任命国防和司法部长埃德加·伦古为代总统。萨塔是赞比亚政党爱国阵线的领导人。

布基纳法索政局动乱。29日，西非国家布基纳法索首都瓦加杜古10万多民众举行大规模示威抗议活动，反对已在位长达27年的总统孔波雷修改宪法延长任期，现场一度发生警民冲突。30日，抗议民众放火焚烧了在首都瓦加杜古的议会大厦。首都瓦加杜古市政厅和执政党总部也被烧。军队曾向冲入议会大厦的示威民众开枪，导致一名示威者死亡。同日，孔波雷宣布实施紧急状态法。布基纳法索主要反对派领导人泽菲兰·迪亚布雷表示，实施紧急状态法是"完全不能接受的"，他呼吁军队"站在人民一边"，并要求总统辞职。法国呼吁布基纳法索各方保持镇定与克制，美国也对布基纳法索的形势表示感到"极度不安"。

首届非洲可持续交通论坛举行。30 日，首届非洲可持续交通论坛在肯尼亚首都内罗毕落下帷幕，与会的 42 个非洲国家通过了首个非洲可持续交通发展计划，推动在非洲建立低污染、低能耗和环境友好型交通架构。根据计划，非洲各国将全面推广低排放交通工具、鼓励发展高质量公共交通并提高在清洁能源领域的投资。通过这一系列措施，非洲各国将依靠改善交通情况来降低温室气体排放。

缅甸举行多方会晤。31 日，缅甸政府、议会、军队、联邦选举委员会和主要政党代表在缅甸总统府举行多方首脑圆桌会晤，旨在推进民族和解、国内和平和民主进程。缅甸总统吴登盛，副总统赛茂康、吴年吞，人民院议长兼联邦院议长吴瑞曼和民族院议长吴钦昂敏，国防军总司令敏昂莱大将和副总司令兼陆军总司令梭温上将，联邦选举委员会主席吴丁埃，全国民主联盟主席昂山素季，联邦巩固与发展党副主席吴泰乌及其他少数民族政党联盟代表等 14 人出席。

阿富汗问题伊斯坦布尔进程第四次外长会举行。31 日，阿富汗问题伊斯坦布尔进程第四次外长会在北京钓鱼台芳华苑举行。14 个地区成员国、16 个域外支持国、12 个国际和地区组织和 4 个主席国客人的外长或高级代表出席。中国国务院总理李克强与阿富汗总统加尼共同出席开幕式并讲话。李克强阐述了中方对解决阿富汗问题的五点主张：一是"阿人治阿"，二是推进政治和解，三是加快经济重建，四是探索发展道路，五是加强外部支持。李克强表示，中方将继续坚定奉行对阿友好政策，支持阿推进和平和解与重建进程，帮助阿能力建设，支持阿融入地区合作。加尼在致辞中对李克强总理提出的五点主张表示赞同，感谢中国长期以来对阿富汗的帮助和支持。加尼表示，伊斯坦布尔进程有利于阿富汗问题的早日解决，也有利于地区的和平稳定，中国等有关各方为推动进程作出了重要贡献。阿方将在国际社会的支持下，推进和平和解，为地区发展发挥积极作用。中国外交部长王毅和阿富汗外长奥斯马尼共同主持会议。会议通过《北京宣言》，确定了 6 大领域 64 个优先合作项目，宣布下届会议将于 2015 年在巴基斯坦举行。阿富汗问题伊斯坦布尔进程成立于 2011 年，是目前唯一由地区国家主导的涉阿地区合作机制。

11月

习近平主持亚太经合组织第二十二次领导人非正式会议

习近平主持加强互联互通伙伴关系对话会并发表重要讲话

习近平出席亚太经合组织重要会议

习近平出席二十国集团领导人第九次峰会、访问澳新斐三国并同太平洋建交岛国领导人会晤

李克强出席东亚合作领导人系列会议并对缅甸进行正式访问

美国共和党赢得中期选举

欧佩克决定维持石油日产量限额不变

乌克兰进一步向西方靠拢。2日,乌克兰东部民间武装在由其控制的"顿涅茨克人民共和国"和"卢甘斯克人民共和国"举行领导人和议会选举。同日,乌克兰国家安全局宣布对东部民间武装的"伪选举"进行刑事立案。3日,两地中选委发布消息说,"顿涅茨克人民共和国"现任"总理"扎哈尔琴科在领导人"选举"中获得78.9%的选票,以绝对优势胜出。"卢甘斯克人民共和国"现任"总理"普洛特尼茨基以63.4%的巨大优势同样赢得领导人"选举"。名为"顿涅茨克共和国"的社会团体在议会"选举"中获得68.35%的选票,成为最大赢家。由普洛特尼茨基领导的"给卢甘斯克和平"运动在"卢甘斯克人民共和国"议会"选举"中赢得70%的选票。15日,乌克兰总统波罗申科签署一系列新法案,废除赋予东部民间武装控制区部分自治权的"特殊地位法",同时切断了政府对这一地区的所有资金补贴。21日,在乌克兰政治危机爆发一周年的时间点,乌克兰总统波罗申科与到访的美国副总统约瑟夫·拜登举行会晤。波罗申科在随后举行的记者会上说,他与拜登讨论了乌美两国在经济、能源、国防、安全等领域的合作,表示乌克兰政府近期将向外界介绍自己的改革战略。拜登则在讲话中指责俄罗斯未履行明斯克协议规定的义务,并暗示美国将对俄罗斯采取新一轮制裁措施。他说,如果俄罗斯不履行义务,继续让乌克兰东部局势升级,美国将"让俄罗斯付出更大代价,进一步被孤立"。27日,乌克兰最高拉达(议会)举行新一届议会首次会议。根据总统波罗申科的提名,议员投票选举现总理亚采纽克为新一届政府总理。议会还以359张赞成票选举"波罗申科阵营"议员戈罗伊斯曼为新议长。在当选新总理后,亚采纽克表示将尽快组建新内阁,新内阁将全力支持总统波罗申科提出的国家改革方针。

欧日美经济表现不一。4日,欧盟委员会发布秋季经济展望报告称,由于复苏缓慢,通货膨胀率持续偏低,欧盟决定下调欧元区经济增长预期。根据这份报告，欧元区 18 国 2014 年的经济增长预期将从此前的 1.2% 下调至 0.8%；2015 年经济增长预期也将从 1.7% 下调至 1.1%。报告预期 2016 年欧元区经济增长将会加速，达到 1.7%。报告指出，调低欧元区经济增长预期，主要源于德国、法国与意大利等欧元区大国的经济成长表现远不如预期。报告警告意大利可能重陷衰退。报告估计，欧元区今年的通货膨胀率可能仅有 0.5%，2015 年也仅会上升到 0.8%，2016 年则可望上扬到 1.5%，未来经济增长的下行风险大于上行风险。21 日，日本内阁府发布推算结果，第三季度实际国内生产总值因夏季天气条件不理想而下降的幅度换算成年率为 0.1%—1.5%，此前发布的初值为年率下降 1.6%。25 日，美国商务部公布的首次修正数据显示，第三季度美国实际国内生产总值按年率计算增长 3.9%，高于此前估测的 3.5%。本次数据修正主要体现在占美国经济总量约 70% 的个人消费开支增幅从 1.8% 上调至 2.2%；非住宅类固定投资增幅从 5.5% 上调至 7.1%；私人投资增幅从 1.0% 上调至 5.1%；进口降幅从 1.7% 下调至 0.7%，出口增幅从 7.8% 下调至 4.9%。26 日，欧盟委员会主席容克宣布启动一项预计规模高达 3150 亿欧元的战略投资计划，以期刺激欧洲经济增长、创造新的就业机会。这是新一届欧盟委员会上任以来点燃的第一把火。容克当天在欧洲议会发表讲话时，将投资计划比作"汽车应急启动电缆"。他表示，只有扩大投资，欧洲才能拥有更加繁荣的经济和更多的工作岗位，现在是在基础设施建设和教育科技创新等决定欧洲未来的战略领域加大投资的时刻。容克呼吁欧洲议会和各成员国共同努力，确保欧洲战略投资基金尽快到位并投入使用。

美国共和党赢得中期选举。4 日，美国中期选举开始举行。参议院将有 33 个议席举行改选，3 个空缺议席举行选举，众议院将全部改选，另有 36 个州将选出新州长。根据美国宪法，美国总统选举每四年举行一次，国会选举每两年举行一次。其中一次国会选举与总统选举同时举行，另一次在两届总统选举之间举行。在两届总统选举之间举行的国会选举，通常被称为"中期选举"。中期选举大都在 11 月份的第一个星期二举行。根据美国宪法，国会是美国的最高立法机构，由参议院和众议院组成。两院议员都由各州选民直接选举产生。参议员每州 2 名，50 个州共 100 名，任期 6 年，每两年改选 1/3。众议员按各州人口比例选出，大约 50 万人选一名，共 435 名，任期两年，届满后全部改选。国会每两年为一届。5 日上午的结果显示，在参议院，共和党获得52席，民主党获得45席；在众议院，共和党获得235席，民主党获得158席。共和党全面赢得参、众两院的控制权。

新一届欧盟委员会举行第一次工作会议。5日，新一届欧盟委员会在布鲁塞尔召开第一次工作会议，主要议题是如何在欧债危机过后重建信心以应对当前的经济挑战。欧委会主席容克在会议上说："欧洲亟须一个内容广泛的改革日程，以加强竞争力、刺激投资和创造就业机会。"欧盟委员会负责就业、投资和竞争的委员于尔基·卡泰宁和负责经济、金融事务的委员莫斯科维奇在会上分析了欧盟当前的经济形势。容克在会后对媒体表示，欧委会的首要目标是在欧盟内部重建信心，他将带领欧盟开创一个新时代。此外，容克表示，新一届欧委会"不仅面貌焕然一新，工作风格也会截然不同"，欧委会将采取项目负责制，根据工作目标划分的具体项目由副主席直接牵头，通过全体委员之间的分工与合作完成。

中亚区域经济合作第十三次部长级会议举行。5日，中亚区域经济合作第十三次部长级会议在吉尔吉斯斯坦首都比什凯克举行。本次会议的主题是"加强互联互通、促进经济转型"。吉尔吉斯斯坦、中国等中亚区域经济合作成员国部长级官员以及来自世界银行、国际货币基金组织的代表出席了会议。中国财政部副部长胡静林在会上表示，中国希望中亚区域经济合作机制以丝绸之路经济带为契机，加速区域内经济一体化发展进程。他宣布中国已正式批准将中亚学院建成政府间国际组织。中亚区域经济合作机制于20世纪90年代由亚洲开发银行倡议建立，成员国包括中国、阿富汗、阿塞拜疆、巴基斯坦、蒙古国、哈萨克斯坦、吉尔吉斯斯坦、塔吉克斯坦、土库曼斯坦和乌兹别克斯坦。

蒙古国议会通过罢免总理议案。5日，蒙古国国家大呼拉尔（议会）通过罢免现任总理阿勒坦呼亚格的议案。66名国家大呼拉尔议员参与投票，其中36票赞成、30票反对。赞成罢免的理由主要集中在经济领域。有议员指出，现政府任期内，蒙古国经济增速和外商投资双双下滑，而货币贬值、物价上涨。蒙古国国家大呼拉尔主席恩赫包勒德说，蒙古国政府事务暂时由副总理特尔比什达格瓦负责。按照蒙古国法律，新总理将在30天内提名，现任内阁部长将继续履职至新总理组建新内阁。现政府于2012年8月由蒙古民主党与蒙古人民革命党、蒙古民族民主党所组成的"正义联盟"、公民意志绿党共同组建。

习近平主持加强互联互通伙伴关系对话会并发表重要讲话。8日,加强互联互通伙伴关系对话会在中国北京钓鱼台国宾馆举行。孟加拉国总统哈米德、老挝国家主席朱马里、蒙古国总统额勒贝格道尔吉、缅甸总统吴登盛、塔吉克斯坦总统拉赫蒙、柬埔寨首相洪森、巴基斯坦总理谢里夫,联合国亚太经社会执行秘书阿赫塔尔、上海合作组织秘书长梅津采夫出席会议。中国国家主席习近平主持会议并发表题为《联通引领发展,伙伴聚焦合作》的重要讲话。习近平强调,共同建设丝绸之路经济带和21世纪海上丝绸之路与互联互通相融相近、相辅相成。如果将"一带一路"比喻为亚洲腾飞的两只翅膀,那么互联互通就是两只翅膀的血脉经络。习近平就此提出五点建议。第一,以亚洲国家为重点方向,率先实现亚洲互联互通。"一带一路"源于亚洲、依托亚洲、造福亚洲。中国愿通过互联互通为亚洲邻国提供更多公共产品,欢迎大家搭乘中国发展的列车。第二,以经济走廊为依托,建立亚洲互联互通的基本框架。"一带一路"兼顾各国需求,统筹陆海两大方向,涵盖面宽,包容性强,辐射作用大。第三,以交通基础设施为突破,实现亚洲互联互通的早期收获,优先部署中国同邻国的铁路、公路项目。第四,以建设融资平台为抓手,打破亚洲互联互通的瓶颈。中国将出资400亿美元成立丝路基金。丝路基金是开放的,欢迎亚洲域内外的投资者积极参与。第五,以人文交流为纽带,夯实亚洲互联互通的社会根基。未来五年,中国将为周边国家提供2万个互联互通领域培训名额。习近平最后强调:让我们志存高远、脚踏实地,深化互联互通伙伴关系,优化亚洲区域合作,共建发展和命运共同体。与会领导人一致认为,各国应该加强基础设施、经济走廊建设,推进贸易、交通、金融、人文等全方位互联互通,促进区域经济一体化,塑造更加开放的亚洲经济格局,造福各国人民。各方高度赞赏习近平主席提出建设"一带一路"重要倡议,支持中方倡导成立亚洲基础设施投资银行,高度评价中方成立丝路基金,认为习近平主席提出的有关设想和主张契合各国发展需求,为各国提供了重要机遇,有利于促进地区乃至世界和平、稳定、繁荣,具有历史性意义。各国希望同中国加强合作,携手并进。会议发表了《加强互联互通伙伴关系对话会联合新闻公报》。

莫迪首次改组内阁。9日,印度总理莫迪改组内阁,新任命21名部长和副部长级官员,使这一级别官员总数增至66人。这是莫迪5月出任总理以来首次改组内阁。这21人中,4人将出任部长职务,使内阁成员总数增至27

人。另外17人将出任副部长级职务，使副部长级官员总数增至39人。

联合国特使呼吁"冻结"叙境内交火。9日，联合国秘书长叙利亚问题特使德米斯图拉在叙利亚首都大马士革呼吁叙利亚政府军与反对派"冻结"在叙利亚北部阿勒颇省的交火，共同打击极端组织"伊斯兰国"。德米斯图拉当天会见了叙利亚外交部长穆阿利姆，介绍了其上月访问黎巴嫩、伊朗、土耳其和俄罗斯等国所取得的成果，呼吁各方认真执行关于打击"伊斯兰国"和"支持阵线"等恐怖组织的联合国安理会第2170号决议，"冻结"在叙利亚北部阿勒颇省的交火，共同打击恐怖主义。德米斯图拉说，"冻结"交火也是为了人道主义救援物资能够顺利送达阿勒颇省遭围困的民众。

习近平出席亚太经合组织重要会议。9日，2014年亚太经合组织工商领导人峰会在中国北京国家会议中心举行。峰会主题是"亚太新愿景：创新、互联、融合、繁荣"，来自亚太经合组织21个经济体、其他17个国家和地区的1500余名工商界人士参加本次峰会。中国国家主席习近平出席开幕式并发表题为《谋求持久发展，共筑亚太梦想》的主旨演讲。习近平指出，亚太地区汇集了古老文明和新兴力量，这里的发展动力强劲，这里的未来前景光明。亚太在世界格局中的地位不断上升。亚太发展前景取决于今天的决断和行动。我们有责任为本地区人民创造和实现亚太梦想。这个梦想，就是坚持亚太大家庭精神和命运共同体意识，共同致力于亚太繁荣进步；就是继续引领世界发展大势，为人类福祉作出更大贡献；就是让经济更有活力，贸易更加自由，投资更加便利，道路更加通畅，人与人交往更加密切；就是让人民过上更加安宁富足的生活。我们要为实现这一目标作出更大努力。我们要共同建设互信、包容、合作、共赢的亚太伙伴关系，携手打造开放型亚太经济格局，不断发掘经济增长新动力，精心勾画全方位互联互通蓝图。习近平强调，当前中国经济保持稳定发展态势，呈现出新常态。新常态将给中国带来新的发展机遇。中国将坚定不移把改革事业推向深入。习近平指出，中国经济同亚太和世界经济的相互联系、相互依存不断加深。中国将集中精力做好自己的事情，也要努力使自身发展更好惠及亚太和世界。习近平最后指出，展望未来，世界和亚太的发展繁荣面临前所未有的历史机遇，也面临更为复杂的风险挑战。亚太各方应该顺应时代大潮，携手共建面向未来的亚太伙伴关系，共襄区域合作盛举，共创亚太美好未来。10日，习近平出席亚太经合组织领导人同工商咨询理事会代表对话会。习近平强调，中国的发展前景看好。中国是区域合作的受益者,更是区域合作的积极倡导者和推进者,中国愿意积极推进本地区贸易投资自由化便利化,加快区域经济一体化,携手推动亚太地区发展繁荣。10日下午,2014年亚太经合组织工商领导人峰会在北京闭幕。峰会期间,多位亚太经合组织成员领导人与工商界人士就推动区域经济一体化、促进经济创新发展、加强区域互联互通等议题进行了广泛对话。

中韩元首宣布"中韩自贸区"结束实质性谈判。10日,中国国家主席习近平与韩国总统朴槿惠在北京举行会晤,双方共同确认中韩自贸区结束实质性谈判。会晤后,在两国领导人共同见证下,中国商务部部长高虎城和韩国通商产业资源部部长尹相直,分别代表两国政府签署了结束中韩自贸区实质性谈判的会议纪要。中韩自贸区谈判于2012年5月启动,是中国迄今为止对外商谈的覆盖领域最广、涉及国别贸易额最大的自贸区。根据谈判成果,在开放水平方面,双方货物贸易自由化比例均超过"税目90%、贸易额85%"。协定范围涵盖货物贸易、服务贸易、投资和规则共17个领域,包含了电子商务、竞争政策、政府采购、环境等"21世纪经贸议题"。同时,双方承诺在协定签署后将以负面清单模式继续开展服务贸易谈判,并基于准入前国民待遇和负面清单模式开展投资谈判。中韩自贸区谈判实现了"利益大体平衡、全面、高水平"的目标。

伊拉克政府军夺回北部重镇拜伊吉大部分地区。11日,伊拉克军安全部队经过激烈战斗,夺回了被"伊斯兰国"极端武装占领的萨拉赫丁省拜伊吉市大部分地区。拜伊吉市位于首都巴格达以北约200公里处,是伊拉克最大炼油厂所在地。17日,美国参谋长联席会议主席邓普西突访伊拉克首都巴格达,称打击"伊斯兰国"组织的战争已"出现转机",但盟方仍面对旷日持久的奋斗。邓普西是自2014年夏天美国总统奥巴马宣布派遣美军进驻伊拉克应对"伊斯兰国"组织进攻以来,第一次到访伊拉克。

习近平主持亚太经合组织第二十二次领导人非正式会议。11日,亚太经合组织第二十二次领导人非正式会议在北京怀柔雁栖湖国际会议中心举行。各成员领导人围绕"共建面向未来的亚太伙伴关系"主题深入交换意见,共商区域经济合作大计,达成广泛共识。中国国家主席习近平主持会议。习近平在讲话中强调,面对新形势,亚太经济体应深入推进区域经济一体化,打造有利于长远发展的开放格局,大力推进亚太自由贸易区进程。应该全力推动改革创新,挖掘新的增长点和驱动力,通过结构调整释放内生动力。应该加快完善基础设施建设,打造全方位互联互通格局,让脚下之路、规则之路、心灵之路联通太平洋两岸全体成员。习近平就此提出四点主张。第一,共同规划发展愿景,把在启动亚太自由贸易区进程、推进互联互通、谋求创新发展等方面达成的重要共识转化为行动。第二,共同应对全球性挑战,妥善应对流行性疾病、粮食安全、能源安全等全球性问题。第三,共同打造合作平台,将亚太经合组织打造成推进一体化的制度平台,加强经验交流的政策平台,反对贸易保护主义的开放平台,深化经济技术合作的发展平台,推进互联互通的联接平台。中方将捐款1000万美元,用于支持亚太经合组织机制和能力建设,开展各领域务实合作。第四,共同谋求联动发展,加大对发展中成员的资金和技术支持,扩大联动效应,实现共同发展。未来三年,中国政府将为亚太经合组织发展中成员提供1500个培训名额,用于贸易和投资等领域的能力建设项目。各经济体领导人围绕主题,就"推动区域经济一体化","促进经济创新发展、改革与增长","加强全方位基础设施与互联互通建设"三项重点议题展开讨论。各经济体领导人一致认为,在当前全球经济形势下,要加快亚太自由贸易区建设,积极推进区域经济一体化,加强基础设施建设,促进互联互通。各方赞同习近平主席提出的有关倡议和主张,高度评价中国为促进亚洲和世界经济繁荣、推动亚太经合组织发展发挥的重要作用,感谢中方为举办本次会议所做的出色工作。下午4时,会议落下帷幕。习近平致闭幕词,对会议讨论情况进行总结,指出与会各方回顾了亚太经合组织的历史成就和宝贵经验,展望了亚太长远发展愿景和方向,并就会议议题进行了热烈而富有成果的讨论,达成许多重要共识:大力加强亚太伙伴关系;推进区域经济一体化,启动亚太自由贸易区进程;批准全球价值链、供应链、能力建设等领域重要合作倡议;支持多边贸易体制,推动多哈回合谈判早日结束;加快创新和改革步伐;共同探索适合自身实际的发展道路和发展模式,加强交流互鉴;加强全方位基础设施和互联互通建设;拓展基础设施投融资领域务实合作;共同应对全球性挑战。会议发表了《北京纲领:构建融合、创新、互联的亚太——亚太经合组织领导人宣言》和《共建面向未来的亚太伙伴关系——亚太经合组织成立25周年声明》。会议结束后,习近平向中外记者介绍了会议情况和取得的成果。习近平指出,这次会议是亚太合作进入历史新阶段的一次重要会议,也是亚太经合组织大家庭的又一盛会。会议取得丰硕成果,实现了预期目标,各方对此感到满意。我们决心发扬互信、包容、合作、共赢精神,共同构建面向未来的亚太伙伴关系。

奥巴马对中国进行国事访问。11日晚,国家主席习近平在中南海同来华出席亚太经合组织领导人非正式会议并对中国进行国事访问的美国总统奥巴马举行会晤。两国元首就中美关系及共同关心的重大国际和地区问题坦诚深入交换意见。习近平强调,要坚持从战略高度和长远角度出发,以积水成渊、积土成山的精神,不断推进中美新型大国关系建设。奥巴马表示,美方愿意同中方共同为此作出努力。12日,习近平在北京人民大会堂与奥巴马举行会谈,就中美关系及共同关心的重大国际和地区问题坦诚、深入交换意见。双方重申安纳伯格庄园会晤时就发展中美新型大国关系达成的目标。习近平提出要从六个重点方向进一步推进中美新型大国关系建设:第一,加强高层沟通和交往,增进战略互信。我愿同奥巴马总统保持经常性沟通。双方应该更好发挥中美战略与经济对话、人文交流高层磋商等机制性对话的作用。希望双方共同举办好下月在芝加哥举办的第二十五届中美商贸联委会,争取尽可能多的实际成果。第二,在相互尊重基础上处理两国关系。中美作为国情不同的两个大国,应该尊重彼此主权和领土完整,尊重各自选择的政治制度和发展道路,不把自己的意志和模式强加于对方。这是两国关系保持健康稳定发展的重要前提和基础。第三,深化各领域交流合作。中美拥有广泛共同利益和坚实合作基础。双方应该扩大和深化经贸、两军、反恐、执法、能源、卫生、基础设施等重要领域务实合作,为两国关系注入新的动力。积极促进两国政府、议会、地方、智库、媒体、青年等各界交流,夯实两国关系社会基础。第四,以建设性方式管控分歧和敏感问题。中美在一些问题上存在分歧不可避免。双方应该坚持通过对话协商,妥善处理敏感问题,不做损害对方核心利益的事,全力维护两国关系稳定发展大局。第五,在亚太地区开展包容协作。我曾多次说过,宽广的太平洋足够大,容得下中美两国。双方应该致力于在亚太地区开展积极互动,鼓励包容性外交,共同为地区和平、稳定、繁荣发挥建设性作用。第六,共同应对各种地区和全球性挑战。中方愿同美方加强在伊朗核、朝核、阿富汗等地区热点问题以及反恐、气候变化、传染病防控等全球性问题上的沟通、协调、合作,共同为维护世界和平、促进人类发展作出积极贡献。奥巴马表示:美中建交35年来,两国关系取得长足进展,为地区和世界和平、稳定、发展作出了重要贡献。我期待美中关系发展为两国、为世界带来更多福祉。我非常重视习近平主席提出的主张和建议，赞同加强交流对话，增进了解互信，扩大互利合作，建设性管控分歧，共同推进美中新型大国关系。我愿意重申，美国欢迎和支持一个和平、繁荣、稳定、在国际上发挥更大作用的中国，这符合美国的利益。美方没有围堵或损害中国统一的意图。美方在台湾问题上的立场没有变化，美国不支持"台独"，坚定支持两岸关系改善，希望这一势头继续保持下去。美方承认西藏是中华人民共和国的一部分，不支持"西藏独立"。美方支持中国改革开放，希望双方采取进一步措施，促进双边贸易平衡增长，加强农业、粮食安全等领域合作。美方支持两国民间交往。美方欢迎美中两军关系取得进展，希望两军在更广泛领域加强交流、对话、合作，避免误判，防止冲突。美国有诚意同中国在亚太构建合作而不是竞争的关系，共同维护地区安全稳定。两国元首就加强双边、地区和全球层面合作达成多项重要成果和共识，同意加快双边投资协议谈判进度，力争于年底前就核心问题和主要条款达成一致，在2015 年启动负面清单谈判。双方积极评价两国就信息技术协议扩围谈判达成一致。

李克强出席东亚合作领导人系列会议并对缅甸进行正式访问。12 日，应东盟轮值主席国缅甸联邦共和国总统吴登盛邀请，中国国务院总理李克强抵达缅甸首都内比都，出席第十七次中国—东盟（10＋1）领导人会议、第十七次东盟与中日韩（10＋3）领导人会议和第九届东亚峰会，并对缅甸进行正式访问。13 日上午，李克强在缅甸内比都出席第九届东亚峰会。东盟十国领导人以及韩国总统朴槿惠、日本首相安倍晋三、美国总统奥巴马、俄罗斯总理梅德韦杰夫、印度总理莫迪、澳大利亚总理阿博特、新西兰总理约翰·基出席。缅甸总统吴登盛主持会议。李克强强调，东亚在过去几十年能够快速发展，根本原因在于有一个和平稳定的地区环境，这是东亚各国人民共同努力的结果。各方应把握好政治安全和经济发展"两个轮子一起转"的大方向，促进地区和平安定，积极应对全球性挑战，深化经济社会等领域合作，建设和平与繁荣的东亚地区。与会各国领导人表示，面对深刻复杂变化的国际、地区形势，东亚国家应进一步加强对话，凝聚共识，携手应对传统和非传统安全挑战，深化务实合作，推进地区经济一体化，共同促进地区与世界的和平稳定、发展与繁荣。13 日下午，李克强在内比都出席第十七次中国—东盟（"10＋1"）领导人会议。东盟十国领导人与会。李克强与缅甸总统吴登盛共同主持会议，与会各方就进一步拓展中国—东盟合作进行深入讨论，达成广泛共识。李克强强调,要开创中国—东盟战略伙伴关系起点更高、内涵更广、合作更深的"钻石十年"。当天下午,李克强还出席了第十七次东盟与中日韩("10+3")领导人会议。东盟十国、日本、韩国领导人共同出席。缅甸总统吴登盛主持会议。李克强强调,要加强"10+3"务实合作,朝着东亚共同体的目标稳步迈进。14日上午,李克强在内比都同缅甸总统吴登盛举行会谈。双方就进一步推进中缅关系,深化两国全面战略合作深入交换意见,达成广泛共识。李克强强调,要全面提升中缅战略合作水平,两国永做好邻居、好朋友、好伙伴。会谈后,两国领导人共同见证了双边经贸、农业、金融、能源等领域合作文件的签署。

习近平出席二十国集团领导人第九次峰会、访问澳新斐三国并同太平洋建交岛国领导人会晤。14日,中国国家主席习近平抵达布里斯班,应澳大利亚联邦政府总理阿博特邀请出席二十国集团领导人第九次峰会,并应澳大利亚联邦总督科斯格罗夫和总理阿博特邀请对澳大利亚进行国事访问。15日,金砖国家领导人非正式会晤在澳大利亚布里斯班举行,中国国家主席习近平、巴西总统罗塞夫、俄罗斯总统普京、印度总理莫迪、南非总统祖马出席。五国领导人就金砖国家合作以及重大国际和地区问题深入交换意见,取得高度共识。五国领导人表示,当前世界经济有待实现强劲、可持续复苏。新兴经济体要努力保持增长,积极推动全球经济治理。有关发达国家应该采取负责任的货币政策,防止外溢效应,加大投资,寻找可持久增长动力。国际货币基金组织份额改革方案应该尽快得到落实。金砖国家要加强全方位合作,落实好巴西福塔莱萨会晤成果,加快推进金砖国家开发银行和应急储备安排有关建设进程,密切沟通和协调,确保二十国集团布里斯班峰会取得成功,维护共同利益。与会领导人强调,将继续加强国际合作,支持联合国、世界卫生组织等共同应对埃博拉疫情。15日下午,二十国集团领导人第九次峰会在澳大利亚布里斯班举行。本次峰会主题是经济增长、就业与抗风险。国家主席习近平出席会议并发表题为《推动创新发展,实现联动增长》的重要讲话,倡导做共促经济改革的发展伙伴,落实全面增长战略,推动世界经济从周期性复苏向可持续增长转变。习近平强调,中国将继续保持经济增长势头,为推动世界经济增长作出更大贡献。在中国、美国、澳大利亚推动下,会议通过了《二十国集团领导人应对埃博拉疫情布里斯班声明》,赞赏各国作出的巨大贡献,呼吁加强国际合作,共同应对埃博拉疫情。会议宣布,中国主办

2016年二十国集团领导人峰会。习近平表示，中方有信心当好2016年主席国及2015年、2017年"三驾马车"成员，同各方一起把二十国集团机制维护好、建设好、发展好。17日，习近平在堪培拉同阿博特举行会谈，两国领导人决定将中澳关系提升为中澳全面战略伙伴关系，宣布实质性结束中澳自由贸易协定谈判。当天，习近平在堪培拉会见了澳大利亚总督科斯格罗夫，在澳大利亚联邦议会发表了题为《携手追寻中澳发展梦想，并肩实现地区繁荣稳定》的重要演讲，与阿博特共同出席了第四届中澳工商界首席执行官圆桌会。19日，习近平抵达奥克兰，应新西兰总督迈特帕里和总理约翰·基邀请，开始对新西兰进行国事访问。20日，习近平在惠灵顿同新西兰总理约翰·基举行会谈，双方决定，将中新关系提升为全面战略伙伴关系，共建中新两国利益共同体，推动两国合作不断迈上新台阶。21日，习近平抵达楠迪，开始对斐济进行国事访问。22日，习近平在楠迪同斐济总理姆拜尼马拉马举行会谈。习近平强调，中方愿同斐方一道，加强交流合作，推动中斐关系不断向前发展。姆拜尼马拉马表示，斐方珍视两国传统友谊，做中国的好伙伴始终是斐济对华关系的出发点。当日，习近平在楠迪同斐济总理姆拜尼马拉马、密克罗尼西亚联邦总统莫里、萨摩亚总理图伊拉埃帕、巴布亚新几内亚总理奥尼尔、瓦努阿图总理纳图曼、库克群岛总理普纳、汤加首相图伊瓦卡诺、纽埃总理塔洛吉等太平洋岛国领导人举行集体会晤，共商合作发展大计，一致同意建立相互尊重、共同发展的战略伙伴关系。习近平主持会议并发表主旨讲话，阐述新形势下中国深化同太平洋岛国关系的政策举措，强调中国是岛国真诚朋友和合作伙伴。

联大通过涉朝人权决议。 18日，联合国大会第三委员会以111票赞成、19票反对、55票弃权通过了欧盟等60余个国家提交的朝鲜人权决议案，谴责朝鲜境内长期持续存在有系统、普遍和严重侵犯人权行为，决定将联合国朝鲜人权问题调查委员会的报告提交安理会，并鼓励将朝鲜局势移交国际刑事法院。中国、古巴、俄罗斯等19国投了反对票。联合国大会的决议案并无约束力。决议通过后，朝方代表表示强烈不满，并表示决议案的通过"将招致核试验"。联合国自2005年以后的10年间，一直都有关于朝鲜人权问题的决议案，但本次通过的决议包含"移送国际刑事法庭"的内容，被认为是程度最高的人权决议。

韩国举行大规模联合登陆演习。 15日—20日，韩国举行了"2014护国联合登陆演习"。此次演习是为应对朝鲜局部挑衅和全面战争而实施的联合训练，2000余名韩国海军和海军陆战队士兵、"独岛号"运输舰（1.45万吨级，以下称"独岛舰"）、登陆舰（2600吨级）、"栗谷李珥号"宙斯盾驱逐舰（7600吨级，以下称"栗谷李珥舰"）等20余艘舰艇和海陆空军的40余架飞机参加了当天的训练。20余辆韩国型两栖装甲突击车（KAAV）也投入了演习。此次演习以敌方进行海上威胁为假想情况，事先消除登陆海岸的威胁因素，利用舰艇和飞机摧毁登陆目标地区的敌军战斗力。在演习期间，美国海军直升机为了提高作战能力，在"独岛舰"上实施升降训练。"独岛舰"管控登陆作战的整个过程和各种飞机、舰艇执行的任务。"栗谷李珥舰"以敌方在海上进行威胁为假想情况，在战斗力抵达目标海域之前，负责警备和护航。

首届世界互联网大会开幕。19日，首届世界互联网大会在中国浙江乌镇开幕。中国国家主席习近平向大会致贺词祝贺会议召开，对出席会议的各国政府官员、国际机构负责人以及专家学者、企业家等嘉宾表示欢迎。习近平在贺词中指出，当今时代，以信息技术为核心的新一轮科技革命正在孕育兴起，互联网日益成为创新驱动发展的先导力量，深刻改变着人们的生产生活，有力推动着社会发展。互联网真正让世界变成了地球村，让国际社会越来越成为你中有我、我中有你的命运共同体。同时，互联网发展对国家主权、安全、发展利益提出了新的挑战，迫切需要国际社会认真应对、谋求共治、实现共赢。习近平强调，中国正在积极推进网络建设，让互联网发展成果惠及13亿中国人民。中国愿意同世界各国携手努力，本着相互尊重、相互信任的原则，深化国际合作，尊重网络主权，维护网络安全，共同构建和平、安全、开放、合作的网络空间，建立多边、民主、透明的国际互联网治理体系。习近平表示，本届世界互联网大会以"互联互通共享共治"为主题，回应了国际社会对网络空间面临重大问题的共同关注。希望与会嘉宾集思广益、凝聚共识、贡献创见，推动互联网更好造福人类。国务院副总理马凯在开幕式上宣读了习近平的贺词并致辞，他指出，中国政府将遵循积极利用、科学发展、依法管理、确保安全的方针，更好发挥互联网在经济提质增效升级、实施创新驱动发展、丰富人们文化生活、保障改善民生等方面的重要作用。他倡议，国际社会应携起手来，不断深化交流合作，推动互联网设施互联互通，促进互联网经济繁荣发展，加强互联网技术合作共享，实现互联网安全保障有力，促进各国人民共享互联网发展成果，增进人类福祉。首届世界互联网大会由国家互联网信息办公室和浙江省人民政府共同主办,在三天的会期内,将围绕国际互联网治理、互联网新媒体、跨境电子商务、网络安全、打击网络恐怖主义等议题,举行10多场分论坛、高端对话活动。近100个国家和地区的1000多名嘉宾、近500名中外记者参会。

美国总统奥巴马启动移民改革。20日,奥巴马发表全国电视讲话,宣布一系列行政命令推行移民改革计划。根据这项计划,大约400万名在美国居住至少5年的非法移民将免于被遣送出境,并将获得临时保护身份,其中没有犯罪记录者还可在美国获得合法工作的机会。计划还将通过其他措施对另外100万名非法移民提供免于被遣返的临时保护,但其中不包括在农场工作的非法移民以及那些在子女童年时期就越境来美国的家长。上述500万名受惠者不会在医疗保健方面获得任何政府补助。这份计划还包括加强边境移民问题治理、为高科技劳工提供身份支持以及扩大对那些儿童时期就被带到美国的非法移民的帮助。美国境内大约有1100万非法移民,其中大部分来自墨西哥等拉美国家。随着这一群体规模不断扩大,拉美裔选民对选情的影响力也越来越大,使两大政党不得不高度重视移民问题。

金正恩致信普京希望全面发展对俄关系。20日,俄罗斯外长拉夫罗夫在莫斯科会见了到访的金正恩特使崔龙海。拉夫罗夫在会见后举行的新闻发布会上说,朝鲜最高领导人金正恩在由崔龙海向普京转交的亲笔信中表示,朝方希望同俄罗斯发展全方位的双边关系,并在解决朝鲜半岛现有问题方面与俄罗斯展开合作。拉夫罗夫还说,朝鲜准备在不设先决条件的情况下恢复朝核问题六方会谈。崔龙海从17日起对俄罗斯进行为期7天的访问。普京18日会见了崔龙海,并接受了崔龙海转交的金正恩亲笔信。除莫斯科外,他还将访问俄远东城市哈巴罗夫斯克和符拉迪沃斯托克。

日本首相安倍晋三解散众议院。21日,日本政府通过了解散众议院的内阁决议,准备提前两年举行大选,安倍内阁全体阁僚在内阁决议书上签字。解散众议院的内阁决议随后呈交日本天皇签字确认。当天下午,日本众议院举行全体会议,由众议院议长宣读解散众议院的天皇诏书。众议院解散后,安倍内阁举行临时内阁会议,决定12月2日公示候选人、12月14日举行投票的众议院选举日程。本次众议院选举将产生475个议席,包括295个小选举区议席和180个比例代表议席。占据半数以上议席的政党和政党联盟将提名推举出新的首相。

六国和伊朗发表共同声明决定谈判延期。24 日,美国、英国、法国、俄罗斯、中国和德国等伊朗核问题六国与伊朗外长发表共同声明,决定将伊朗核问题谈判期限延长至 2015 年 6 月 30 日。声明说:"我们将以目前势头为基础,在尽可能短的时间内,最多 4 个月,完成这些谈判,在必要时,利用到 6 月底的剩余时间,完成任何可能遗留的技术和草案工作。"声明说,六国和伊朗重申将继续履行 2013 年 11 月六国和伊朗达成的"共同行动计划"中的承诺,六国和伊朗将于 12 月继续举行新一轮会谈。声明还说,六国和伊朗在过去数月举行了十轮磋商和多次会面,产生了一些想法,但鉴于解决伊朗核问题的技术性及需要作出决策,各方需要完成更多工作。各方"依然相信,根据已有进展和不断产生的新想法,存在一条达成全面解决方案的可信途径"。本月 18 日至 24 日,伊朗核问题六国与伊朗举行 24 日截止期限前的最后一轮谈判。24 日,六国外长举行会谈,并随后与扎里夫举行会谈。根据伊朗与伊朗核问题六国 2013 年 11 月达成的阶段性协议,伊朗应在今年 7 月 20 日前暂停部分敏感的核项目,以换取西方国家减轻制裁,同时双方寻求通过谈判达成伊朗核问题全面协议。各方由于分歧严重,未能在 7 月 20 日之前达成全面协议,双方将谈判期限延长至 11 月 24 日。

美国弗格森枪击案判决结果引发美国全国多地骚乱。24 日,美国密苏里州大陪审团宣布针对弗格森枪击案的裁定结果,枪杀黑人青年迈克尔·布朗的白人警察达伦·威尔逊被免于起诉。当晚,弗格森镇的抗议活动依然延续之前的骚乱态势。为防止事态恶化,密苏里州州长尼克松 25 日一早即宣布将进驻弗格森镇的国民警卫队人数由之前的 700 人增加至 2200 人,随时应对更大规模的骚乱。25 日,全美 170 多座城市的几十万民众纷纷走上街头,抗议美国司法不公。25 日中午,布朗家人的支持者召开发布会指责判决结果"极为不公正",并质疑检方偏袒涉案警察。

越共中央总书记阮富仲访问俄罗斯。24 日,越共中央总书记阮富仲抵达俄罗斯进行访问。25 日,俄罗斯总统普京与阮富仲举行会谈。普京表示,近年来俄罗斯与越南关系发展非常顺利,两国高层保持政治对话,两国有关机构积极协作,两国议会间的交流也在积极进行。俄罗斯视越南为全天候战略伙伴,两国在很多地区和国际问题上立场一致,两国关系在未来具有广阔的发展前景。阮富仲表示,他这次访问俄罗斯的一个主要目的是继续深化越俄关系,把两国关系提高到一个新水平。越南视俄罗斯为重要的合作伙伴之一,这是增强两国人民友谊和推动两国全方位合作关系向前发展的重要基础。在此次会谈中，两国领导人讨论了在一系列领域加强协作的问题，其中包括电力、机器制造、采矿业、铁路建设等领域的合作。两国领导人还就越南增加向俄罗斯出口农产品、两国合作开发油气资源、2020 年前将两国贸易额提高至 100 亿美元、建立三国关税同盟（包括俄罗斯、白俄罗斯、哈萨克斯坦）与越南自由贸易区等达成一致。

联合国纪念"声援巴勒斯坦人民国际日"。25 日，联合国总部举行活动，纪念"声援巴勒斯坦人民国际日"。联合国各方在纪念大会上呼吁巴勒斯坦和以色列将谈判进行下去，以实现最终和平。联合国巴勒斯坦人民行使不可剥夺权利委员会当天举行特别会议，纪念 11 月 29 日"声援巴勒斯坦人民国际日"。联合国常务副秘书长埃利亚松在会上宣读了秘书长潘基文的致辞。致辞说，今年的纪念活动正值巴以就最终地位问题进行广泛的和平谈判之时，他呼吁国际社会支持这一旨在达成两国方案、结束冲突的努力，并呼吁巴以避免任何破坏谈判成功的行为。当天，联合国经社理事会会议厅还放映了电影，举行了音乐会，来纪念"声援巴勒斯坦人民国际日"。1977 年，联大通过决议，将每年的 11 月 29 日定为"声援巴勒斯坦人民国际日"，以动员国际社会支持巴勒斯坦人民争取合法权利的斗争。2014 年 7 月底，在美国斡旋下，巴以恢复了中断 3 年的和平谈判，共同计划在 9 个月之内就边界、安全、耶路撒冷、难民和犹太人定居点等最终地位问题达成协议，从而结束巴以长达 60 多年的冲突。但之后以色列陆续在约旦河西岸和东耶路撒冷扩建 6000 多套定居点住房，引起巴方强烈不满。

中国援建利比里亚埃博拉诊疗中心正式交付使用。25 日，中国政府援建的利比里亚埃博拉出血热诊疗中心在利比亚首都蒙罗维亚正式交付使用。利比里亚总统约翰逊·瑟利夫在出席当天的启用仪式时表示，衷心感谢中国的无私援助，这一诊疗中心是利中友好的见证，她期待利中两国能在更多领域进行合作。约翰逊·瑟利夫当天还参观了诊疗中心，对诊疗中心的科学流程、高标准配置表示赞赏，称赞这的确是一个非常现代化的医院，是一个成功的案例。至此，中国已连续 4 轮向西非疫区国家和相关国际、地区组织提供了总计 7.5 亿元人民币的紧急抗击埃博拉援助，并派遣 500 多名医护人员和公共卫生专家在西非疫区国家工作。29 日，世界卫生组织公布了埃博拉感染与死亡人数的最新数字，各国死亡人数从两天前的 5689 人突增到至少 6943 人。

南盟首脑会议举行。26日，第十八届南亚区域合作联盟首脑会议在尼泊尔首都加德满都开幕。这次会议以"为和平和繁荣深化一体化"为主题，8个成员国领导人就建立经济一体化等议题进行了发言和探讨。27日，会议闭幕。会议通过了《加德满都宣言》，并签署了《南盟能源合作框架协议》。由尼泊尔提议的《南盟能源合作框架协议》，旨在加快在南亚地区建立一体化电网，实现成员国之间电力的互补。会议轮值主席国尼泊尔总理柯伊拉腊在闭幕式上说，这是一次成功的会议，《南盟能源合作框架协议》的签署是这次会议的一个重要成果，有利于密切南亚地区各国的联系。南盟成立于1985年，有8个成员国，包括阿富汗、孟加拉国、不丹、印度、马尔代夫、尼泊尔、巴基斯坦和斯里兰卡。有9个观察员，分别是澳大利亚、中国、欧盟、伊朗、日本、韩国、毛里求斯、缅甸和美国。

欧佩克决定维持石油日产量限额不变。27日，欧佩克部长级会议在维也纳欧佩克总部举行，会议主要讨论过去几个月不断下跌的油价走势和2015年石油市场前景。欧佩克原油产量约占世界石油市场份额的1/3。2011年欧佩克决定将石油日产量保持在3000万桶水平，这个限额一直维持至今。过去几个月来，国际市场原油价格已下跌近30%，本次欧佩克部长级会议会否作出限产保价的决定受到空前关注。沙特阿拉伯、卡塔尔、阿联酋和科威特等海湾阿拉伯国家不赞成减产，认为油价下跌还不构成危机，市场将自我稳定。但是，委内瑞拉等因低油价承受很大财政压力的国家则希望减产保价。欧佩克官员当天在会上表示，国际原油供应充足、美元走强和全球经济增长疲软导致需求萎缩等因素促成油价持续下跌。原油市场投机行为也是影响油价走势的重要因素。当天，欧佩克部长级会议决定，将石油日产量保持在3000万桶水平不变。欧佩克秘书长巴德里在会后举行的新闻发布会上说："我们不想恐慌。我们想看看市场如何行动，因为价格下跌并不反映基本面的变化。"

世界贸易组织通过《贸易便利化协议》议定书。27日，世界贸易组织宣布，在世贸组织总理事会特别会议上，有关落实《贸易便利化协议》的议定书得以通过，持续近4个月的僵局终被打破。2013年12月，世贸组织第九届部长级会议达成该组织成立以来首份多边贸易协定"巴厘一揽子协定"，其中贸易便利化对全球贸易的影响最为明显，能够提高跨境贸易的效率，降低成本，创造就业，并提升全球贸易额。按照协议条款，2014年7月31日是贸易便利化协议生效程序的第一个截止日期，世贸组织成员需在该日期前，全体一致同意通过该协议议定书,将该协议正式纳入世贸规则体系。但世贸组织未能按期通过有关落实贸易便利化协议的议定书。印度在谈判中对本国粮食储备和补贴的强硬立场是造成该协议受挫的主要原因。印度要求制定有关其粮食储备和补贴的永久性协议,并提出该协议与贸易便利化协议同时通过。就此,"巴厘一揽子协议"项下实质性谈判陷入停滞。本月早些时候,美国与印度就落实贸易便利化协议和一些发展中国家的粮食安全计划达成共识,为全面落实前者奠定了基础。

尼日利亚清真寺遇袭。28日,尼日利亚北部卡诺州首府卡诺市一座清真寺遭到炸弹袭击。两名自杀式袭击者引爆身上的炸药,还有枪手四处滥射,导致至少120人死亡,270人受伤。

埃及法院判穆巴拉克谋杀罪名不成立。29日,埃及法院作出终审判决,裁决前总统穆巴拉克涉嫌谋杀示威者一案不成立。一同受审的5名穆巴拉克政府官员也被宣判无罪。

12 月

李克强出访欧亚三国并出席系列国际会议
乌克兰冲突双方实现停火
美国经济数据强劲
美国和古巴宣布将就恢复两国外交关系展开磋商
联合国安理会首次就朝鲜人权问题举行会议
北约结束在阿富汗的军事行动

利马气候大会召开。1 日,《联合国气候变化框架公约》第 20 次缔约方会议暨《京都议定书》第 10 次缔约方会议在秘鲁首都利马开幕,190 多个国家的代表与会。主要任务是在 2015 年巴黎气候大会前达成一个协议草案,以及建立并启动"绿色气候基金"。14 日,气候大会在经过 30 多个小时推迟后落下帷幕,最终就一份 4 页的协议草案达成一致。主要取得五项成果:进一步细化了 2015 年应对气候变化新协议的各项要素,为 2015 年起草、提出协议草案奠定基础;重申各国须在 2015 年初制定并提交 2020 年后的"国家自主决定贡献",并对其所需的基本信息作出要求;就继续推动"德班平台"谈判达成共识,进一步明确并强化"共同但有区别的责任"原则等政治共识;就加速落实 2020 年前"巴厘路线图"成果、提高执行力度作出进一步安排;绿色气候基金已获得超过 100 亿美元资金。潘基文发表声明对会议所取得的成果表示欢迎,认为本次会议通过的各项决议为 2015 年达成一项有意义的全球性气候协议铺平了道路。中国代表团团长解振华认为会议结果"比较平衡,达到中国代表团预期"。

世卫组织表示抗击埃博拉疫情初见成效。1 日,世界卫生组织表示,得益于几内亚、利比里亚和塞拉利昂三国已经或即将于未来数周完成疫情控制的短期目标,西非埃博拉疫情正在缓解,抗击埃博拉疫情的工作已初见成效。

俄大力推进"强军战略"。1 日,俄罗斯国家防御指挥中心正式投入作战值班。该中心在和平时期负责监控对国家安全的威胁,一旦爆发战争,将接管整个国家,并拥有下达发射核导弹命令的权力。同日,在北海舰队基础上组建的俄罗斯北极战略司令部正式运作,归国防指挥中心管辖,相当于俄罗斯的第五军区。北极战略司令部还将组建两支针对北极地貌特点的陆上作战部队。3 日,俄罗斯总统普京签署 2015 年至 2017 年联邦预算法案。未来三年俄罗斯军事开支将达到国家预算的 1/5,创后苏联时代之最。其中 2015 年国防预算支出将较2014年增加33%，占总预算的21.2%。6日，俄罗斯空军防空兵负责人古梅内说，俄罗斯将建设覆盖北极地区的密集雷达网，以增强俄军防御力量。10日，俄罗斯第三艘"北风之神"级战略核潜艇"弗拉基米尔·莫诺马赫"号交付俄罗斯海军。同日，俄罗斯国防部门透露，俄军近期或将组建一支新的武装部队"航空航天部队"，取代俄罗斯原有的空军部队。13日，俄罗斯战略导弹部队副司令费拉托夫发表声明，称俄罗斯近期将恢复制造导弹列车。26日，俄罗斯国家安全委员会通过新版军事学说，保留了以防御为主的军事思想内核，对核遏制的表述未出现根本变化，仍将北约视为国家安全的主要威胁。在应对措施方面，提出了将高精度常规武器作为战略威慑的"非核遏制"概念，以及保证俄罗斯在北极的国家利益的条款。

普京访问土耳其和印度。1日，俄罗斯总统普京抵达安卡拉，对土耳其进行国事访问。普京与土耳其总统埃尔多安举行会谈，重点主要集中在能源领域，特别是俄罗斯在土耳其参与的核电站建设和天然气出口价格等问题。两人出席了土俄高层合作委员会第五次会议，并在会后共同签署了包括进出口、金融和能源等领域的多项协议。普京表示，俄罗斯将途经土耳其黑海海域的"蓝溪"天然气管线输气量增加30亿立方米，并从2015年1月1日起将出口土耳其的天然气价格下调6%。普京同时表示，俄罗斯将停止建设"南溪"天然气管道，研究建立一个经土耳其通往南欧的天然气管道枢纽。11日，普京到访印度，在新德里会见印度总理莫迪。两位领导人签署协议，俄罗斯将在20年内为印度建造12座核反应堆。普京在会谈后向媒体发表声明称，俄罗斯石油及俄罗斯天然气工业公司正在与印度公司一起筹备俄罗斯北极大陆架开发和扩大液化天然气供应项目。克里米亚领导人阿克肖诺夫随访，但自称是"私人性质"的访问，并未参加任何官方活动。

俄罗斯应对卢布危机。1日，俄罗斯卢布汇率创下自1998年金融危机以来的单日最大跌幅，跌至约1美元兑换53卢布。2日，世界银行将2015年俄罗斯经济增长率从此前预测的0.3%下调至接近为零。9日，俄罗斯中央银行证实，分别于1日投入7亿美元、3日投入19亿美元、5日投入19亿美元稳定卢布价格，效果并不明显。同日，世界银行预测，2015年俄罗斯经济将萎缩0.7%。10日，俄罗斯总理梅德韦杰夫称卢布"被低估"，劝说本国民众不必过分担忧，但承认长期来看卢布汇率的严重下跌必将对俄罗斯经济带来不利影响。11日，俄罗斯中央银行宣布将利率提高1个百分点至10.5%。15

日，俄罗斯央行出售19.61亿美元外汇干预汇率。16日，俄罗斯中央银行宣布将利率提高至17%，为16年来最大幅度加息，但卢布汇率再度崩溃下跌，达到1美元兑换80卢布的历史新低。17日，卢布大幅升值12%，涨幅创1998年以来之最。18日，俄罗斯央行斥资5亿美元救市。19日，俄罗斯央行再斥资4.2亿美元救市。22日，俄罗斯前财政部长库德林说，受俄罗斯政府宏观调控影响，卢布汇率近期已趋于稳定。25日，卢布汇率回升至两周来最高水平。俄罗斯财长西卢阿诺夫宣布，卢布危机已经结束。

美国民众抗议白人警察枪杀黑人。1日，全美30多个城市举行示威活动，抗议2014年8月弗格森镇警察枪杀黑人青年布朗被陪审团免于起诉，以及上个月克利夫兰警察枪杀12岁黑人男孩事件。3日，美国纽约斯塔滕岛地区法院大陪审团决定对涉嫌2014年7月将黑人男子加纳锁喉致死的白人警察潘塔莱奥不予起诉。纽约数以千计示威者涌上街头，一度造成交通瘫痪，警方逮捕83人。4日，抗议活动蔓延到奥克兰、华盛顿、丹佛等城市。美国司法部长霍尔德表示，司法部将展开"独立、彻底、公正且迅速"的调查，如果证据确凿，将起诉潘塔莱奥。同一天，美国亚利桑那州菲尼克斯市再次发生白人警察枪杀手无寸铁的黑人事件。6日、7日，纽约、华盛顿、芝加哥、波士顿等城市的抗议活动仍在持续。西雅图、奥克兰、伯克利等地示威游行引发多场暴力冲突。8日，美国黑人娱乐电视台播出对奥巴马专访，奥巴马呼吁国民付出时间和耐心来解决种族主义和偏见等根深蒂固的社会问题。霍尔德公布新的指导措施，除了涉及边境或者国家安全的情况下，禁止基于一个人的种族、民族、国际、宗教、性别或者性取向对其进行逮捕或者身份检查。9日，联合国常务副秘书长埃利亚松前往纽约黑人聚集地哈勒姆区，与多名代表共同诵读《世界人权宣言》选段，呼吁确保司法和执法的公正性。13日，华盛顿、纽约以及波士顿等城市爆发新一轮示威游行，游行群众包括各种肤色和族裔人士。20日，纽约两名警察在布鲁克林的巡逻警车中执勤时惨遭枪手近距离"行刑式"枪杀，28岁的黑人枪手举枪自尽。23日，美国密苏里州18岁的非裔青年马丁被警察射击身亡，案发加油站距离弗格森布朗案事发地仅几英里，引发当地抗议民众与警方冲突。

波兰前总理图斯克就任欧洲理事会主席。1日，波兰前总理唐纳德·图斯克正式就任欧洲理事会主席，继比利时的范龙佩之后成为历史上第二位"欧盟总统"，也是来自东欧国家的领导人第一次担任欧盟机构的重要职位。当天，图斯克与即将离任的范龙佩共同出席了交接仪式。图斯克表示，欧盟要勇于面对内部和外部各种挑战，他将重点做好四项工作：一是维护欧洲的基本价值观，二是结束经济危机，三是维护欧盟边界、支持友邻发展，四是外交上加强欧美关系。

埃及检方对前总统穆巴拉克案判决提出上诉。1 日，埃及民众抗议法庭此前决定撤销前总统穆巴拉克所受指控，2000 多名反对者上街示威抗议，与军警爆发激烈冲突，造成数人死亡，13 人受伤，至少 85 人被捕。2 日，埃及总检察长希沙姆·巴拉卡特表示，检方经过调查认为法院对前总统穆巴拉克等人涉嫌谋杀示威者及腐败等案的判决存在法律缺陷，决定向最高法院提起上诉。

根哥布高票当选纳米比亚新任总统。1 日，纳米比亚 2014 年大选结束，73 岁的哈格·根哥布以 86.73% 的得票率在大选中轻松胜出，排名第二的韦纳尼只获得了 4.97% 的选票。在纳米比亚国民议会的选举中，执政党西南非洲人民组织（人组党）也以压倒性优势胜出，获得 8 成席位。选举结果延续了 1990 年纳米比亚独立以来人组党的执政历史，根哥布也成为该国历史上第三位总统。根哥布将于 2015 年 3 月正式就职。

乌拉圭执政党候选人巴斯克斯赢得总统选举。1 日，乌拉圭选举法院公布总统选举第二轮投票结果，执政党广泛阵线候选人塔瓦雷·巴斯克斯获得 52.8% 的选票胜出。2 日，巴斯克斯公布了新一届政府内阁名单，共有 14 名部长。其中，6 名巴斯克斯首次执政期间内阁成员将重新出任部长，另有 4 名现内阁成员留任。新政府中共有 5 名女性部长，为历任政府中最多。新一任内阁成员将在 2015 年 3 月 1 日举行的总统就职典礼上与巴斯克斯一起宣誓就职，组成新一届政府。巴斯克斯说，新一届政府将会继续广泛阵线的执政方针，进一步改善国民生活质量，为民众提供更好的医疗、教育和社会治安条件以及更多的就业机会。

欧洲多国议会通过决议支持巴勒斯坦国家地位。2 日，法国国民议会以 339 票赞成、151 票反对通过一项不具约束力的决议，要求法国政府承认巴勒斯坦国家地位。10 日，爱尔兰议会以全数赞成通过象征性决议，要求政府承认巴勒斯坦为独立主权国家。爱尔兰议会成为自 2014 年 10 月以来继英国、西班牙和法国之后欧洲第四个要求政府承认巴勒斯坦国家地位的议会。11 日，法国参议院以 153 票赞成、146 票反对通过非约束性决议，促请政府承认巴勒斯坦国。17日，欧洲议会在法国斯特拉斯堡以498票赞成、88票反对批准一项决议，"原则上"承认巴勒斯坦的国家地位，但指出必须重启巴以和谈。欧盟普通法院宣布将哈马斯从恐怖组织名单中删除，但将继续维持对该组织冻结资产的制裁。以色列总理内塔尼亚胡表示强烈不满，希望欧盟继续将哈马斯列入恐怖组织名单。

联合国大会连续21年通过核裁军决议。2日，联合国大会以170票赞成、1票反对、14票弃权的结果再次通过了日本提出的核裁军决议案。朝鲜投了唯一的反对票，中国和俄罗斯等国弃权。这是联合国大会连续第21年通过废除核武器议案。2015年是广岛、长崎原子弹爆炸事件70周年，决议案强调要召开核扩散防止条约的再讨论会议，并要求各国为实现核裁军采取一致行动。同日，联合国大会以165票赞成、5票反对、18票弃权的压倒性多数通过一项决议，要求以色列放弃拥有核武器并允许其核设施接受国际监督。以色列、美国、加拿大、帕劳共和国及密克罗尼西亚联邦在表决中投了反对票。

乌克兰放弃不结盟地位。2日，乌克兰议会表决通过由议会联盟商定的新内阁名单，乌克兰新一届政府正式成立。大多数内阁成员来自组成议会联盟的5个政党，以新面孔为主，3位外国专家出任部长，但总理、国防部长、外交部长、内务部长和司法部长等重要岗位人选仍然来自上届政府。乌克兰总理亚采纽克在议会表决后宣誓就职。18日，乌克兰总统波罗申科向议会提交了关于乌克兰放弃不结盟地位的法案。23日，乌克兰议会表决以303票赞同、9票反对的结果通过该法案，并决定深化与北约的合作。法案的说明指出，俄罗斯在军事、政治、经济、新闻等领域对乌克兰不断施加压力，迫使乌克兰在维护国家独立、主权、安全和领土完整方面必须寻求更有效的保障。波罗申科在议会发表讲话，支持乌克兰加入北约，但强调将以全民公决的形式作出最终决定。俄罗斯外长拉夫罗夫当天表示，乌克兰放弃不结盟地位的决定只会加剧对抗，解决国家危机的途径是与东部地区进行对话。29日，波罗申科签署法案，正式放弃乌克兰不结盟地位。

以色列议会正式解散。2日，以色列总理内塔尼亚胡宣布开除财政部长拉皮德以及司法部长立夫尼，并要求提前举行大选。根据以色列法律规定，解散议会需要在首轮投票后再进行3轮复投。3日，以色列议会在首轮投票中以84票同意、0票反对、1票弃权的结果通过了解散议会的提案。8日，以色列议会经过3轮复投，一致批准解散本届议会，决定在2015年3月17日举行议会选举。

西方加大对"伊斯兰国"等恐怖组织的打击力度。3日，美国主导的打击"伊斯兰国"国际联合阵线在比利时首都布鲁塞尔召开首次部长级会议，美国、法国、英国、加拿大、伊拉克和黎巴嫩等60个参与方的部长级代表出席。会后声明称，"伊斯兰国"在伊拉克和叙利亚的扩张得到抑制，伊拉克军队和库尔德自治区武装正收复失地，极端武装的资金来源和人员招募逐渐面临困境。美国国务卿克里表示，两个多月的空袭成果显著，但取得成功尚需时日。4日，澳大利亚新反恐法正式实施。新反恐法禁止澳大利亚公民无正当理由（如不具备人道主义或家庭原因）前往一些恐怖组织活跃的热点区域，并将这一行为定性为犯罪行为。叙利亚拉卡省被指定为首个旅行禁区。9日，新西兰议会通过一项反恐法律，决定加强国内监管，以及对出国旅行者的管理力度，防止其加入如"伊斯兰国"这样的组织。13日，美国参议院批准一项年度国防预算，其中包括专门用来打击"伊斯兰国"武装的34亿专项用款，以及训练伊拉克库尔德武装的16亿美元费用。英国宣布将在2015年向伊拉克派遣100多名军事人员，德国也于近期宣布向伊拉克派遣100名军人。19日，美国国防部称，美军将于2015年1月下旬开始在伊拉克增加部署最多1300名军事人员，主要任务是为伊拉克安全部队和库尔德武装提供建议和协助，不参加战斗任务。

意大利通过劳动法改革案招致全国罢工。3日，意大利参议院以166票赞成、112票反对和1票弃权的投票结果通过了政府提出的劳动法改革案。修改后的劳动法将放松企业雇佣和解雇员工的种种限制。意大利主要工会组织在参议院外游行示威，反对修改劳动法，呼吁保护"劳动人民的合法权益"。7日，大批意大利民众聚集在米兰著名的斯卡拉歌剧院门前，抗议政府修改劳动法的计划。2014年歌剧节当天在斯卡拉歌剧院开幕。12日，意大利两大工会意大利劳工总联盟和意大利工作联盟在全国50多个城市发起大罢工，抗议政府劳动市场改革。在米兰和都灵，示威者与警方发生冲突。

乌克兰冲突双方实现停火。4日，乌克兰总统新闻局发布消息称，乌克兰总统波罗申科决定于9日在顿巴斯地区开始停火。6日，法国总统奥朗德从哈萨克斯坦首都阿斯塔纳返回巴黎时经停莫斯科，与普京在机场举行了会谈。双方在会谈后表示，缓解乌克兰危机形势十分重要，目前危机降级已具备条件。同日，波罗申科宣布，由乌克兰、欧洲安全与合作组织、俄罗斯组成的乌克兰问题三方联络小组将于9日再聚白俄罗斯首都明斯克。9日，乌克兰问题三方联络小组会议因故推迟。同日，乌克兰政府军于上午10时在东部地区实施停火24小时。10日，乌克兰官方宣布，将停火延长一天。12日，乌克兰总统波罗申科称，乌克兰7个月内首次出现"真正"意义上的停火，24小时内没有出现士兵伤亡。13日，联合国人道主义事务协调办公室发布局势报告说，乌克兰冲突双方的停火已持续一周，期间没有报道称平民伤亡，完全可以被评估为"取得成功"。24日，乌克兰问题三方联络小组在白俄罗斯首都明斯克举行闭门会谈。乌克兰东部顿涅茨克州和卢甘斯克州的代表列席会谈。交换俘虏协议是会后透露的唯一内容。26日，乌克兰政府军与东部民间武装交换了数百名战俘。当天，白俄罗斯外交部表示，原定于26日在明斯克举行的新一轮乌克兰问题三方联络小组谈判第二次会谈已取消。

国际原油价格持续下跌。4日，沙特宣布，将加大向亚洲和美国出售原油的折扣力度。国际原油价格跌破70美元。8日，伊拉克下调2015年1月份针对亚洲与美国买家的轻质油售价，这与沙特采取的行动一致。国际油价大幅跌至5年来低点。10日，科威特宣布将下调对亚洲客户原油售价，折扣为2008年12月以来最大。国际原油价格跌穿每桶65美元。11日，美国原油库存数据远超外界预期，原油价格5年来首次跌破每桶60美元。15日，阿联酋能源部长表示，欧佩克决定即使油价下跌低至40美元一桶，依然不减产，并且至少等到3个月以后才考虑召开紧急会议。29日，国际油价再创5年来新低。

李克强出访欧亚三国并出席系列国际会议。4日，中国国务院总理李克强抵达阿斯塔纳开始对哈萨克斯坦进行正式访问。哈萨克斯坦总统纳扎尔巴耶夫打破周末不会客的惯例，高规格接待首次到访的李克强。下午，李克强与哈萨克斯坦总理马西莫夫举行中哈总理第二次定期会晤，共同出席双方边境合作、矿产开发、本币互换、核能等领域合作文件的签字仪式。15日，李克强出席上合组织成员国政府首脑理事会第十三次会议，就深化上合组织务实合作提出三点建议：一是筑牢地区安全稳定屏障，二是打造区域合作新亮点，三是更加注重民生和人文交流合作，增加更多民生议题，推动更多项目建设，创造更多就业机会。李克强当天还分别会见了俄罗斯总理梅德韦杰夫和阿富汗首席执行官阿卜杜拉。下午，李克强抵达塞尔维亚首都贝尔格莱德。16日，李克强出席第三次中国—中东欧国家领导人会晤，中东欧16国领导人与会。

李克强就深入推进中国—中东欧国家合作提出五点建议：第一，打造中国与中东欧合作新亮点。第二，构建互联互通新走廊。第三，拓展产业合作新空间。第四，搭建投融资协作新框架。第五，扩大人文交流新领域。与会各方达成广泛共识，共同发表《中国—中东欧国家合作贝尔格莱德纲要》。同日，李克强出席中国—中东欧第四届经贸论坛开幕式并致辞。17日上午，李克强集体会见塞尔维亚总理武契奇、匈牙利总理欧尔班和马其顿总理格鲁埃夫斯基，一致同意共同打造中欧陆海快线。下午，李克强同武契奇举行会谈后，共同见证了双边经济技术、能源、金融、航空、文化等领域合作文件的签署。访问期间，李克强还分别会见了中东欧各国领导人。19日，李克强抵达曼谷，与泰国总理巴育举行会见，共同见证《中泰铁路合作谅解备忘录》和《中泰农产品贸易合作谅解备忘录》的签署。20日，李克强出席大湄公河次区域经济合作第五次领导人会议，发表题为《携手开创睦邻友好包容发展新局面》的讲话，就促进可持续和包容性发展，发掘新的增长动力和合作模式，深化中国同中南半岛五国关系提出三点建议：一是共同规划建设全方位交通运输网络和产业合作项目，二是打造融资合作的新模式，三是促进经济社会可持续和协调发展。

俄罗斯总统普京发表2014年度国情咨文。4日，俄罗斯总统普京向俄联邦会议发表2014年度国情咨文。在谈到西方国家因乌克兰问题而向俄罗斯施加制裁时，普京表示，制裁会给所有人造成损害，受损的不只是受制裁的一方。普京批评美国一直以来"在直接或在幕后影响俄罗斯与周边国家的关系"，称俄罗斯永远不会选择自我孤立、排外主义、处处猜疑和寻找敌人的道路，俄罗斯的目标是在西方和东方尽可能结交更多的平等的合作伙伴。关于俄罗斯的国防问题，普京指出，俄罗斯不打算卷入代价高昂的军备竞赛，但本国的国防能力将得到保障。普京还进一步指出，美国继续发展全球反导系统，这不仅将对俄罗斯和欧洲国家构成威胁，同时也对美国本土构成威胁。关于俄罗斯的民生问题，普京表示，卢布疲软会增加俄罗斯国内短期通胀飙升的风险，俄罗斯政府需要对食品、药品和其他生活必需品的市场价格进行管控。卢布疲软也会提升价格优势和俄罗斯国内企业竞争力，俄罗斯政府需要利用这一因素推行进口替代政策。

车臣首府发生恐怖袭击。4日，俄罗斯车臣共和国首府格罗兹尼遭到10名车臣武装分子袭击，执法人员击毙全部武装分子，10名执法人员在交火中死亡，28 人受伤。一个自称"高加索酋长国圣战组织"的武装组织宣称对袭击事件负责。同日，俄罗斯总统普京会见车臣共和国总统卡德罗夫，赞扬车臣方面迅速平息恐怖袭击。联合国秘书长潘基文发表声明，强烈谴责这起恐怖袭击。6 日，俄联邦调查委员会称，决定对公开煽动针对俄罗斯的恐怖主义活动的 3 名乌克兰议员，提起刑事诉讼，并发出国际通缉令。11 日，俄罗斯安全部队在北高加索卡巴尔达—巴尔卡尔共和国首府纳利奇克开展反恐专项行动，击毙 4 名武装分子。12 日，俄罗斯安全部队在俄南部达吉斯坦共和国进行的反恐行动，打死 5 名武装分子，其中包括 2013 年伏尔加格勒恐怖袭击的参与者。

黎巴嫩总统继续空缺。4 日，联合国驻黎巴嫩特别协调员普拉姆布利表示，联合国对黎巴嫩总统职位长时间空缺感到不安，希望黎巴嫩议会尽快选出新总统，联合国愿意对此提供帮助。8 日，正在黎巴嫩访问的法国外长中东问题特使吉洛表示，黎巴嫩总统职位空缺已进入第 7 个月，法国希望黎巴嫩各派在没有外部干涉的情况下通过达成谅解确定总统候选人，并最终选出新总统。10 日，由于到场议员只有 56 人，没有达到总统选举的最低法定人数 86 人，黎巴嫩国民议会议长贝里决定将总统选举第二轮投票推迟至 2015 年 1 月 7 日举行。这是自 2014 年 4 月以来黎巴嫩议会第 16 次推迟总统选举投票。23 日，在贝里调停下，"未来"阵线和真主党的代表开始第一轮对话。

国际刑事法院撤销对肯尼亚总统肯雅塔的指控。5 日，国际刑事法院宣布，由于证据不充分，撤销对肯尼亚总统肯雅塔的反人类罪指控。肯雅塔表示，国际刑事法院在明显缺乏证据的案件上耗时如此之长，表明不正当利益对国际司法准则的破坏和削弱。

中国政府为马尔代夫提供紧急援助。5 日，受马尔代夫供水公司火灾影响，马尔代夫首都马累全城停水。6 日，应马尔代夫政府要求，中国先后通过美加航空、南方航空的两架民航班机向马累空运了 32.5 吨饮用水，并向马尔代夫提供紧急现汇援助用于机组修复。中国是第一个作出反应并提供援助的国家。7 日，装载近 700 吨淡水、每天可生产淡化水 70 余吨的中国海军援潜救生船长兴岛船抵达马累，开始为当地民众供水。8 日，中国空军两架伊尔 76 飞机满载 40 吨饮用水抵达马累，并举行物资转交仪式。9 日，马累居民迎来短暂的持续供水。马尔代夫总统亚明对中国给予的援助表示感谢。14 日，马尔代夫海水淡化厂受损设备修复，供水危机解除。

索马里总统任命新总理。6日,索马里议会投票通过对总理艾哈迈德的不信任案,总统马哈茂德需在30天内提名新的政府总理。17日,马哈茂德在摩加迪沙总统府举行记者招待会,宣布任命奥马尔·舍马克为索马里新总理。24日,联合国秘书长潘基文发表声明,欢迎索马里议会批准舍马克担任新总理,并希望新总理与索马里总统和议长共同推动国家政治进程。

中国发表南海仲裁案立场文件。7日,中国外交部受权发表《中华人民共和国政府关于菲律宾共和国所提南海仲裁案管辖权问题的立场文件》,认为中国与菲律宾在南中国海的纠纷事关领土主权,超出1982年《联合国海洋法公约》的管辖范围,海牙常设仲裁法院对此没有司法管辖权,并重申中国不接受、不参与有关仲裁的立场。

墨西哥民众持续抗议43名学生失踪事件。7日,墨西哥总检察长穆里略·卡拉姆证实,在垃圾掩埋场和附近河中找到的烧焦遗骸中,辨识出一份骸骨属于失踪学生亚历山大·莫拉,这是首位被确认身份的受害学生。14日,在墨西哥格雷罗州,墨西哥抗议民众与防暴警察冲突,造成5名平民和3名警察受伤。26日,墨西哥再次爆发大规模示威活动,3000多民众在墨西哥城的市中心游行抗议,指控官匪勾结贩毒,要求政府深度调查。

欧盟通过2015年预算案避免"财政悬崖"。8日,欧元区财长会在比利时布鲁塞尔举行,各国财长就欧盟委员会此前发布的2015年成员国财政预算评估结果进行审议。9日,欧洲委员会、欧洲议会和成员国三方就2015年预算方案达成一致。成员国同意在2015年向欧盟支付1410亿欧元的预算资金,比2014年的最终预算额高出1.6%,比成员国最初同意缴纳的资金多出12亿欧元。成员国也同意额外支付给欧盟35亿欧元,用于偿还2014年部分未付账单,预计的账单总额超过250亿欧元。欧盟财政部长同意给予英国、荷兰和其他几个国家额外时间支付大额追加预算。

希腊新总统选举"难产"。8日,希腊政府向议会提出,将原定于2015年2月的总统选举提前至本月17日举行,以便结束目前的政治不确定局面,加强希腊在与国际债权人谈判中的地位。9日,希腊政府提名前欧盟环境委员斯塔夫罗斯·季马斯为下届希腊总统选举候选人。希腊宪法规定,总统候选人至少需要得到议会300名议员中180名议员的支持才能当选。如果三轮投票无法选出新总统,议会将被解散并提前举行大选。17日,第一轮投票中未能选出新总统,季马斯仅获160票支持。21日,希腊总理萨马拉斯表示,如果国会支持新总统候选人季马斯，他愿意吸收赞成欧洲一体化的独立人士进入政府，并在2015年底举行选举。23日，季马斯在第二轮投票中也没能获得足够支持。29日，第三轮投票举行，168人支持，132人弃权，季马斯仍未当选。萨马拉斯随后表示，希望能尽快于2015年1月25日举行大选，以便结束最近几周来的政治动荡。

第五届古巴—加勒比共同体首脑会议举行。 8日，为期一天的第五届古巴—加勒比共同体（加共体）首脑会议在古巴首都哈瓦那举行，加共体14个国家和地区的政府代表出席会议。与会者就经贸、投资、教育、医疗以及气候变化等议题进行讨论。古巴国务委员会主席兼部长会议主席劳尔·卡斯特罗在开幕式上表示，古巴将同加共体国家携手合作，应对全球化背景下的各种挑战。加共体轮值主席、安提瓜和巴布达总理布朗在开幕式上说，加共体和古巴经贸发展稳步成长，但仍需健全双边贸易机制，构筑一个广泛的区域一体化物流网络。他同时代表加共体，要求美国结束对古巴逾半个世纪的经济、贸易及金融封锁。

第二十四届伊比利亚美洲国家首脑会议召开。 8日，第二十四届伊比利亚美洲国家首脑会议在墨西哥韦拉克鲁斯开幕，会议主题为"21世纪的伊比利亚美洲：教育、创新与文化"。来自伊比利亚美洲地区22个国家的领导人和政府首脑参加了本届会议，包括拉丁美洲19个以西班牙语和葡萄牙语为母语的国家以及欧洲伊比利亚半岛的西班牙、葡萄牙、安道尔三国。9日，会议闭幕。会议通过了《韦拉克鲁斯宣言》和《韦拉克鲁斯行动纲要》。此外，与会各方还要求美国尽快解除对古巴的封锁，呼吁各国全力打击各种形式的恐怖主义，增加对儿童及青少年移民的关注，承认马尔维纳斯群岛（英国称福克兰群岛）是阿根廷领土，促成哥伦比亚政府与反政府武装"哥伦比亚革命武装力量"进行和平谈判。

美国中情局酷刑虐囚报告引发国际社会谴责。 9日，美国国会参议院情报委员会公布报告，披露中情局在小布什政府期间尤其是在"反恐战争"期间使用酷刑虐囚的细节。这份长达480页的报告从尚未解密的6200页相关文件中摘取。报告显示，中情局为获取情报对所抓获的恐怖和极端组织嫌疑人施加酷刑，手段之残忍超出了之前任何美国官方和媒体所承认的尺度。报告称酷刑并未使美方获得关键情报和信息。调查报告还显示，至少有119名囚犯经受过酷刑，其中至少有26人竟然是被"错误关押"的，中情局长期以来通过隐瞒真相、编造数字、提供虚假信息来误导公众和媒体。当天，美国总统奥巴马发表书面声明称，中情局使用所谓"强化审讯技术"对待囚犯的行径"令人不安"，严重损害了美国的声誉。10日，美国芝加哥民众举行和平示威，要求美国退出中东等地区、停止侵犯国内外民众人权。11日，美国中央情报局局长布伦南承认，部分中情局审讯人员在审讯恐怖组织嫌疑人时使用了"未经授权的、令人生厌的"手段。虐囚报告发布后，国际社会纷纷表示谴责。德国总理默克尔表示，对美国情报机构的虐囚行为感到吃惊和不安，相信美国政府将按照法律程序处理这一事件。英国首相卡梅伦指出，使用酷刑可能会使美国丧失"道德权威"。阿富汗总统加尼召开特别新闻发布会，对中情局"非人道行为"表示强烈谴责。波兰前总统克瓦希涅夫斯基、前总理米莱尔在华沙召开新闻发布会，承认他们曾允许美国中情局在波兰境内设置秘密监狱，但辩称从没允许严酷对待狱中囚徒。俄罗斯、土耳其、伊朗、巴基斯坦、朝鲜等国也纷纷对美国中情局使用酷刑表示谴责。

第三十五届海合会首脑会议决定组建统一海军。 9日，第三十五届海湾阿拉伯国家合作委员会（海合会）首脑会议在卡塔尔首都多哈举行。6国首脑在研究了海合会共同防务委员会的提议后，作出组建统一的海湾国家海军部队的决定，以应对各成员国面临的安全挑战和海上威胁，并同意以阿联酋迪拜为总部设立"地区警察力量"。会议重申对政治解决也门及叙利亚冲突的支持，谴责目前在利比亚发生的军事冲突，并表示完全支持埃及政府和人民为获得稳定及繁荣所作的努力，完全支持塞西的政治纲领。在地区经济一体化方面，会议批准海湾国家实施统一的粮食法规。此外，会议还讨论了巴以问题、海合会国家与伊朗关系、全球油价下跌以及反恐等议题。

蒙古成立新一届联合政府。 10日，蒙古国国家大呼拉尔（议会）投票通过了新任总理其·赛汗比勒格提交的新一届政府成员名单。新政府由民主党、人民党及"正义联盟"的19名成员组成，执政党民主党获得包括总理在内的10个职位，最大反对党人民党获得包括副总理在内的6个职位，由蒙古人民革命党、蒙古民族民主党组成的"正义联盟"获得蒙古国部长及其余两个职位。蒙古国部长是本届政府新设职位，负责集中处理大项目合作及吸引外资。蒙古国将于2016年举行议会选举，因此本届政府任期仅有一年多时间。

日本《特定秘密保护法》正式实施。 10日，日本《特定秘密保护法》正式生效实施，其"特定秘密"由日本外务省、防卫省及警察厅等19个行政部门指定，对象涉及防卫、外交、防谍、反恐 4 个领域共 55 个项目。如果公务员或防卫产业从业人员泄露这些机密，将被判处最高 10 年的有期徒刑。日本内阁新设"独立公文书管理监"，通过检证和监察发现特定秘密的指定或管理不恰当时，可要求行政机关采取解除指定等改正措施。11 日，日本防卫省就防卫装备、部队运用等 244 个项目，划定 4.5 万条信息为"特定秘密"。其他省厅也在着手推进指定"秘密"及管理的程序。

美国经济数据强劲。10 日，联合国发布《2015 年世界经济形势与展望》报告称，美国经济 2015、2016 年将分别增长 2.8% 和 3.1%。国际货币基金组织预计美国经济 2015 年将增长 3.1%，美联储的预测区间在 2.6%—3.0%。18 日，美国白宫对 2014 年美国经济进行了盘点，认为金融危机发生 6 年以来，美国经济复苏在 2014 年迈出了重要一步，在就业、制造业、财政减赤等方面都取得重大进展。23 日，美国商务部公布的最终修正数据显示，美国第三季度国内生产总值按年率计算增长 5%，这是 2003 年三季度以来最快增速。占美国经济总量约 70% 的个人消费增幅从之前估测的 2.2% 上调至 3.2%，显示就业形势改善之后，美国消费复苏力度强劲。美国经济一季度因严寒天气导致意外萎缩，二季度强势反弹至 4.6%，三季度再度攀升至 5%，全年增长有望接近 3% 这一突破性心理关口。

巴以地区局势持续紧张。10 日，巴勒斯坦政府定居点事务部长阿布·艾因在约旦河西岸城市拉姆安拉附近发生的巴勒斯坦示威者与以军冲突中死亡。巴勒斯坦总统阿巴斯谴责以军行为是"残酷的袭击"和"野蛮行动"，并表示巴勒斯坦"不会对此保持沉默"。以色列国防部长亚阿隆称以军正在调查这一事件，并提议与巴勒斯坦和约旦三方对其死因进行联合调查。联合国秘书长潘基文当天发表声明，对艾因的死亡表示悲痛，呼吁以色列当局立即进行迅速、透明的调查，希望各方采取最大限度的克制，避免局势进一步升级。11 日，阿布·艾因的葬礼在拉姆安拉举行，包括阿巴斯在内的数千人出席葬礼。16 日，耶路撒冷以北盖兰迪耶难民营的巴勒斯坦人向以色列士兵投掷石块和炸药，以色列士兵拔枪射击，造成一人死亡、一人受伤。17 日，巴勒斯坦向联合国提交了决议草案，要求以色列在 2017 年 12 月 31 日前结束对东耶路撒冷等地区的占领。29 日，巴勒斯坦向联合国提交修改后的决议草案，得到约旦等 22 个阿拉伯国家支持，但遭以色列及其盟友美国反对。30 日，联合国安理会进行投票表决，该决议草案以 8 票支持、2 票反对、5 票弃权的结果未能在安理会获得通过。

朝鲜举行金正日逝世三周年纪念活动。11日,朝鲜在平壤人民文化宫举行了中央研讨会,缅怀金正日的业绩。14日,朝鲜人民内务军青年先锋举行誓师大会,立下了遵照金正日的遗志、拥护金正恩先军领导的誓言。15日,朝鲜工人阶级和职业总同盟盟员在中央工人会馆举行集会,发誓拥戴金正日为朝鲜劳动党和人民永恒的领袖,并拥护金正恩的先军革命领导。16日,韩国最大在野党新政治民主联合议员朴智元和韩国现代峨山公司社长赵建植前往朝鲜开城,向朝鲜亚太和平委员会副委员长元东渊转交了以韩国前总统金大中遗孀李姬镐和韩国现代集团会长玄正恩名义送来的花圈。17日,金正恩偕夫人李雪主及朝鲜党政军领导人到锦绣山太阳宫拜谒。当天,中央追悼大会在平壤锦绣山太阳宫广场举行,金正恩出席。中国驻朝鲜大使刘洪才等外国驻朝使节、国际机构代表受邀参加大会。同日,朝鲜驻中国大使馆举行纪念活动。中共中央政治局常委、中央书记处书记刘云山前往,以中共中央名义送花篮。19日,朝鲜亚太和平委员会向金大中和平中心和现代峨山公司发来通知,邀请韩方相关人士访朝。24日,金大中和平中心和现代峨山集团代表访问开成工业园区,朝鲜劳动党统一战线部部长兼劳动党中央书记金养建向他们转交金正恩的亲笔信。

韩国举行第二次韩国—东盟特别峰会。11日,第二次韩国—东盟特别峰会在韩国釜山开幕,韩国总统朴槿惠出席并发表演讲。同日,朴槿惠与来自东盟成员国的首脑轮流举行双边会谈。12日,峰会发表旨在加强各领域合作的《韩国—东盟面向未来联合声明》。关于半岛问题,韩国与东盟强调为实现半岛无核化作出积极努力。在经济合作领域,声明提出将在现有的韩国—东盟自贸协定的基础上,努力推动双边贸易额在2015年达到1500亿美元,到2020年达到2000亿美元。此外,声明还提出争取在2015年签署《区域全面经济伙伴关系协定》。

美国国会通过2015财年政府预算。11日,美国国会众议院以219票赞成、206票反对的结果通过2015财年政府预算。该预算法案由参众两院共同起草,授权向除国土安全部之外的联邦政府部门提供运营资金至2015年9月30日。此前通过的短期预算法案仅支持联邦政府运营至当天,为避免政府"停摆",众议院当晚还表决通过一份为期两天的临时预算法案。13日,美国国会参议院13日晚以56票赞成、40票反对的表决结果通过2015财年政府预算。

伊朗核设施监督与核查工作延长。11日,国际原子能机构理事会在维也纳召开特别会议,宣布为配合此前延期的伊朗核问题全面协议谈判,将对伊朗核设施的监督与核查工作延长至明年6月30日,呼吁成员尽快筹集460万欧元(约合570万美元)资金,用于支付在伊朗的核查工作。在当天的会议上,多国作出捐资承诺。

共建"一带一路"历史启示与时代机遇国际研讨会召开。12日,共建"一带一路"历史启示与时代机遇国际研讨会在土耳其伊斯坦布尔召开,来自中国、土耳其、塞尔维亚、阿塞拜疆、黑山等国的百余位政府官员和专家学者与会。土耳其总理达武特奥卢发表讲话,高度评价中方"一带一路"构想,表示土方愿承担振兴丝绸之路历史使命,并建议除开展基础设施和经济领域合作外,还应促进人文交流,提高沿线各国人民的生活水平,加强地区国家关系。黑山共和国副总理兼外交部长卢克西奇在主旨演讲中指出,在新世纪重建丝绸之路经济带的设想,让西巴尔干地区国家重新觅得与其他遥远国度紧密联系的机会。二十余位中外学者当天先后就共建"一带一路"提出各自的看法与观点。

中国举行南京大屠杀死难者国家公祭仪式。13日,中国隆重举行南京大屠杀死难者国家公祭仪式。中共中央总书记、国家主席、中央军委主席习近平为国家公祭鼎揭幕,并发表重要讲话。习近平强调:我们为南京大屠杀死难者举行公祭仪式,是要唤起每一个善良的人们对和平的向往和坚守,而不是要延续仇恨。今天的中国,是世界和平的坚决倡导者和有力捍卫者,中国人民将坚定不移维护人类和平与发展的崇高事业,愿同各国人民真诚团结起来,为建设一个持久和平、共同繁荣的世界而携手努力。同日,日本民间团体、学者和普通市民举行各种活动,纪念南京大屠杀77周年,呼吁人们反思历史、珍惜和平。韩国济州岛当天近百人聚集在日本殖民时期的飞机机库前举行仪式,悼念南京大屠杀的死难者。

美洲玻利瓦尔联盟第十三次领导人峰会召开。14日,美洲玻利瓦尔联盟第十三次领导人峰会在古巴首都哈瓦那召开。本届峰会恰逢该联盟成立10周年,古巴领导人劳尔、委内瑞拉总统马杜罗、玻利维亚总统莫拉莱斯、尼加拉瓜总统奥尔特加等出席并分别发表讲话。本届峰会通过宣言,一致要求美国停止对古巴长达50多年的经济贸易和金融封锁,并终止其颠覆行为。此外,各国领导人表达了对委内瑞拉政府的坚定支持。峰会还批准格林纳达及圣基茨和尼维斯两个国家成为联盟正式成员。

安倍晋三第三次当选日本首相。15日凌晨，日本众议院选举结果揭晓，执政的自民党、公民党共获得325个议席，超过总席位的2/3，赢得大选。此次投票率为52.66%，降至战后历次选举最低。同日，自民党、公民党就继续联合执政签署协议。24日，日本国会众参两院举行首相指名选举，自民党总裁安倍晋三当选日本第97任首相。这是其第三次当选日本首相。在随后公布的新一届内阁名单中，原防卫厅（防卫省前身）长官中谷元接替因深陷政治资金丑闻而不愿留任的江渡聪德出任防卫大臣，其他重要阁僚全部留任。当日晚，安倍晋三阐述新内阁施政方针时称，将推动行使集体自卫权相关法律在2015年例行国会上获得通过；在内政方面，新内阁的最大课题是推动"安倍经济学"获得成功；在外交方面，日本将继续开展"俯瞰地球仪的外交"：与中国开展多层次对话，呼吁日本和韩国举行首脑会谈，继续与俄罗斯举行对话。

澳大利亚发生人质劫持事件。15日，澳大利亚悉尼市中心的马丁广场瑞士莲咖啡厅爆发劫持事件，枪手挟持数量不明的人质，并在窗口展示一面黑色伊斯兰旗帜。新南威尔士州警方宣布执行反恐步骤。16日，经过与劫持者近17个小时的对峙后，警方强行攻入瑞士莲咖啡馆，与劫持者发生激烈交火。随后，警方宣布行动结束，交火共造成3人死亡、4人受伤，死者包括劫匪。同日，澳大利亚总理阿博特发表讲话称劫持事件是澳大利亚与恐怖主义的一次"遭遇战"，对两名无辜人质死亡表示哀悼，并下令所有联邦政府机构当日下半旗志哀。

巴基斯坦白沙瓦发生重大恐怖袭击事件。16日，一伙装扮成军人的武装分子袭击了巴基斯坦白沙瓦一所军人子弟学校，造成140多人死亡，包括132名儿童。巴基斯坦塔利班宣称制造这起袭击事件，以报复巴基斯坦军队在与阿富汗邻近的巴基斯坦西北部地区发动的攻势。17日，巴基斯坦总理谢里夫批准恢复对制造袭击的恐怖分子处以死刑。18日，巴基斯坦军方向塔利班发起军事打击。19日晚间，巴基斯坦处决两名被判死刑的恐怖分子。21日，第二批4名死刑犯被绞死。22日，巴基斯坦总理府官员表示，如果能够清除法律障碍，政府将在未来数周处死500多名已被判处死刑的恐怖分子。25日，谢里夫宣布系列强硬反恐措施，其中包括成立特别军事法庭、加速审理恐怖主义案件等内容。谢里夫表示，政府将在全国禁止成立武装组织，取缔任何名义下运营的非法机构,阻断恐怖组织的经济来源,并将加强网络媒体管理,防止恐怖分子利用网络和媒体进行宣传。

美国和古巴宣布将就恢复两国外交关系展开磋商。17日,美国总统奥巴马与古巴国务委员会主席兼部长会议主席劳尔·卡斯特罗分别发表电视讲话,宣布将就恢复两国外交关系展开磋商。奥巴马说,美国将终止过去半个多世纪对古巴执行的业已"过时的"政策,转而寻求开启两国关系"新篇章"。美国将于今后数月内在古巴首都哈瓦那重建大使馆,重新审视把古巴列为支持恐怖主义国家的问题,将就取消对古巴长达半个多世纪的贸易禁运与国会进行磋商。劳尔·卡斯特罗说,双方同意在国际法、联合国宪章的框架下,为早日达成双边关系正常化而采取一致措施。他强调,美国必须解除对古巴长达半个多世纪的经济、金融和贸易封锁。当天,美国和古巴分别采取了一系列改善关系的举措。古巴释放了已被监禁5年的美国承包商艾伦·格罗斯和另一名被监禁近20年的美国间谍,美国则释放了已被关押15年的3名古巴间谍。20日,劳尔·卡斯特罗在古巴全国人民政权代表大会常规会议闭幕式上讲话时指出,古美两国开启双边关系正常化进程的确迈出了重要一步,但仍需解决根本性问题,即全面解除对古巴长达半个多世纪的经济、金融封锁和贸易禁运,古巴仍需进行"漫长而艰难的斗争"。他表示将参加2015年4月在巴拿马举行的美洲峰会,届时有可能与奥巴马会面。

联合国安理会首次就朝鲜人权问题举行会议。18日,第六十九届联大第七十三次全体会议以116票赞成、20票反对、53票弃权的结果,通过了由欧盟和日本牵头提交的题为"朝鲜民主主义人民共和国人权状况"的决议。决议谴责朝鲜境内长期持续存在有系统、普遍和严重侵犯人权行为,鼓励安理会审议朝鲜人权问题,并采取适当行动确保追究责任,包括考虑将朝鲜涉嫌触犯反人类罪的案件移交国际刑事法院处理、对相关责任人进行制裁等措施。19日,韩国政府对联合国大会全体会议通过朝鲜人权决议案表示欢迎。20日,朝鲜谴责联合国大会通过的朝鲜人权决议案,称这是美国的对朝敌视政策的最高体现。22日,不顾中俄反对,联合国安理会召开会议,以11票赞成、2票反对、2票弃权的投票结果,正式将朝鲜局势列入安理会议程。当天下午,安理会首次就核问题以外的朝鲜局势举行会议。

欧盟冬季峰会召开。18日,欧盟冬季峰会在布鲁塞尔召开,这是欧洲理事会主席图斯克和欧盟委员会主席容克上任后举行的首次峰会。会议主要议题是如何落实投资方案和缓解乌克兰局势。原定两天的峰会在当天深夜提前结束。峰会通过了容克此前制定的3150亿欧元的巨额经济刺激计划,并决定继续坚持对俄罗斯的制裁。峰会还针对国际企业集团避税的问题采取统一行动进行了讨论,欧盟委员会将在2015年6月前提出一份有关各国自动交换税务信息的法律草案。19日,法国总统奥朗德在欧盟冬季峰会闭幕后举行的新闻发布会上表示,只要乌克兰局势取得实质性进展,欧盟将对减轻制裁俄罗斯敞开大门。

西方国家继续加大对俄罗斯的经济制裁。18日,美国总统奥巴马签署一项授权对俄罗斯追加制裁的法案,但他同时表明,无意立即对俄罗斯采取进一步制裁措施。同日,欧盟宣布进一步限制对克里米亚和塞瓦斯托波尔进行贸易和投资活动,停止对俄罗斯黑海石油和天然气探测的帮助,认定欧盟邮轮在克里米亚港口停靠不合法,相关制裁措施本月20日起生效。19日,奥巴马签署行政命令,禁止投资克里米亚或对这一地区进出口货物、技术和服务,也禁止美国个人或公司购买克里米亚地区的不动产或企业。同日,加拿大再次发布针对俄罗斯的经济制裁清单和入境禁令,11名俄罗斯人和9名乌克兰人榜上有名,并推出新的技术出口限制措施,收紧对俄罗斯原油勘探和提炼技术的出口。

索尼被黑事件持续引发美朝口水仗。19日,美国联邦调查局声称,有"足够信息"断定,朝鲜应该对索尼被黑事件负责。美国总统奥巴马称将作出"适当回应"。20日,朝鲜外务省发表声明,否认朝鲜与索尼被黑事件相关,同时呼吁美国和朝鲜两国共同就这起事件展开调查。23日,朝鲜的互联网宽带网络和手机3G网络一度中断,近9个小时后恢复。25日,索尼授权美国三百多家电影院放映《采访》,并在网络上同步发行这部电影。27日,朝鲜国防委员会发表声明,谴责美国放映《采访》,并再次否认朝鲜政府与索尼遭受黑客攻击有关。29日,对于有美国议员称中国参与黑客攻击索尼公司,外交部发言人华春莹表示,中方不允许任何外国或个人在中国境内或利用中国设施进行网络攻击。如发现此类行为,将依法严肃处理。美方有关人员的言论无助于问题的解决,也不利于在网络安全问题上的互信与合作。

法国接连发生袭击案。20日下午,一名男子持长刀闯进法国安德尔—卢瓦尔省茹埃莱图尔市的一个警察局,刺伤在接待处执勤的多名警察,凶手行凶时一直大喊"真主伟大",后被警方开枪打死。21日晚,法国中东部历史名城第戎市中心发生一起驾车故意冲撞行人事件，造成11人受伤，凶手已被警方逮捕。凶手行凶时也用阿拉伯语大喊"真主伟大"，宣称是为巴勒斯坦的儿童报仇。警方怀疑这两人的暴力袭击行为都受到了极端组织"伊斯兰国"的唆使。法国国民议会负责作《反恐怖主义法》草案报告的议员彼得拉桑塔指出，需要对"独狼"式的极端分子提高警惕。22日，法国西北部城市南特发生小货车冲撞圣诞集市人群事件，造成至少10人受伤，其中5人伤势严重。23日，法国总统奥朗德呼吁治安单位保持"警惕"，也勉励法国民众"冷静"。政府宣布年终节庆期间加强军人巡逻。

埃塞卜西在突尼斯总统选举中获胜。21日，突尼斯总统选举第二轮投票在全国范围内展开。22日，第二轮投票初步统计结果显示，突尼斯呼声党领导人埃塞卜西以55.68%的得票率胜出，突尼斯时任总统马尔祖基承认败选。埃塞卜西成为突尼斯2011年政治变革后首位民选总统。31日，埃塞卜西在国民代表大会宣誓就职，开始5年任期。突尼斯近4年的政治过渡进程画上句号。

印度发生两起恐怖袭击事件。23日，印度东北部阿萨姆邦多座村庄遭武装人员袭击，大约50名平民被杀，包括妇女和儿童。印度当局认定袭击者属于分离主义组织"博多兰民族民主阵线"。28日，印度南部城市班加罗尔发生一起炸弹袭击事件，造成一名妇女死亡，另有两人受伤。没有任何人或组织出面表示对此次袭击事件负责。

利比亚陷入人道主义危机。23日，联合国人权办公室和联合国驻利比亚援助团联合发表的报告指出，利比亚西部、东部和南部武装组织之间近几个月持续不断的武装冲突导致数百名平民死亡、大批人流离失所以及冲突地区受围困民众陷入严重人道主义境况之中。报告对利比亚各武装派别实施虐待、绑架和酷刑等一系列违反国际人道主义法的行为进行了记录。

北约结束在阿富汗的军事行动。28日，北约国际安全援助部队在阿富汗首都喀布尔举行降旗交接仪式，宣告在阿富汗长达13年的战斗使命结束。由于阿富汗近来自杀爆炸袭击和枪击事件较频繁，这次仪式的相关筹备工作均为秘密进行。当天，奥巴马发表声明，宣布美军结束在阿富汗的战斗任务，称美国历史上"最长战争"正迎来一个负责任的结局，同时强调美国将继续对恐怖袭击保持"警惕"。29日，阿富汗塔利班发表声明称，美国为首的联军没有获得任何实质性的胜利，现在只好"卷起铺盖回家"。按计划，北约部队仍将在阿富汗保留 12500 名士兵，其中 11000 人为美军，继续执行一项新的、为期两年代号为"坚定支持"的非作战任务，为阿富汗方面提供训练和援助。阿富汗政府军将在 2015 年 1 月 1 日接管战斗和安全行动任务。

亚航客机失事。28 日，亚洲航空公司 QZ8501 客机由印度尼西亚泗水飞往新加坡途中失去联络，机上乘客和机组人员 162 人下落不明。29 日，印度尼西亚、马来西亚、新加坡、澳大利亚四国出动约 30 艘船只、15 架飞机分别展开海面和空中搜寻。中国海军也派出舰船参加行动。30 日，搜索工作取得突破性进展，印度尼西亚空军在疑似失联海域发现救生衣、行李、飞机残骸等物体，经确认来自失联航班。31 日，搜寻人员打捞起 7 具遗体，包括一名身着亚航制服的航班乘务员，已有两具遗体运抵泗水警察医院。

索 引

(按首字汉语拼音顺序排列)

A

阿尔及利亚军机坠毁，2月11日，**29**

阿尔及利亚总统连任，4月17日，**73**

阿富汗第三届总统选举举行，4月5日，**67**

阿富汗公布大选结果，9月21日，**171**

阿富汗举行第二轮总统选举，6月14日，**110**

阿富汗未来局势不容乐观，1月1日，**5**

阿富汗问题伊斯坦布尔进程第四次外长会举行，10月31日，**195**

阿富汗与美国签署双边安全协议，9月30日，**176**

阿富汗总统竞选活动开始，3月6日，**45**

阿富汗总统选举计票工作出现争议，7月1日，**123**

阿富汗总统选举竞选活动正式开始，2月2日，**23**

阿富汗总统选举涉嫌舞弊，5月14日，**91**

阿根廷爆发24小时大罢工，8月27日，**155**

阿盟峰会举行，3月25日，**54**

阿齐兹就任毛里塔尼亚总统，8月2日，**142**

埃博拉疫情肆虐西非多国，8月2日，**142**

埃尔多安当选土耳其总统，8月10日，**150**

埃及二审穆尔西，2月23日，**36**

埃及法院判穆巴拉克谋杀罪名不成立，11月29日，**215**

埃及法院宣布解散穆兄会下属政党，8月9日，**150**

埃及检方对前总统穆巴拉克案判决提出上诉，12月1日，**222**

埃及举行全民公投通过新宪法草案，1月3日，**6**

埃及临时政府宣布集体辞职，2月24日，**36**

埃及前军方领导人塞西当选新总统，6月3日，**101**

埃及新内阁就职，3月2日，**44**

埃塞卜西在突尼斯总统选举中获胜，12月21日，**237**

安倍访问孟加拉国及斯里兰卡，9月6日，**162**

安倍改组内阁并调整自民党高层人事，9月3日，**159**

安倍解禁集体自卫权遭党内反对，3月12日，**48**

安倍晋三第三次当选日本首相，12月15日，**234**

安理会决定对威胁也门和平稳定者实施制裁，2月26日，**37**

奥巴马对中国进行国事访问，11月11日，**206**

奥巴马发表外交安全政策讲话，5月28日，**95**

奥巴马全面阐述打击"伊斯兰国"战略，9月10日，**164**

奥巴马宣布改革美国情报系统，1月7日，**9**

奥巴马与莫迪会谈，9月30日，**176**

澳大利亚发生人质劫持事件，12月15日，**234**

澳大利亚总理阿博特访问日韩，4月7日，**68**

B

巴基斯坦白沙瓦发生重大恐怖袭击事件，12月16日，**234**

巴基斯坦发生多起爆炸袭击，1月16日，**15**

巴基斯坦反恐安全政策作出重大调整，6月6日，**108**

巴基斯坦和巴塔举行首次和平谈判，2月8日，**27**

巴基斯坦政府同巴塔和谈取得进展，3月26日，**56**

巴基斯坦政局出现动荡，8月4日，**145**

巴勒斯坦联合政府宣誓就职，6月2日，**100**

巴勒斯坦内部和解取得重要进展，4月22日，**74**

巴拿马副总统巴雷拉赢得大选，5月4日，**84**

巴沙尔蝉联叙利亚总统，6月3日，**104**

巴西总统罗塞夫连任，10月5日，**182**

巴以冲突持续升级，7月2日，**126**

巴以加沙冲突继续，8月1日，**141**

巴以地区局势持续紧张，12月10日，**231**

保加利亚进行议会选举，10月5日，**183**

北约成员国国防部长会议召开，6月3日，**103**

北约峰会召开，9月4日，**161**

北约结束在阿富汗的军事行动，12月28日，**237**

比利时各党派就新一届联邦政府组阁达成协议，10月7日，**185**

波兰前总理图斯克就任欧洲理事会主席，12月1日，**221**

玻利维亚举行总统选举，10月12日，**187**

博茨瓦纳执政党大选获胜，10月26日，**193**

布基纳法索政局动乱，10月29日，**194**

C

超过92%的叙利亚化武已移除并销毁，4月27日，**75**

朝韩交恶升级，5月6日，**85**

朝韩开展离散家属团聚活动，2月3日，**24**

朝韩双方频繁互动，8月11日，**151**

朝鲜高级别代表团出席仁川亚运会闭幕式并访韩，10月4日，**181**

朝鲜举行第十三届最高人民会议第二次会议，9月25日，**174**

朝鲜举行第十三届最高人民会议第一次会议，4月9日，**70**

朝鲜举行金正日逝世三周年纪念活动，12月11日，**232**

朝鲜决定参加仁川亚运会，7月7日，**132**

朝鲜开展人权外交，10月7日，**184**

朝鲜劳动党第八次思想工作者大会召开，2月24日，**37**

朝鲜提出和平统一等"重大提案"，1月16日，**15**

朝鲜展开一系列外交活动，9月6日，**162**

车臣首府发生恐怖袭击，12月4日，**226**

D

德国就美方监听默克尔手机事件启动刑事调查，6月3日，**102**

德国总理默克尔访美，5月2日，**80**

德国总理默克尔访问英国，2月27日，**37**

德美"间谍门"事件再起波澜，7月5日，**130**

第二十二届非盟首脑会议举行，1月30日，**18**

第二十四届伊比利亚美洲国家首脑会议召开，12月8日，**229**

第三十五届海合会首脑会议决定组建统一海军，12月9日，**230**

第四十四届美洲国家组织大会召开，6月3日，**103**

第五届古巴—加勒比共同体首脑会议举行，12月8日，**229**

第二届湄公河委员会峰会举行，4月5日，**67**

第九届太平洋联盟首脑峰会举行，6月20日，**114**

第六轮伊朗核问题谈判举行，7月2日，**127**

第六十九届联合国大会开幕，9月16日，**170**

第七届北美领导人峰会在墨西哥举行，2月19日，**35**

第七轮伊朗核问题全面协议谈判举行，9月18日，**171**

第三届核安全峰会举行，3月23日，**52**

第一次世界大战百年纪念仪式举行，8月3日，**143**

东盟领导人会议举行，5月11日，**90**

东盟系列外长会举行，8月8日，**149**

东盟与日中韩就扩大合作防止金融危机达成共识，5月4日，**84**

独联体峰会举行，10月10日，**187**

多国开展行动打击"伊斯兰国"，8月7日，**147**

E

俄白哈三国签署《欧亚经济联盟条约》，5月29日，**95**

俄大力推进"强军战略"，12月1日，**219**

俄国家杜马通过恢复混合选举制法案，2月14日，**32**

俄举行庆祝卫国战争胜利 69 周年阅兵式，5 月 9 日，**88**

俄联邦委员会批准《欧亚经济联盟条约》，10 月 1 日，**179**

俄联邦委员会授权普京总统对乌克兰动武，3 月 1 日，**41**

俄罗斯和韩国首次讨论北极合作途径，2 月 9 日，**27**

俄罗斯积极开展索契冬奥会筹备工作，1 月 3 日，**7**

俄罗斯纪念列宁格勒保卫战胜利 70 周年，1 月 27 日，**17**

俄罗斯宣布在俄日争议岛屿军演，8 月 12 日，**152**

俄罗斯应对卢布危机，12 月 1 日，**220**

俄罗斯与埃及举行外长和防长"2+2"会谈，2 月 12 日，**31**

俄罗斯总统普京发表 2014 年度国情咨文，12 月 4 日，**226**

俄罗斯总统普京批准取消朝鲜欠苏联 100 亿美元债务，5 月 5 日，**84**

俄蒙元首表示将加强两国各领域合作，9 月 3 日，**159**

俄欧举行首脑峰会，1 月 28 日，**18**

俄首艘 885 型"白蜡树"级核潜艇正式列装，6 月 17 日，**113**

俄乌欧盟三方就天然气展开艰难谈判，10 月 21 日，**189**

二十国集团财长和央行行长会议举行，4 月 11 日，**71**

二十国集团财长及央行行长会议举行，2 月 22 日，**36**

二十国集团贸易部长会议举行，7 月 19 日，**137**

F

法国接连发生袭击案，12 月 20 日，**236**

法国举行诺曼底登陆 70 周年纪念活动，6 月 6 日，**107**

法国政府小幅改组，8 月 7 日，**149**

法国执政党地方选举失利，3 月 30 日，**57**

法国主办伊拉克和平与安全国际会议，9 月 15 日，**170**

法国总统奥朗德访问美国，2 月 10 日，**28**

法国组建新内阁，4 月 2 日，**65**

法亚阿三国总统共商解决纳卡冲突问题，10 月 27 日，**193**

非盟首脑会议召开，6 月 26 日，**116**

非洲多国政局出现变动，1 月 10 日，**12**

菲律宾与"摩伊解"终结 40 年冲突，3 月 27 日，**56**

菲美欲敲定新安全协议，3 月 14 日，**48**

菲律宾总统阿基诺访日，6 月 24 日，**116**

G

各方就乌克兰问题继续博弈，8 月 5 日，**146**

根哥布高票当选纳米比亚新任总统，12 月 1 日，**222**

共建"一带一路"历史启示与时代机遇国际研讨会召开，12 月 12 日，**233**

国际社会继续呼吁巴以继续和谈，10 月 12 日，**187**

国际社会寄语 2014，1 月 1 日，**3**

国际社会联手应对埃博拉出血热持续蔓延疫情，10 月 7 日，**184**

国际刑事法院撤销对肯尼亚总统肯雅塔的指控，12 月 5 日，**227**

国际原油价格持续下跌，12 月 4 日，**225**

国际原子能机构第五十八届大会召开，9 月 22 日，**172**

H

哈萨克斯坦参议院批准哈俄睦邻友好同盟条约，

10月23日，**191**

哈萨克斯坦总统任命马西莫夫为新总理，4月2日，**66**

韩国"岁月"号客轮沉没，4月16日，**73**

韩国举行大规模联合登陆演习，11月15日，**209**

韩国举行第二次韩国—东盟特别峰会，12月11日，**232**

韩国外交活动引人注目，7月15日，**135**

韩国政府公布经济改革三年计划，1月15日，**14**

韩国总统敦促日本正视历史，3月1日，**42**

韩国总统朴槿惠访问印度，1月15日，**14**

韩美举行联合军演，3月15日，**49**

荷兰外交大臣访问古巴，1月8日，**10**

J

吉尔吉斯斯坦执政联盟解体，3月18日，**51**

加拿大提高国内恐怖主义威胁级别，10月20日，**189**

加拿大宣布新的北极研究项目，8月21日，**154**

柬埔寨红色高棉前高官被判刑，8月7日，**148**

柬埔寨人民党和救国党就选举改革达成共识，3月17日，**50**

柬埔寨政治乱局趋于缓和，2月8日，**27**

金正恩致信普京希望全面发展对俄关系，11月20日，**211**

金砖国家领导人举行第六次峰会，7月15日，**135**

经合组织启动"非洲行动计划"，10月6日，**184**

经合组织下调2014年全球经济增速预测，5月6日，**86**

K

卡斯特罗9个月来首次公开出席活动，1月8日，**10**

克里米亚加入俄罗斯，3月11日，**46**

肯尼亚滨海地区连发多起袭击事件，6月15日，**111**

肯尼亚总统肯雅塔在国际刑事法院出庭，10月6日，**183**

L

《联合国气候变化框架公约》谈判会议举行，10月20日，**189**

拉美及加勒比国家共同体第二届峰会举行，1月27日，**17**

拉脱维亚选定新总理，1月7日，**9**

拉脱维亚议会选举结果正式公布，10月22日，**190**

老挝军机坠毁，5月17日，**92**

黎巴嫩东部边境小镇发生汽车炸弹袭击，2月1日，**23**

黎巴嫩军队同叙反对派武装协议实施24小时停火，8月5日，**147**

黎巴嫩新政府成立，2月15日，**33**

黎巴嫩总统继续空缺，12月4日，**227**

李克强出访欧亚三国并出席系列国际会议，12月4日，**225**

李克强出席博鳌论坛年会开幕式并发表主旨演讲，4月8日，**70**

李克强出席第八届夏季达沃斯论坛，9月10日，**165**

李克强出席东亚合作领导人系列会议并对缅甸进行正式访问，11月12日，**207**

李克强访欧并出席第十亚欧首脑会议等活动，10月9日，**186**

李克强访问非洲四国和非盟总部，5月4日，**82**

李克强访问英国、希腊，6月16日，**111**

立陶宛总统格里包斯凯特赢得连任，5月11日，**90**

利比亚公布国民代表大会选举最终结果，7月6日，**130**

利比亚局势持续动荡，8月4日，**145**

利比亚临时政府更迭，5月4日，**82**

利比亚临时政府总理提出辞职，4月8日，69

利比亚陷入人道主义危机，12月23日，237

利比亚新内阁产生，9月22日，172

利马气候大会召开，12月1日，219

联大决议第23次要求美国停止封锁古巴，10月28日，194

联大通过涉朝人权决议，11月18日，209

联合国2014年第二轮气候谈判落幕，6月4日，105

联合国安理会首次就朝鲜人权问题举行会议，12月18日，235

联合国安理会选出非常任理事国，10月16日，189

联合国安理会召开反恐峰会，9月24日，173

联合国报告预测2014年全球经济增速为3%，1月20日，17

联合国大会连续21年通过核裁军决议，12月2日，223

联合国呼吁国际社会携手抗击埃博拉，9月25日，174

联合国纪念"声援巴勒斯坦人民国际日"，11月25日，213

联合国举行维和行动问题高级别会议，9月26日，175

联合国秘书长叙利亚问题新特使访问叙利亚，9月9日，164

联合国气候变化峰会开幕，9月23日，173

联合国审议有关乌克兰问题草案，3月15日，49

联合国特使呼吁"冻结"叙境内交火，11月9日，203

六国和伊朗发表共同声明决定谈判延期，11月24日，212

M

马航MH17航班在乌克兰东部坠毁，7月17日，137

马航MH370航班失联，3月8日，45

美澳签署军力部署协议，8月12日，152

美非峰会举行，8月4日，146

美菲开始联合军事演习，5月5日，84

美国2014财年政府开支达成共识，1月14日，13

美国等多国首次对叙境内"伊斯兰国"目标发动空袭，9月22日，172

美国防长哈格尔访问印度，8月7日，148

美国弗格森枪击案判决结果引发美国全国多地骚乱，11月24日，212

美国副总统拜登访问波兰和立陶宛，3月18日，51

美国副总统拜登访问拉美四国，6月13日，110

美国共和党赢得中期选举，11月4日，200

美国关闭驻吉尔吉斯斯坦空军基地，6月3日，102

美国国会通过2015财年政府预算，12月11日，232

美国国会通过无条件提高债务上限法案，2月11日，30

美国国务卿克里访问巴以，1月2日，6

美国国务卿克里访问非洲，5月3日，81

美国国务卿克里访问亚洲四国，2月13日，32

美国国务卿克里会见日本外相岸田文雄，2月7日，26

美国国务院设办公室推动与阿富汗及巴基斯坦关系，1月17日，16

美国和古巴宣布将就恢复两国外交关系展开磋商，12月17日，235

美国经济数据强劲，12月10日，231

美国密苏里州弗格森镇发生骚乱，8月9日，150

美国民众抗议白人警察枪杀黑人，12月1日，221

美国拟取消对越南武器销售禁令，10月2日，181

美国宣布与"伊斯兰国"处于"战争状态"，9月

12日，**170**

美国印度举行第五届战略对话，7月31日，**138**

美国与保加利亚等国举行联合军演，3月12日，**47**

美国与古巴开展移民问题对话，1月9日，**10**

美国在韩国实施新的军事部署，1月7日，**9**

美国政府出台网络安全新标准，2月12日，**30**

美国中情局酷刑虐囚报告引发国际社会谴责，12月9日，**229**

美国总统奥巴马发表国情咨文，1月28日，**18**

美国总统奥巴马访问波兰比利时和法国，6月3日，**101**

美国总统奥巴马访问亚洲四国，4月23日，**74**

美国总统奥巴马访问意大利，3月27日，**55**

美国总统奥巴马启动移民改革，11月20日，**211**

美国总统奥巴马宣布在太平洋设大保护区，6月18日，**113**

美国众议院正式起诉奥巴马，8月25日，**155**

美韩关系继续深化，10月23日，**191**

美韩举行"超级雷霆"空中作战演习，4月11日，**72**

美韩举行联合军演，2月24日，**36**

美韩日举行首次总参谋长会议，7月1日，**122**

美联储4月起每月购债规模缩减到550亿美元，3月20日，**52**

美联储宣布结束量化宽松政策，10月29日，**194**

美欧等国持续加大打击"伊斯兰国"力度，10月1日，**179**

美欧俄就乌克兰问题展开制裁与反制裁较量，5月2日，**80**

美欧俄乌就乌克兰问题达成日内瓦协议，4月1日，**62**

美欧发起对俄制裁，3月2日，**43**

美欧继续与俄就乌克兰问题较量，9月3日，**160**

美欧经济继续呈好转迹象，6月4日，**106**

美欧日向乌克兰提供援助贷款，3月4日，**44**

美欧与俄继续就乌克兰问题展开制裁与反制裁斗争，10月21日，**190**

美日"跨太平洋经济伙伴关系协定"谈判陷僵局，1月11日，**12**

美日"跨太平洋经济伙伴关系协定"谈判未能取得最终突破，4月7日，**68**

美越关系升温，8月8日，**149**

美洲玻利瓦尔联盟第十三次领导人峰会召开，12月14日，**233**

蒙古成立新一届联合政府，12月10日，**230**

蒙古国议会通过罢免总理议案，11月5日，**201**

孟加拉国执政党赢得议会选举，1月5日，**7**

缅甸举行多方会晤，10月31日，**195**

缅甸举行和平共处五项原则发表60周年纪念会，5月18日，**92**

缅甸全国停火协议谈判取得多项共识，8月17日，**153**

缅甸执政党提议修宪，1月2日，**6**

莫迪当选印度总理，5月12日，**91**

莫迪首次改组内阁，11月9日，**202**

莫桑比克举行大选，10月15日，**188**

墨西哥民众持续抗议43名学生失踪事件，12月7日，**228**

N

纳图曼当选瓦努阿图新总理，5月15日，**92**

南非铂金矿大罢工结束，6月23日，**115**

南非总统祖马连任，5月7日，**88**

南盟首脑会议举行，11月26日，**214**

南苏丹冲突双方签署《关于解决南苏丹危机的协议》，5月9日，**88**

南苏丹局势持续胶着，2月11日，**29**

南苏丹政府与反对派举行谈判，1月1日，**6**

尼泊尔大会党主席苏西尔当选新总理，2月9日，**28**

尼日利亚清真寺遇袭，11月28日，**215**

O

欧安组织与欧洲理事会呼吁共同打击贩卖人口，2月17日，**34**

欧俄乌就俄罗斯向乌克兰供气问题达成初步一致，9月26日，**175**

欧尔班当选匈牙利总理，5月10日，**89**

欧非峰会举行，4月2日，**65**

欧美对俄罗斯进行制裁，7月16日，**136**

欧盟—美国峰会举行，3月26日，**55**

欧盟冬季峰会召开，12月18日，**235**

欧盟峰会举行，6月27日，**117**

欧盟举行第八届欧洲议会直选，5月22日，**94**

欧盟举行外长会议，2月10日，**29**

欧盟秋季峰会举行，10月23日，**191**

欧盟失业峰会举行，10月8日，**186**

欧盟通过2015年预算案避免"财政悬崖"，12月8日，**228**

欧佩克决定维持石油日产量限额不变，11月27日，**214**

欧日美经济表现不一，11月4日，**199**

欧亚经济委员会最高理事会元首会议举行，3月5日，**45**

欧洲地区经济有喜有忧，1月15日，**14**

欧洲多国议会通过决议支持巴勒斯坦国家地位，12月2日，**222**

欧洲经济继续呈复苏态势，2月11日，**30**

欧洲人民党地区领导人会议举行，4月25日，**75**

P

朴槿惠提出改善韩朝关系倡议，3月25日，**56**

普京访问土耳其和印度，12月1日，**220**

Q

七国集团峰会召开，6月4日，**104**

R

日澳就共同研发"防卫装备"协议达成一致，6月11日，**109**

日本《特定秘密保护法》正式实施，12月10日，**230**

日本安倍政权继续右倾化，10月1日，**180**

日本绑架问题调查团与朝方代表举行会谈，10月27日，**193**

日本出台武器出口新原则，3月11日，**47**

日本对外交往活跃，1月9日，**11**

日本继续为国家正常化作准备，2月4日，**24**

日本决定解除部分对朝鲜制裁，7月1日，**122**

日本前首相村山富市访问韩国，2月12日，**31**

日本首相安倍晋三出访澳洲三国和中南美洲五国，7月6日，**131**

日本首相安倍晋三访问欧洲，5月5日，**85**

日本首相安倍晋三解散众议院，11月21日，**211**

日本外交右倾化明显，4月1日，**63**

日本向缅甸提供78亿日元无偿援助，3月24日，**54**

日本与湄公河流域五国召开部长级会议共商合作，8月27日，**155**

日本与印度建立特别战略伙伴关系，9月1日，**159**

日本在解禁自卫权等问题上动作频频，8月4日，**143**

日本政府正式通过解禁集体自卫权的内阁决议，7月1日，**121**

日本政坛右倾化凸显，1月1日，**4**

日本执政两党就修改宪法解释达成一致，6月24日，**115**

日朝外交磋商取得进展，5月26日，**94**

日美澳举行"对抗北方"联合演习，2月17日，**34**

日美出台防卫指针报告，10月8日，**185**

日美欲加快"跨太平洋经济伙伴关系协定"磋商，3月19日，**51**

日越首脑会谈在东京举行，3月18日，**51**

瑞士全民公投反对接纳大规模移民，2月9日，**28**

S

塞尔维亚执政党赢得议会选举，3月16日，**50**

塞西赢得埃及总统大选，5月3日，**81**

上合组织成员国外长理事会会议在杜尚别举行，7月30日，**138**

世界经济复苏形势复杂，4月3日，**66**

世界经济形势喜忧参半，8月2日，**142**

世界经济形势预期下调，7月1日，**124**

世界贸易组织通过《贸易便利化协议》议定书，11月27日，**214**

世卫组织表示抗击埃博拉疫情初见成效，12月1日，**219**

首届非洲可持续交通论坛举行，10月30日，**195**

首届联合国环境大会举行，6月23日，**114**

首届世界互联网大会开幕，11月19日，**210**

斯洛伐克举行总统选举，3月15日，**49**

苏丹总统巴希尔访问南苏丹，1月6日，**9**

苏丹总统呼吁各派政治力量参与对话，10月23日，**192**

索马里总统任命新总理，12月6日，**228**

索尼被黑事件持续引发美朝口水仗，12月19日，**236**

T

塔吉克斯坦就边境交火事件向吉方表示强烈抗议，8月25日，**155**

太平洋岛国发展论坛第二届峰会召开，6月19日，**113**

太平洋岛国论坛恢复斐济参会资格，10月24日，**192**

泰国颁布临时宪法，7月23日，**137**

泰国发生军事政变，5月6日，**86**

泰国举行国会下议院选举，2月2日，**23**

泰国军方宣布7月实施临时宪法，6月27日，**117**

泰国陆军司令巴育当选临时总理，8月21日，**155**

泰国宪法法院判决2月2日大选无效，3月21日，**52**

泰国新一届政府宣誓就任，9月4日，**161**

泰国政局动荡，1月1日，**4**

泰国政局继续僵持，4月1日，**64**

突尼斯颁布新宪法，2月7日，**26**

突尼斯举行议会选举，10月26日，**193**

土耳其爆发大规模示威游行，2月13日，**31**

土耳其执政党赢得地方选举，3月30日，**57**

W

委内瑞拉游行示威活动持续，2月12日，**30**

委内瑞拉总统马杜罗宣布将开启与美国谈话，1月16日，**15**

乌克兰冲突双方实现停火，12月4日，**224**

乌克兰东部的武装斗争处于胶着状态，7月1日，**124**

乌克兰放弃不结盟地位，12月2日，**223**

乌克兰进一步向西方靠拢，11月2日，**199**

乌克兰局势持续动荡，4月1日，**61**

乌克兰局势持续恶化，6月2日，**99**

乌克兰举行议会选举，10月26日，**192**

乌克兰危机持续发酵，1月19日，**16**

乌克兰与欧盟签署准成员国协定政治部分，3月13日，**48**

乌克兰在紧张局势中选出新总统，5月2日，**79**

乌克兰政局发生剧变，2月16日，**33**

乌拉圭执政党候选人巴斯克斯赢得总统选举，12月1日，**222**

五核国第五次系列会议举行，4月14日，**72**

X

西班牙加泰罗尼亚自治区主权声明被否决，3月

25 日，54

西方国家继续加大对俄罗斯的经济制裁，12 月 18 日，236

西方加大对"伊斯兰国"等恐怖组织的打击力度，12 月 3 日，224

西非埃博拉疫情继续蔓延，9 月 26 日，175

西非国家联手应对埃博拉病毒，7 月 2 日，127

希腊新总统选举"难产"，12 月 8 日，228

习近平、李克强分别出席南京青奥会开、闭幕式，8 月 16 日，152

习近平出席俄罗斯索契冬奥会开幕式，2 月 6 日，24

习近平出席二十国集团领导人第九次峰会、访问澳新斐三国并同太平洋建交岛国领导人会晤，11 月 14 日，208

习近平出席核安全峰会并对欧洲四国进行国事访问，3 月 22 日，53

习近平出席金砖国家领导人第六次峰会并访问拉美四国，7 月 13 日，133

习近平出席上合组织峰会并访问塔吉克斯坦等四国，9 月 11 日，168

习近平出席亚太经合组织重要会议，11 月 9 日，203

习近平出席中阿合作论坛第六届部长级会议、和平共处五项原则发表 60 周年纪念大会，6 月 5 日，107

习近平出席中俄蒙三国元首会晤，9 月 11 日，167

习近平访问韩国，7 月 3 日，128

习近平访问蒙古，8 月 21 日，154

习近平会见俄罗斯总统普京，9 月 11 日，166

习近平会见美国总统国家安全事务助理赖斯，9 月 9 日，163

习近平主持加强互联互通伙伴关系对话会并发表重要讲话，11 月 8 日，202

习近平主持亚太经合组织第二十二次领导人非正式会议，11 月 11 日，204

习近平主持亚洲相互协作与信任措施会议第四次峰会，5 月 21 日，93

销毁叙利亚化武联合国联合代表团结束使命，10 月 1 日，180

新西兰议会选举结果正式公布，10 月 4 日，182

新一届欧盟委员会举行第一次工作会议，11 月 5 日，201

新一轮"跨太平洋经济伙伴关系协定"部长级谈判举行，2 月 17 日，34

叙利亚局势复杂，5 月 10 日，89

叙利亚局势继续胶着，10 月 4 日，182

叙利亚局势僵持，7 月 2 日，125

叙利亚问题第二次日内瓦会议如期举行，1 月 6 日，8

叙利亚战火未熄，2 月 7 日，25

叙利亚政府继续打压反对派，3 月 1 日，42

叙利亚政府宣布于 6 月举行总统选举，4 月 21 日，73

Y

"伊斯兰国"极端组织出现，6 月 12 日，109

"伊斯兰国"同伊拉克政府军强势对峙，7 月 4 日，129

亚航客机失事，12 月 28 日，238

亚欧首脑会议举行，10 月 16 日，188

亚太经合组织第三次高官会在北京举行，8 月 20 日，153

亚太经合组织贸易部长会议闭幕，5 月 18 日，92

也门路边炸弹爆炸致 14 人死亡，8 月 13 日，152

也门政府变更，9 月 21 日，171

也门总理曲折产生，10 月 7 日，184

伊拉克安全形势动荡不安，1 月 7 日，10

伊拉克发生多起暴力袭击和武装冲突，4 月，76

伊拉克发生多起恐怖暴力袭击，2 月 27 日，38

伊拉克国民议会选出新议长和新总统，7 月 1

249

日，**122**

伊拉克举行新一届国民议会选举，4月30日，**76**

伊拉克新政府宣誓就职，9月8日，**163**

伊拉克政府军夺回北部重镇拜伊吉大部分地区，11月11日，**204**

伊拉克政治安全局势恶化，8月4日，**144**

伊朗称与六国就核协议原则达成一致，10月5日，**183**

伊朗和巴基斯坦海军举行联合军演，4月8日，**69**

伊朗核设施监督与核查工作延长，12月11日，**233**

伊朗核问题第一阶段协议生效，1月12日，**13**

伊朗核问题举行第五轮谈判，6月16日，**112**

伊朗核问题六国同伊朗举行第三轮全面协议谈判，4月8日，**69**

伊朗核问题六国与伊朗举行第四轮全面协议谈判，5月6日，**87**

伊朗核问题有新进展，3月1日，**42**

伊朗就核问题展开系列外交活动，2月7日，**26**

伊朗拒绝将导弹项目列入核谈判内容，8月17日，**153**

以色列决定中止以巴和谈，4月1日，**63**

以色列前总理沙龙逝世，1月11日，**12**

以色列议会正式解散，12月2日，**223**

意大利通过劳动法改革案招致全国罢工，12月3日，**224**

意大利新总理伦齐宣誓就职并组阁，2月17日，**34**

意大利政府通过刺激经济发展方案，3月12日，**47**

印巴两国摩擦不断，8月10日，**151**

印度成功试射"烈火—5"弹道导弹，1月20日，**17**

印度大选拉开帷幕，4月7日，**69**

印度发生两起恐怖袭击事件，12月23日，**237**

印度尼西亚总统佐科宣誓就职，10月20日，**189**

印度人民党赢得重要地方邦议会选举，10月19日，**189**

印度上议院通过成立新的特伦甘纳邦法案，2月20日，**35**

印度新政着眼经济走出"低谷"，6月9日，**108**

印尼国会选举顺利举行，4月9日，**70**

印尼宪法法院维持总统选举结果，8月21日，**154**

印尼与澳大利亚签署防止监听行为准则协议，8月28日，**156**

英法宣布将加强军事与核能合作，1月31日，**19**

英国公布向苏格兰放权时间表，10月13日，**188**

英国将2014年经济增长率预测上调到2.7%，3月19日，**52**

英国结束在阿富汗军事行动，10月26日，**192**

英国首相卡梅伦访问以色列和巴勒斯坦，3月12日，**47**

英国苏格兰地区独立公投未获通过，9月18日，**170**

越共中央总书记阮富仲访问俄罗斯，11月24日，**212**

越南总理阮晋勇访菲，5月21日，**93**

Z

赞比亚总统萨塔逝世，10月29日，**194**

中非维和部队士兵与"反巴拉卡"组织正面交火，2月19日，**35**

中国发表南海仲裁案立场文件，12月7日，**228**

中国举行南京大屠杀死难者国家公祭仪式，12月13日，**233**

中国援建利比里亚埃博拉诊疗中心正式交付使用，

11月25日，**213**

中国政府为马尔代夫提供紧急援助，12月5日，**227**

中韩元首宣布"中韩自贸区"结束实质性谈判，11月10日，**204**

中美举行第六轮战略与经济对话和第五轮人文交流高层磋商，7月9日，**132**

中亚区域经济合作第十三次部长级会议举行，11月5日，**201**

佐科当选印度尼西亚新一届总统，7月9日，**133**

图书在版编目(CIP)数据

当代世界大事概览. 2014 / 郭业洲, 丁孝文主编
. —北京：党建读物出版社，2015.4
ISBN 978-7-5099-0609-5

Ⅰ.①当… Ⅱ.①郭…②丁… Ⅲ.①大事记—世界—2014 Ⅳ.①D5

中国版本图书馆 CIP 数据核字(2015)第 053980 号

当代世界大事概览

DANGDAI SHIJIE DASHI GAILAN
（2014）

郭业洲　丁孝文　主编

责任编辑：季利清
责任校对：张学民
封面设计：李志伟
出版发行：党建读物出版社
地　　址：北京市西城区南横东街 6 号　（邮编：100052）
网　　址：http://www.djcb71.com
电　　话：010-58587632/7681
经　　销：新华书店
印　　刷：保定市中画美凯印刷有限公司
印　　数：1—2000

2015 年 4 月第 1 版　2015 年 4 月第 1 次印刷
710 毫米×1000 毫米　16 开本　16 印张　240 千字
ISBN 978-7-5099-0609-5　定价：43.00 元

本社版图书如有印装错误，我社负责调换（电话：010-58587660）